관동대지진

조선인 학살에 대한 일본 국가와 민중의 책임

야마다 쇼지 지음 · 이진희 옮김

국립중앙도서관 출판시도서목록(CIP)

관동대지진 조선인 학살에 대한 일본 국가와 민중의
책임 / 야마다 쇼지 지음 ; 이진희 옮김.
-- 서울 : 논형, 2008
    p. ;   cm. -- (논형학술 ; 41)

원표제: 関東大震災時の朝鮮人虐殺 : その国家責
任と民衆責任
원저자명: 山田昭次
참고문헌과 색인수록
일본어 원작을 한국어로 번역
ISBN 978-89-90618-48-1 94910 : ₩14000
ISBN 978-89-90618-29-0(세트)

913.06-KDC4
952.032-DDC21   CIP2008002264

관동대지진

조선인 학살에 대한 일본 국가와 민중의 책임

야마다 쇼지 지음 · 이진희 옮김

関東大震災時の朝鮮人虐殺
－その国家責任と民衆責任(2nd ed.) 山田昭次 著, 創史社

KANTŌDAISHINSAI JI NO CHŌSENJIN GYAKUSATSU
: So no kokka sekinin to minshū sekinin
by Yamada Shōji

©2003, 2004 Yamada Shōji
Original Japanese edition published by Sōshisha
Korean translation rights arranged with Sōshisha
Translation copyright ©2008 Nonhyung
All rights reserved

관동대지진
조선인 학살에 대한 일본 국가와 민중의 책임

지은이 야마다 쇼지
옮긴이 이진희

초판 1쇄 인쇄 2008년 7월 22일
초판 1쇄 발행 2008년 7월 25일

펴낸곳 논형
펴낸이 소재두
편 집 김현경, 최주연
홍 보 박은정
표 지 이승우

등록번호 제2003-000019호
등록일자 2003년 3월 5일
주 소 서울시 관악구 봉천2동 7-78 한립토이프라자 5층
전 화 02-887-3561
팩 스 02-887-6690

ISBN 978-89-90618-48-1 94910
값   14,000원

한국어판 서문

이 책의 일본어판은 1923년 9월 1일 일본 간토(관동) 지방[1]에서 대지진이 발생했을 당시 일어났던 조선인 학살사건 80주년을 맞던 2003년에 간행되었다. 이 해 8월 25일 일본변호사연합회는 당시 총리였던 고이즈미 준이치로 (小泉純一郎) 앞으로 보내는 권고서와 함께 관동대지진 인권구제신청 사건 보고서를 내각에 제출했다. 이 권고서는 관동대지진 당시의 조선인과 중국인 학살 피해자와 그 유족들에게 정부가 그 책임을 인정하고 사죄할 것, 그리고 이 사건에 대해 조사해 나갈 것을 권고했다. 이 권고는 1923년 당시 일본 요코하마에서 조선인 학살사건을 겪어야했던 문무선(文戊仙)으로부터 일본변호사연합회가 인권구제 신청을 받음에 따라, 그 산하의 인권옹호위원회 내부에 관동대지진학살사건 조사위원회를 조직하고 사건을 조사한 연후에 제출한 것이었다. 유감스럽게도 이에 대해 정부 측은 아무 답변도 하지 않았다.

---

1) 도쿄와 요코하마를 포함한 일본 동부 지방을 일컫는 말로, 도쿄도, 가나가와(神奈川)현, 사이타마(埼玉)현, 지바(千葉)현, 군마 (群馬)현, 도치기(栃木)현, 이바라키(茨城)현에 이르는 간토(関東) 일대를 가리킴—역자주.

본서는『관동대지진 조선인 학살에 대한 일본 국가와 민중의 책임(関東大震災時の朝鮮人虐殺: その国家責任と民衆責任)』이라는 제목에서 제시하고 있듯이, 조선인 학살에 대한 일본의 국가 책임과 더불어 그 민중의 책임도 밝히고자 한다. 여기서 말하는 일본의 국가 책임에는 두 가지가 있다. 첫 번째는, 조선인의 독립운동을 두려워한 당시의 일본 치안 당국이 조선인 폭동이라는 오보를 유포함과 동시에 계엄령하에 군대를 통해 조선인을 학살함으로써 일본 민중으로 하여금 조선인을 학살하도록 유도했다는 점이다. 두 번째 일본 국가의 책임은, 정부가 조선인 폭동 소식이 사실이 아니라 오해였다는 사실을 깨달은 후, 앞서 언급했던 학살에 대한 국가의 책임을 은폐하기 위해 행했던 그 제반 정책에 있다. 구체적으로는, 사법성이 조선인의 '범죄'를 날조해서 발표하고, 학살된 조선인의 유해를 감추며 조선인 측에 인도하지 않은 채 조선인을 학살한 일본의 민간인에 대해서는 그 국제적 비난을 피하기 위한 형식적인 재판을 행했고, 그 결과 조선인을 학살한 자 대부분에 대해 집행유예를 언도했을 뿐, 실형은 내리지 않았다는

관동대지진 80주년 기념집회(2003년)에서 발표하는 야마다 쇼지 선생.

점이다. 관청이 오보를 흘려 발생하게 된 학살이었던 만큼 민중에게 무거운 형벌을 내릴 수는 없었던 것이다.

이 책에서는 이제까지의 연구에서 충분히 다루어지지 않았던 이 두 번째의 국가 책임을 해명하는 데 중점을 두었다. 조선인 학살의 전모를 감추기 위해 조선인의 유해를 은닉하고 조선인에게 건네주지 않았다는 사실은 본서가 처음 지적한 것이었다. 한국에는 시신도 매장되어 있지 않은 수많은 묘가 만들어졌을 것이다. 관동대지진 당시 군마현(群馬県)에서 도쿄로 향하고 있던 박덕수(朴德守)는 행방불명되었고, 그를 위한 위령탑이 1974년 그의 가족에 의해 고향인 경상남도 양산군(梁山郡)에 세워졌다. 그러나 그의 시신은 물론 거기에 매장되어 있지 않다. 이러한 점에 대해서는 한국에서 조사가 이루어질 수 있기를 바란다.

일본 민중의 책임을 거론했던 이유는, 일본 국가가 스스로는 반성할 수 없는 체질을 갖고 있는 이상, 국가 체제에 함몰되어 조선인 학살에 가담했던 일본 민중이 먼저 자기 자신을 반성하고, 그들을 조선인 학살로 몰고 갔던 국가 책임을 추궁하는 주체가 되지 않는 한, 이 문제는 최종적으로 해결될 수 없다고 생각했기 때문이다. 따라서 이 점에 있어서도 일본 민중의 조선인 학살 행위 그 자체보다는, 사건 이후 민중이 어떤 식으로 반성했는가를 해명하는 데에 중점을 두었다. 일본인이 쓴 학살당한 조선인의 추도비 비문을 망라해 검토한 것도 이러한 이유에서다.

본서 6장에서 밝힌 바와 같이, 조선인 학살 행위 중에서도 여성에 대한 학살은, 임산부의 배를 가르고 음부에 죽창을 찔러 꽂는 등 남성에 대한 그것 이상으로 더 잔혹하였다. 이는 민족 차별에 성적인 차별까지 겹쳐진 현상이다. 이 점은 이제까지의 연구에서 밝혀내지 못했던 점이고, 나 또한 이 책에서 명확히 밝히지 못한 점으로, 이 자리를 빌어 지적해 두고자 한다.

본서 1장에 관동대지진 당시 학살된 조선인의 묘비와 추도비를 게재하였는데, 일본어판이 간행된 후 2005년 5월에 군마현 다카사키시 구라가노마치 구본지(群馬県 高崎市 倉賀野町 九品寺) 사원 내 묘지에서 이 지역에서 학살된 조선인의 묘를 발견함에 따라, 이를 한국어판에 새로이 추가했다. 또한 필자가 편찬한 『조선인 학살 관련 신문 보도 자료(朝鮮人虐殺関連新聞報道資料)』전 4권 및 별권이 2004년 1월 료쿠인 쇼보(緑蔭書房)에서 간행되었으므로, 조선인 학살사건에 관한 각종 신문의 동향 및 사건의 재판 경향에 관한 보다 상세한 분석은 이 중 별권에 수록한 두 해설 논문을 참조하기 바란다.

이 책의 한국어 번역을 맡아주신 이진희 교수와 출판을 해주신 논형에 진심으로 감사의 뜻을 표한다.

2007년 6월 25일

야마다 쇼지

山田昭次

내가 처음 도쿄를 중심으로 한 간토(관동) 지방에서 일어난 1923년의 대규모 조선인 학살사건에 대해 알게 된 것은 님 웨일즈(Nym Wales)가 『아리랑』에 기록한 김산의 후일담, 그리고 일본 황실 출신으로 대한제국 마지막 황태자비가 되어 한국에 뼈를 묻은 이방자의 회고록을 통해서였다. 미국의 대학원에서 사학 공부를 하고 있던 당시의 나로서는, 이 사건이 그들에게 미친 영향에 놀라움을 금할 수 없었으면서도, 이러한 기록들이 공식 문서 사료가 아니라는 생각에 이 사건에 대해 역사학도로서 캐묻기보다는 마음 한구석에 적당히 치부해두고 있었다.

이를 본격적으로 공부하게 된 계기는 요코하마의 아메리카·캐나다 대학연합 일본연구센터에 적을 두고 있으면서 요코하마 시립중앙도서관의 사료를 읽기 시작하던 2000년경이었다. 소위 말하는 일본 제국의 '공식' 정부·경찰 문서에 비쳐진 조선인 학살사건은 모순과 모호 그 자체였으며, 학살의 주체, 피해자 수와 이름, 사체의 소재, 이후의 사건 처리 방식, 그 어느 하나도 만족스럽게 규명되어 있지 않았다. 방대하게 누적되어 있는 일본의 문서사료관 안에서 어떻게든 그 실마리를 찾을 수 있지 않을까 하는 희망으로 열심히 자료를 모으고 다녔고, 그러다 낙담할 때는 알려진 몇몇의 학살 장소를 걸어보고는 했다. 학살을 둘러싼 한국인, 일본인의 기억의 파편들은 문서관의 울타리를 벗어나 여러 형태의 '사료'로 흩어져 있었고, 자주 찾던 요코하마와 도쿄의 찻집에서 이들의 경험에 대해 읽어나가고 있노라면, 문득 문득 내가 그들과는 다른 한국인이라는 생각에 주위를 의식하며 일본인 가운데 둘러싸인 나를 발견하고는 소름끼쳐 하기도 했다.

이러한 사료 조사 경험을 통해 다시 한 번 확인하게 된 것은, 단순한 억압과 저항의 구도를 넘어선, 실로 복잡다단했던 제국과 식민지의 경험을 종합적으로 읽어내기 위해서는 열심히 사방에 흩어져 있는 과거의 편린들을 긁어모음과 동시에, 문서보관실에 보관된 일제 통치 관련 사료의 행간을 정말 치밀하게 재해석하고 읽어내지 않으면 안 된다는 사실이었다. 참으로 고되고 어려운, 하지만 시급히 감당하지 않으면 안 되는 작업임을 몸으로 느끼게 된 계기였다.

그러던 몇 해 후 도쿄대 한국조선문화연구실 체재 중, 도쿄 스이도바시 근처의 재일본 한국 YMCA회관 강연장에서 문서상으로만 알던 저자 야마다 쇼지 선생을 뵙게 되었다. 일제와 국가권력하에서 행해진 종군위안부, 강제연행, 나병환자 강제수용 문제, 정치'범'에 관한 연구 등등 직시하지 않으면 안 될 일본의 부끄러운 과거와 삼십 년 이상을 올곧게 씨름해 오신 선생의 집요하고 자성적인 모습은, 사료 연구에 지쳐 갈급해 있던 내게 오아시스와 같은 것이었다. 야마다 선생은 한일 간의 아픈 과거를 이야기할 때마다 사실(史實)을 억지로 무시하려는 일본인이나, 공부도 하지 않은 채 덮어놓고 미안해하며 동정의 눈물을 흘리는 일본인과는 사뭇 달랐다. 그는, 수많은 보통사람, 한국과 일본의 민중을 연루시켰던 이 같은 추악한 과거 현상들과 그에 대한 기억의 방식의 문제를 지적하며, 이들이 우리 모두가 함께 실천을 통해 풀어가야 할 공통의 과제이고, 이를 위해 연구하며 살아가고 있노라 몸소 보여준 살아 있는 일본의 지식인이었다.

나라를 빼앗기고 생존을 위해 발버둥치며 일본으로 건너가 노동하고 공부했지만, 결국 유언비어의 대상이 되어 죽임을 당하고 만 수천의 조선인. 그러나 학살당한 그 사실 조차 매장당해 또 한 번 인식상의 죽임을 당할 수밖에 없었던 조선의 민중. 그렇게 억눌려 살아가던 조선인들을 두려워한 나머지, 국가와 더불어 집단 살인을 저지를 수밖에 없었던 일본의 보통사람을 낳은 식민지 지배의 구도와 현실. 그 안에서 일어나는 복잡 다양한 순간순간의 개개인의 선택과 사건에 대한 해석. 참으로 일본에서 20세기 초를 산 이들 재일동포 1세대들의 삶에 배어 있는 역사적 경험은, 이제껏 한국 내 역사 연구에 있어서는 너무도 무시되고 외면되어 온 우리의 과거다. 이들의 삶에서 드러나는 분단과 냉전의 구도하에 오랫동안 덧칠로 감춰졌던 한·일 근대의 역사상은 양국의 우리들이 되돌아보아야 할 중요한 과제이며, 이제부터 우리가 재구성해 가야 할 식민지시기 역사를 드러내는 새로운 형태의 '문서사료관'의 기점이 되는 것이다.

번역에 있어 원문의 뜻과 어감을 전달하는 데 정확을 기하려 노력했지만 탈고를 하고나니 역시 부끄럽고 부족한 점이 많다. 이 자리를 빌어 독자의 양해를 구한다. 1920년대 당시 사용되었던 '조선인', '선인(鮮人)', '불령선인(不逞鮮人)', '내지(內地)', '외지(外地)' 등의 용어는 이들이 내포하는 문제점에도 불구하고, 저자의 뜻에 따라 당대 사료의 역사성을 감안하여 원문 그대로 옮겼다. 또한 재일동포를 지칭하는 '재일조선인'이라는 용어 또한 원문 그대로 옮겼다. 당시 일본의 행정 구역 단위인 부(府), 현(県),

시(市), 군(郡), 그리고 우리나라의 면(面)에 해당하는 초(町), 무라·손(村)을 포함한 일본 내 각종 지명과 주소는 그 첫 등장에 한하여 일본어 원문을 함께 적었다. 그 외의 일본 지명, 인명, 서지명 등의 고유명사 또한 처음 언급될 때 한해 원문을 표기하였고, 일본어 표기는 현행 국립국어원의 외래어 표기법 원칙에 근거하여 한글로 옮겼다. 일본 천황의 연호에 따라 표기하는 다이쇼(大正, 1912~1926), 쇼와(昭和, 1926~1989) 등의 연도는 가능한 한 서기로 변환하였으나, 묘비문, 추도비문 및 당시의 사료를 소개하는 곳에서는 원문 그대로 하였다. 또한 원문 사료 중 명백한 오류는 저자가 정정한대로 기재하였으며, 일본어판에서 부록으로 실린 추도비의 비문 내용과 사진은 독자의 편의를 위해 한글판에서는 1장으로 옮겨 저자의 해설과 함께 수록하였다. 끝으로 한국에서 '관동대지진'으로 널리 알려져 있는 1923년의 지진 재해는 일본에서는 일반적으로 '간토다이신사이(関東大震災)'로 불리고 있으나, 본서에서는 위령비 비문 등을 소개하는 경우를 제외하고는 한글 독자에게 익숙한 '관동대지진'으로 일괄하여 표기하였다.

　　관동대지진 당시의 조선인 학살사건에 관한 자료로서는, 기존에 발굴된 주요 일본어 사료뿐만 아니라, 국내외에 흩어져 있는 한글 및 영문 자료의 수집 또한 앞으로 본격적으로 이루어져야겠지만, 나의 부족한 공부 가운데 알게 된 자료를 부분적이나마 아쉬운 대로 졸고 *Instability of Empire: Earthquake, Rumors, and the Massacre of Koreans in the Japanese Empire* (Ph. D. Dissertation, University of Illinois at Urbana-Champaign, 2004)의 참고문헌 부분에 기록하였다. 이후 발굴하게 된 자료들은 앞으로 발행될 한글판 단행본의 자료일람 부분을 통해 보완하여 발표하고자 한다. 아무쪼록 이 번역서가 한국의 독자와 연구자들의 식민지 상황에 대한 이해와 연구를 돕는 데 쓰이기를 바란다.

　세 나라를 오가는 번역 과정을 묵묵히 지원해주신 논형출판사의 소재
두 대표님과 편집부, 국내 출판 과정에 익숙하지 않은 역자를 논형에 소개
해주신 강효숙 님, 초역 단계에서 각종 질문에 답해주신 일리노이 대학의
구마이 도모미, 박도영 님, 인디애나 대학의 이석, 이경희 님께 진심으로
감사드린다. 끝으로, 야마다 쇼지 선생과, 그의 연구를 곁에서 늘 도우셨지
만 고대하시던 한글판이 나오기까지 기다려주지 못하시고 고인이 되신 저
자의 사모님께 차마 말로 다 할 수 없는 감사의 뜻을 고개 숙여 전하고 싶다.

2007년 8월

일리노이 어바나에서

이진희

차례

머리말

일본인으로서 이 책을 통해 밝히고자 하는 것

관동대지진 당시 발생한 조선인 학살사건 1주년을 맞기 직전이던 1924년 8월 말, 주목할 만한 담론 둘이 신문에 게재되었다. 지금 읽어봐도 둘 다 참 신선하다. 그 첫 번째는 8월 28일자 「도쿄 아사히(東京朝日)신문」석간 "오늘의 문제"란에 게재된 다음과 같은 글이다.

> 지진으로 하루 만에 홀랑 다 타버린 튼튼하지 못한 수도를 갖고 있다는 것 자체도 일본에 있어서 별로 명예스러운 일은 아니지만, 그보다 더 큰 일본의 불명예는 9월 2일 있었던 선인 소동(鮮人騷ぎ)이다 …… 얼마나 어리석고 생각 없이 행한 야만의 극치였던가. 지진 당일을 기념하려면, 먼저 이 선인 소동의 전말을 어떻게 해서든 공표하고, 그 과오를 천하에 사죄하는 일이 먼저 되어야 한다. 9월 1일에 대지진이 있었던 사실 정도는 일부러 그 날을 기억하고자 수제비를 먹거나 하지 않아도 아무도 아직 잊어버리지 않았다. 선인 사건에 대해서는 잊기는커녕 그 사실을 묻어버리려 안간힘을 쓰고 있다. 이는 곧 수치에 수치를 덧칠하고 있는 격(恥の上塗)이다.

여기서 "9월 2일의 선인 소동"이란 조선인이 폭동을 일으켰다는 유언비어가 돌게 된 결과 9월 2일부터 조선인 학살이 왕성해졌다는 사실을 가리키고 있다. 이 글의 필자는 대지진 이상으로 조선인 학살을 커다란 문제로 여기고, 학살 자체만이 아니라 그 책임을 묻어버리려고 하는 것이 이중의 범죄이자 수치의 덧칠이라 말하는 것이다. 발금 처분되는 것을 피하기 위해 비판의 대상은 명시하고 있지 않지만, 그것이 일본 국가의 태도라는 것은 말할 나위도 없다.

그 다음날인 29일자 「호치(報知)신문」 석간도 조선인 학살에 대한 책임을 묻어버리려는 일본 국가의 태도에 대해 한층 더 구체적인 사실을 들어가며 냉소와 유머를 넣어 비판, 전개하고 있다. 장문이기는 하지만 전체를 소개해본다.

무수한 비극을 낳은 유언비어의 시작과 끝은 영원히 어둠속으로
—지진 후 이야기(3)
'폭탄을 가진 조선인이 숨어들었다', '조선인 여자가 우물에 독을 넣었다', '지금 잡힌 조선인은 석유와 천을 갖고 있었다'.
이러한 유언비어가 지진 당시 시민들의 신경을 병적으로 날카롭게 곤두세웠다. 시나가와(品川)에서도 스가모(巣鴨)에서도 지바현(千葉県)에서도 거의 때를 같이 하여 사람들을 불안으로 몰아갔던 이 유언비어는 도대체 어디서 시작된 것일까. 시민 대다수는 이 소문을 경찰관으로부터 들었다고 한다. 일설에 따르면 경시청이 경시청의 역할을 수행하는 데 있어 시민들의 도움을 받고자 짜낸 묘안(?)이라고 한다.

■

그것뿐만이 아니다. 이어서 재향군인, 청년단, 소방대를 통해 자경단이라는 죽창과 대검을 지닌 엄청난 부대를 만들어냈다. 탐욕에 눈이 먼 부자들은 기뻐하며 이 다이쇼(大正) 동란에 돈을 기부했다. 힘자랑하는 범부들은 이때다 하며, 마치 이와미 주타로(岩見重太郎)나 아라키 마타에몬(荒木又衛門)[2]이라도 된 듯이 천하 당당하게 살인을 저질렀다. 월급쟁이는 모기만한 소리로 불평하며 매일

---

2) 이와미 주타로(岩見重太郎)와 아라키 마타에몬(荒木又衛門)은 에도 시대(1603~1867) 초기의 유명한 검술·무예가— 역자주.

밤 야경을 섰다. 헌병대위는 국가를 위해 결심하고 사회주의자와 그의 처, 그리고 죄 없는 어린애를 죽였다. 자경단은 재미있어 하면서 "너 조선인이지"하며 군인, 경찰서장까지도 벌거벗겼다. 경시청은 자신들이 사용한 약이 너무 든 데 대해 깜짝 놀란 탓인지 한 반년 만에 자경단을 금지시켰다.

■

지금도 경시청에서는 지진 당시의 유언비어의 출처를 모른다고 한다. 도대체 알 수 없는 일이다. 하지만 요코하마에서 화재를 피해 도망 나오던 조선인과 중국인 50명, 100명이 한 데 뭉쳐 시내로 흘러 들어오던 중에 대피가 늦어져 남게 된 한 일본인 여자를 그들이 멈춰 세우고 음식을 뺏었던 일로부터 시작되었다는 설이 사실 인 것으로 생각된다. "뭐요? 자경단 조직 따위에 들어갔던 적 없소"하는 것으로 끝내 려 하는 중이다. 입만큼 중한 것은 없다.

■

그런 소문이 났던 탓에 비명에 죽어간 동포의 수는 세자면 천은 될 것이고, 공을 세울 생각으로 살인을 자행했던 자경단 중 감옥에 들어간 자 또한 몇 천에 달하고 있다. 후나바시 무전국장(船橋無電局長)과 사이타마 현청(埼玉県庁)의 통첩을 비롯해 유언비어의 근원은 정부에 있다는 사실을 입증할 것은 얼마든지 있지만, 관리들 중에 책임을 진 자는 하나도 없다. 결국 영원히 어둠 속으로 묻혀버리고 말 것이다.

이 기사에서 말하는 "후나바시 무전국장"이란, 1923년 10월 12일 지바 지방재판소에서 열린 지바현 히가시카쓰시카군 호텐무라(東葛飾郡 法典村) 자경단 조선인 학살사건 공판에서 후나바시 해군 무선전신송신소장 해군대위 오모리 료조(大森良三)가 타전했던 전보 중에, 내무성 "경보국 장으로부터 야마구치(山口), 후쿠오카(福岡) 양 현지사(県知事) 앞으로 조선인이 폭동을 일으키고 있으니 당분간 조선에서 일본으로 들어오는 자 들을 막으라는 내용이 있었다"고 증언한 사실, 그리고 9월 3일 오후 대여섯 시경 통신소의 경계를 위해 보초를 도우러 왔던 마을 사람들에게 "오늘밤

송신소 습격을 노리고 오는 조선인은 죽여도 된다. 내가 책임지겠다"라고 말했다고 증언한 사실을 가리킨다(「호치신문」 1923년 11월 13일 석간).

"사이타마현의 통첩"이란, 9월 2일 밤 사이타마현 내무부장 고사카 마사야스(香坂昌康, 1881~1967)가 내무성의 뜻에 따라, 현에 속한 각 군(郡) 사무소를 통해 초(町), 손(村) 내에 자경단을 결성할 것을 명했던 이첩(다른 관청으로 보내는 문서에 의한 명령이나 통지)을 가리킨다. 사이타마현의 구마가야(熊谷), 진보하라(神保原), 혼조(本庄), 요리이(寄居), 가타야나기(片柳) 등에서 일어난 자경단원의 조선인 학살사건들은 이 고사카의 이첩을 빼놓고는 생각할 수 없는 사건이다.

이 기사는 이와 같은 증거를 근거로 당국이 유언비어를 유포했다고 단정하고는 있지만, 이 글에 문제가 없는 것은 아니다. 학살된 조선인의 수를 확정하기는 어렵다고 해도, 1000명 정도로 그치지 않았다는 사실은 확실하다. 또 유언비어가 관청에서 시작되었다고는 해도, 그를 단언할 만한 실증적 근거 또한 발견할 수 없다.

그렇다고는 해도 이 기사가 지적하고 있듯이, 관청이 유언비어를 유포하고 자경단의 결성을 부추겼다는 사실은 부정하려야 부정할 수 없는 사실이다. 당시가 '다이쇼 데모크라시'의 시대[3]였다고는 해도, 민중의 국가주의적 의식이 여전히 강했던 시대였던 만큼, 이 같은 천황의 권위가 부여된 유언비어가 갖는 사회적 힘이란 헤아릴 수 없이 컸던 것이다. 당국은 그들의 막대한 책임을 알고 있었기에, 오히려 이 사실을 더 감추고자 애썼던

---

3) 러일전쟁(1904~1905)부터 1920년대에 걸쳐 나타난 일본 정치, 사회, 문화에 있어서의 제한적이나마 민주주의적인 경향을 보이던 추세를 총체적으로 가리킴—역자주.

것은 아닐까. 이 기사는 그러한 정부의 책임 은폐에 대한 비판을 전개하고 있는 것이다. 「호치신문」은 당시의 여러 신문 중에서도 관청에 의한 유언비어 유포에 대해 가장 집요하게 취재 보도한 신문이었다.

1923년 12월 15일 일본 국회 중의원 본회의 석상에서 나가이 류타로(永井柳太郎, 1881~1944)는, 9월 3일 후나바시해군 무선전신송신소에서 타전한 내무성 경보국장의 전보 등 당국이 유언비어를 퍼뜨렸음을 부정할 수 없는 증거들을 보이며, 정부가 유언비어에 대한 책임은 지지 않은 채 조선인을 학살한 자경단을 검거 기소하여 "선인 사건의 전면적 책임이 오로지 자경단에게만 있는 듯한 입장"을 취하고 있는 당시 상황을 비판하고, "정부 스스로 만들어 낸 이 유언비어에 대해서 아무런 책임도 느끼지 않는가", "정부는 그에 대한 애도의 마음으로 유감의 뜻을 표명함과 동시에, 그 불행한 희생자들에 대해서는 유족을 위로하기 위한 최선의 방법을 강구할" 것을 정부에 촉구했다(『관보호외(官報号外)』 1923년 12월 16일, 105~107쪽).

총리대신 야마모토 곤베에(山本権兵衛, 1852~1933)는 나가이의 이러한 질문에 대해 핵심을 피해서 답했고, 때문에 나가이는 이 점에 대한 답변을 거듭 거듭 촉구했다. 야마모토가 마지못해 답변한 내용은 다음과 같은 것 뿐이었다.

지금 나가이군이 또다시 한 질문에 대해 답변 드립니다. 정부는 이번에 발생한 사건에 대해 현재 조사를 진행 중에 있습니다. 차후 그 내역에 대해 본 회의장에서 보고드릴 날이 있을 것입니다. 오늘은 그냥 그때가 되면 알 수 있겠구나 하고 이해해주시기 바랍니다(『관보호외』 같은 날짜, 111쪽).

그러나 이는 자리를 모면하기 위한 답변이었을 뿐, 오늘날까지도 일본 정부는 조선인 학살사건에 대한 조사 결과 발표도, 사죄도 하지 않았다. "수치 덧칠하기"가 80년 동안이나 계속되고 말았다.

하지만 이는 꼭 정부만의 문제는 아니다. 압도적으로 많은 일본인들에게 이러한 "수치 덧칠하기"가 오늘날까지 계속되어 왔다는 것에 대한 자각은 찾아볼 수 없다. 이시하라 신타로(石原慎太郎) 도쿄도지사는 2000년 4월 10일, 조선인 학살사건 당시에는 "일본 당국이 제대로 보호해주지 못했기 때문에 조선인이 피해를 봤다"고 말했다(「마이니치(毎日)신문」 4월 12일). 조선인 학살의 책임은 진정 자경단에게만 있을 뿐, 정부는 조선인의 보호자라도 되었다는 말인가. 이런 "수치 덧칠하기"는 앞으로 몇 년이나 더 계속될 것인가.

관동대지진 당시의 조선인 학살사건은 1923년 9월에 일어났다. 그리고 2003년 9월에는 80주년을 맞았다. 2003년에는 조선민주주의인민공화국이 행한 일본인 납치사건을 두고 일본인들의 비난이 분분했지만, 일본국에 의해 80년째 계속되고 있는 이 "수치 덧칠하기"는 그들 가운데 한결같이 인식되지 않고 있었다. 조선민주주의인민공화국은 적어도 그들이 범한 납치 사실은 인정했고 또 사죄도 하였다. 그러나 일본 국가는 오늘날에 이르기까지도 조선인 학살 책임에 대해 한마디도 그 사실을 인정하거나 표명한 적이 없다. 조선민주주의인민공화국의 일본인에 대한 인권 침해에 대해 비판하지 말라는 것이 아니다. 납치 가족의 고뇌는 하루빨리 해결되어야만 한다. 이를 위해서라도 더더욱 이러한 이중적인 기준은 취하지 말아야 할 것이 아닌가.

조선민주주의인민공화국을 향한 냉엄한 비판은 일본 국가의 조선인 학살에도 동시에 적용되지 않으면 안 된다. "수치 덧칠하기"의 80년은 되돌아보지도 않고 그대로 둔 채, 조선민주주의인민공화국에 대한 비판만 일삼는 일본인이라면, 남북한과 재일조선인 민중으로부터는 물론, 아시아 민중으로부터도 공감을 얻을 수 없게 된다.

관동대지진 당시의 조선인 학살사건에 대해서는 이미 재일조선인 연구자와 일본인 시민단체가 뛰어난 연구서와 사료집을 간행해왔다. 그러나 나의 관심은 조선인 학살사건 그 자체보다는, 그 사건 이후 일본 정부가 어떤 식으로 자기 책임을 감추는 데 광분해 있었는지, 또 일본 지식인과 민중은 왜 이러한 일본 정부의 정책을 저지할 수 없었는가 하는 데에 있다. 즉, "수치 덧칠하기"가 어떻게 가능했는가 하는 것이다. 쉽게 말하자면, 학살 그 자체도 나쁘지만, 그 후 긴 세월 동안 이를 속여 온 사실은 더 나쁘다는 것, 그것이 일본 국가와 기업에 대한 한국인의 전후 보상 소송 지원에 참가했던 내가 절감했던 점이다.

둔재인 나의 능력으로는 장기간에 걸친 이 "수치 덧칠하기" 80년을 분석하는 것은 불가능하다. 그러나 적어도 이 "수치 덧칠하기"의 출발점을 해명하고, 그 이후 있었던 역사에 대해 전망해보고 싶다. 이것이 이 책에서 밝히고자 하는 나의 주된 과제다. 이런 의미에서 이 책은 관동대지진 당시의 조선인 학살사건의 제 측면을 서술하는 개설서는 아니다. 일본 식민지 지배 책임을 어떤 식으로든 청산하고 싶다고 생각하는 일본인들과의 대화를 위한 책이다. 이 점을 처음부터 밝혀두고자 한다.

1장

조선인 학살사건을 둘러싼
일본인의 정신 상태를 돌아보며

조선인 학살사건 관련 묘비와 추도비를 단서로

정치적, 사회적 희생자의 묘비와 추도비에는 그 건립 방식과 비문의 내용에 당시의 정신 상태가 반영되어 있다. 거기에는 일상 중에 깨닫지 못했던 사상적 문제가 비문과 그 건립 방식에 객관화되어 드러나게 된다. 비문은 반영구적으로 남는 것이고, 또 많은 이들이 보게 되기 때문에, 조선인 학살사건이나 조선인·중국인 강제 연행에서와 같이 사회가 가해자 측과 피해자 측으로 분열되어 있는 경우, 사건을 은폐하려는 일본인 측과 쓰라린 역사적 사실이라 하더라도 이제는 피하기보다는 반성하고자 하는 일본인 측 사이에 비의 형식과 비문의 내용, 아니, 비를 건립하는 그 자체를 둘러싸고 첨예한 사상적 대립이 생기게 된다.[1]

　　비문과 비의 건립 방식은 그러한 대립 가운데 양측의 타협점에서 귀착하는 것이 일반적인 역사적 현실이다. 추도비를 세우고 비문을 쓴 주체가

---

1) 하나오카(花岡) 사건의 경과를 기록한 "공락관적(共楽館跡)" 비문을 둘러싼 '일중 부재전 우호비를 지키는 모임(日中不再戦友好碑を守る会)'과 오다테시(大館市) 당국 측 사이의 공방전 역사에 대해서는, 졸고 「관동대지진 당시의 조선인 학살 책임의 행방」(『역사평론(歴史評論)』 1993년 9월호)에서 언급. 이는 현재 일본 어디서나 일어나고 있는 사건임.

재일조선인이나 한국인인 경우에도, 역시 그들을 둘러싸고 있던 일본의 정신 상태를 고려하지 않을 수 없다. 그런 의미에서 이러한 종류의 비는, 부채 유산을 은폐하려는 압력에 그 건립자들이 어디까지 저항하며 자신의 생각을 관철시켰고, 또 어떠한 해결되지 못한 과제를 남기고 있는가를 보여 주는 물적인 표현이라 할 수 있다. 여기서 관동대지진 당시 학살된 조선인의 추도비와 묘비에 나타난 비문 및 그 건립 방법을 살펴보고자 함은, 우리 앞에 현재 남아 있는 해결되지 못한 사상적 과제를 명시하기 위한 것이지, 단순히 과거를 회고하기 위한 것만은 아니다.

고찰하려는 궁극적인 대상은 물론 아시아 태평양전쟁이 끝난 이후의 현재의 일본이지만, 그것이 종전 전 시기와 연속성을 갖고 있기 때문에, 종전 전에 건립된 추도비, 묘비의 고찰부터 시작하고자 한다.

1. 아시아 태평양전쟁 종전 전에 세워진 추도비와 묘비

사이타마현 각지에 건립된 묘비와 추도비

우선 종전 전에 사이타마현(埼玉県)에 건립된 추도비, 묘비부터 살펴보겠다.

①의 "선인의 묘(鮮人之墓)"는 조선인 학살사건 다음해인 1924년 9월 1일에 혼조마치(本庄町, 현 本庄市) 나가미네(長峰) 묘지에 건립되었다 (「도쿄 니치니치(東京日日)신문」 1924년 9월 2일자 사이타마판).

혼조의 조선인 학살사건은 1923년 9월 4일 밤, 혼조 경찰서에서 일어났다. 이날 혼조 경찰서로 보내진 조선인들을 경찰서 트럭에 싣고 군마현을 향해 가고 있던 중, 사이타마현과 군마현의 경계 지역에 위치한 간나가와 강(神

流川)에서 군마현 측의 신마치(新町) 자경단과 후지오카(藤岡) 경찰서가 그들의 이송을 거부했다. 그래서 되돌아오던 중 진보하라에서 군중이 두 대의 트럭을 습격했고, 변을 면한 트럭 한 대만 밤 8~9시경이 되어 혼조 경찰서로 되돌아왔다. 그 후에도 조선인을 잔뜩 태우고 군마현을 향해 가던 트럭들이 진보하라에서 일어난 일을 알게 된 탓인지, 몇 대씩이나 되돌아왔다. 이를 알게 된 군중은 점차 혼조 경찰서로 모여들어, 일본도, 목검, 곤봉, 권총으로 자동차에 수용되어 있던 조선인들을 전부 죽이고, 혼조 경찰서 연무장에 수용되어 있던 조선인들마저도 죽였다. 거적 밑에 숨어있던 두 여성도 다음날 아침에 발견되어 살해당했다. 군중은 이곳에서 흉악한 범행을 저지른 이후, 후지(富士)방적공장을 습격해 조선인 노동자를 죽였다. 관동대지진 50주년 조선인희생자 조사·추도실행위원회의 조사에 의하면, 혼조에서 학살당한 조선인 희생자의 수는 88명에서 102명에 달한다(226쪽 [표 6-6] 참조).

"선인의 묘"는 「군마(群馬)신문」 혼조지국장 바바 야스키치(馬場安吉)가 중심이 되어, 신문기자들과 게이샤 포주집들의 조합인 다이헤이샤(泰平社) 연예부가 건립했다(관동대지진 60주년 조선인희생자 조사·추도실행위원회, 324, 428~429쪽).

②의 "조선인 강대흥(姜大興)의 묘"는 9월 4일 가타야나기무라(片柳村, 현 埼玉市) 소메야(染谷)에서 이 지역 주민에게 학살당한 강대흥의 묘다. 가타야나기의 고이즈미 사쿠지로(小泉作次郎)의 회고에 의하면 "사건 관계자가 책임을 느끼고 피해자를 동정하는 마음에서 세웠다"고 전한다(관동대지진 60주년 조선인희생자 조사·추도실행위원회, 61쪽). 건립년도는 알려져 있지 않지만 사건 후 얼마 되지 않은 시기로 보인다.

③의 "감천수우신사(感天愁雨信士)"라는 묘비명이 붙은 이 묘는 9월 6일

① 本庄市 東台五丁目 長峰墓地 내 추도비

[앞면]
鮮人之墓

[뒷면]
大正十三年九月卯日
本庄新聞記者団
泰平会社演芸部
建石

[찾아가는 길] 현재 비는 이곳에 없고 혼조 시가 매장물 센터에 보관 중

출처: 「도쿄 니치니치신문」 사이타마판, 1924년 9월 4일

② さいたま市 染谷三丁目 常泉寺墓地 내 묘비

[앞면]
朝鮮人 姜大興 墓

[좌측면]
大正十二年九月四日
空朝露如幻禅定門位
関東大震災ノ節当字二於テ死亡
施主 染谷一般

[찾아가는 길] 도호쿠선(東北線)·다카사키선(高崎線) 오미야(大宮)역 동쪽 출구로부터 浦和学院행, 浦和美園행, さいたま東営業所행, 染谷返し場행 버스 중 하나를 타고 根木輪에서 하차. 도보 5분.

조선인 강대흥 묘

요리이 경찰분서(寄居 警察分署)에서 요리이마치 부근의 요도무라(用土村), 하나조노무라(花園村) 등지의 자경단에 의해 살해된 구학영(具學永)의 묘다.

9월 3일 오사토 군청(大里郡役所)으로부터 요리이마치와 그 주변 마을에 자경단 결성에 대한 지시가 있었다. 5일에는 진보하라에서 군중에게 습격을 당한 한 경관이 도망쳐 왔고, 그가 "불령선인" 집단의 스파이라고 오해를 샀던 일도 있었다. 또 혼조의 조선인 학살사건도 마을에 전해지고 해서, 군중은 꽤 흥분해 있었다. 그 군중이 사쿠라자와무라(桜沢村)의 목재소인 마시타야(真下屋)에 있던 조선인 엿장수 구학영을 죽이려고 갔다. 그러나 구씨는 당시의 상황에 위험을 느껴, 요리이 경찰분서로 가서 보호를 받고 있던 참이었다. 이를 알게 된 군중은 6일 경찰분서를 습격해 구씨를 일본도와 괭이로 살해했다. 이 사건으로 검거, 기소된 자는 요도무라 출신인 자가 12명, 하나조노무라 출신인 자가 1명이었다. 묘를 건립한 이들의 대표인 미야자와 기쿠지로(宮沢菊次郎)는 요리이마치의 안마업자였다(관동대지진 60주년 조선인희생자 조사·추도실행위원회, 45~46쪽. 판결서).

④의 "선각오도신사(鮮覚悟道信士)"라는 묘비명을 가지고 있는 묘는, 9월 5일 저녁 무렵 고다마(児玉) 경찰서 앞에서 군중에게 살해되었던 한 조선인의 묘다. 이 조선인은 진보하라, 아니면 혼조에서 도망쳐오던 끝에 살해되었다거나, 고다마마치에서 엿장수를 하러 왔었다가 죽임을 당했다고 전해지나, 사실 여부는 판명되지 않은 상태다(관동대지진 60주년 조선인희생자 조사·추도실행위원회, 46, 318쪽). 이 묘는 1932년 고다마 경찰서에 근무하는 이에 의해서 건립되었다.

⑤의 "공양탑"은 구마가야의 오하라(大原) 묘지에 1938년 건립된 조

③ 大里郡 寄居町 寄居 正樹院 墓地 내 묘비

[앞면]
感天愁雨信士

[우측면]
大正十二年九月六日亡
朝鮮慶南 蔚山郡 廂面 山田里
俗名 具学永
行年二十八才

[좌측면]
施主 宮沢菊次郎
外有志

감천수우신사묘

[찾아가는 길] 하치코선(八高線) 요리이
(寄居)역. 도보 10분.

---

④ 児玉郡 児玉町 八幡山 児玉町사무소 뒤편 淨眼寺 문 옆의 묘비

[앞면]
鮮覚悟道信士

[뒷면]
昭和七年九月三十日
児玉警察署員一同建之

선각오도신사묘

[찾아가는 길] 하치코선(八高線) 고다마
(児玉)역. 도보 20분

선인 공양탑이다. 비문에 따르면, 두 곳에 나누어 매장되어 있던 조선인의 유골을 여기에 함께 묻고서 세우게 된 것이다.

　　1923년 9월 4일 200명이 좀 안 되는 조선인들이 구마가야 남동쪽의 후키아게(吹上) 방면으로부터 구게무라(久下村)의 자경단에게로 보내져 왔는데, 후키아게와 구게무라의 경계 지점에서 한 조선인이 도망을 치다 불 끄는 도구인 쇠갈고리로 공격을 당했다. 구게무라로 돌아가는 지점에서 잠시 멈추어서는 약 반수에 가까운 조선인들을 트럭 4~5대에 실어 구마가야 쪽으로 향했고, 나머지 조선인들은 계속 걷게 되었다. 구게무라를 걷던 중, 도망치던 몇몇 조선인이 학살당했다. 구게무라 자경단으로부터 사야다무라(佐谷田村) 자경단에게로 인계되었을 때, 조선인 몇 명인가가 소형 트럭에 실려져 구마가야 방면으로 향해가게 되었다. 이 마을에서도 도망친 조선인 한 사람이 죽임을 당했다. 사야다무라로부터 구마가야마치 야나기하라 자경단에게 인계되어 휴식을 취한 후 구마가야마치의 중심부로 향하던 때, 마을 쪽으로부터 군중이 무기를 가지고 달려들어 수많은 조선인들을 살해했다. 남은 조선인들은 쓰쿠바초(筑波町)와 경찰서 부근 등 마을 중심부에서 살해당했을 뿐만 아니라 살아남았던 조선인도 구마가야 절에서 죽임을 당했다. 관동대지진 50주년 조선인희생자 조사·추도실행위원회의 조사에 따르면, 구마가야와 그 주변에서 살해당한 조선인의 수는 68명에서 79명 사이이다(226쪽 [표 6-6] 참조).[2)]

　　이 사건을 계기로 세우게 된 공양탑은, 1988년 7월 유코쿠지(熊谷寺)

2) 구마가야의 조선인 학살에 대해서는 山岸秀의 『関東大震災と朝鮮人虐殺: 八〇年後の徹底検証』(早稲田出版, 2002)이 면밀히 분석하고 있으므로 참조하기 바람.

⑤ 熊谷市 大原二丁目 大原靈園 내 추도비

[앞면]
供養搭
陸軍中将 江橋英次郎

[뒷면](일본어 추도비 원문 번역)
아, 다이쇼 12년 9월 1일 오전 11시 58분, 제국의 수도를 중심으로 발발한 대참사 관동대지진은 순식간에 수 만의 생령과 수 백만의 재물을 앗아감으로써 태고 이래 미증유의 대 참해를 낳았다. 당시 우리나라는 유럽 대전의 영향으로 국내 경기의 호황을 맞았던 시기로, 일반적으로 방종과 사치의 폐해를 드러내며 속세의 봄을 구가하고 있던 때인지라, 두려움과 함께 극심한 낭패를 겪어야했다. 교통수단은 물론이요 통신시설 또한 일시적으로 두절되어 유언비어가 백방으로 나도는 가운데 그 진상은 알 수 없는 상태가 되어, 이는 필시 암흑세계를 출현시키고 마는 것이 아닌가라고 밖에 생각할 수 없는 상황이 되었다. 이러한 사실로 인해, 지진 이후의 국민은 아연 실색하여 깊이 반성할 필요성을 느끼며, 이 참해는 필시 하늘이 내린 벌이요 처단일지 모른다는 생각에 묘한 긴장감이 돌았다. 이후 오로지 부흥의 기운에 불타 열심의 노력을 다하여 극히 신속하게 그 결실을 거두었지만, 이 재해로 희생된 많은 생령에 대해서는 진심으로 그 애석한 통한의 정을 금할 바 없어, 본 시(市)에서 조난당한 생령은 유코쿠지(熊谷寺)와 엔코지(円光寺) 사원 내 두 묘지에 각각 매장하여, 지금은 계절마다 그 법요를 게을리 하지 않고 있다고 해도 앞으로 황폐해질 것을 우려함과 동시에, 두 곳에 나누어 묻혀 있는 점에서 오는 불편함을 고려하여, 이번에 시내 유지들과 뜻을 같이하여 그 유골을 한곳에 모아 유코쿠지 묘지 내 그 자리를 정하고 본 공양탑을 건립하니, 이로써 생령들의 명복을 빌고자 한다. 희생의 영령들이 돌연 당하게 된 그 조난에 대해서는 차마 다 위로할 길 없다 해도, 그들의 숭고한 희생으로 말미암아 우리 동포 국민이 자각하고 반성하여 긴장하며 견실한 풍기를 조성하도록 촉구하게 되었으니, 그 기여와 공덕은 더할 나위 없이 크고, 하여, 그들의 죽음 또한 누구도 헛된 것이었다 할 수 없음이라. 이에 당시의 개략적인 상황을 적어 기록하고자 한다.
昭和十三年七月
埼玉県 熊谷市長 勲六等 新井良 作書

공양탑

[찾아가는 길] 다카사키선(高崎線) 구마가야(熊谷)역. 妻沼행, 太田행, 또는 西小泉행 버스를 타고 肥塚 報恩時에서 하차. 도보 5분.

사원의 주지스님인 우루마 가게카즈(漆間景和) 씨가 필자에게 한 이야기에 따르면, 구마가야 시내에서 세탁소를 하던 한모씨가 분주히 애를 써서 세우게 된 것이라 한다. 구마가야 시장이 집필한 비문에는 학살된 조선인은 "생령(生靈)"이라고 되어 있고, 탑 건립에 분주했던 조선인은 "시내 유지", 탑은 "공양탑"이라고만 적혀 있어 누구를 위한 공양탑인지 알 수가 없다. 이 탑은 학살된 자도, 탑 건립에 애썼던 자도 알 수 없게 세워졌던 것이다. 당시로써는 한 씨가 아무리 애를 쓴다 해도, 이런 식으로 밖에는 조선인 희생자의 추도비를 세울 수 없었던 것 아닐까.

1923년 11월 4일자 「도쿄 니치니치신문」 사이타마판에 따르면, 구마가야의 구마가야 사원 주지스님은 이 지역에서 학살된 조선인을 위해 공동묘지에 탑루를 세웠다고 한다. 탑루에는 "□ 비업횡사선인 각영위 추사 돈생보제(□ 非業橫死鮮人 各靈位 追祀 頓生 菩提)"라고 쓰여 있다(이 탑루의 사진이 같은 신문 사이타마판 1923년 10월 23일자에 게재되어 있다). 그런데 "이와 같이 영원히 남을 탑루가 세워진 것은 순전히 유코쿠지 사원 주지승의 주의 부족에서 나온 것으로, 초(町) 사무소에서 이를 즉시 철회시키려 했던 것을

「도쿄 니치니치신문」 사이타마판, 1923년 10월 23일.

이에 앞서 누군가가 먼저 그 탑루를 뽑아버렸고", 이로써 탑루는 행방불명이 되었다고 한다.

그런데 1924년 8월 14일 「도쿄 니치니치신문」의 기자가 이 묘지를 방문했을 때, 이 탑루는 "알만한 곳"으로부터의 지침에 의해 "천진재조난 사망각영 추시공간[양]지탑의, 시주 무명 초지자(荐震災遭難 死亡各靈 追祉 供饌[養]之塔矣, 施主 無名 蕉志者)"라고 고쳐 쓰여져 있었다(「도쿄 니치니치신문」 1924년 8월 15일 사이타마판). "알만한 곳"이 구마가야의 초사 무소인지, 아니면 경찰인지 알 수는 없지만, 희생자가 조선인이라는 사실을 감추려 한 정치적 압력이 작용하고 있었다는 것만은 확실하다.

희생자가 조선인이라는 사실을 감추려는 움직임은 사건 후 곧 시작되었다. 희생자가 조선인이라는 사실을 숨긴 이 '공양탑'은 그러한 출발점의 연장선상에서 희생자 동포를 추도하려 했던 한씨와, 그 사실을 숨기려 한 일본인 유력자 간의 갈등의 한 타협점으로서 성립되었던 것이라 할 수 있다.

군마현 각지에 세워진 묘비와 추도비

⑥의 "다이쇼12년 9월 진재사변 순난자 추조지비(震災事變殉難者追弔之碑)"(현재 이 추도비는 존재하지 않음)는 군마현 다노군(多野郡) 후지오카마치(현 후지오카시) 후지오카 경찰서에서 학살된 조선인을 기리는 추도비다. 9월 3일, 오니시마치(鬼石町)의 소방수가 오가노마치(小鹿野町)에 사는 최용조(崔龍祚)를 "불령선인"으로 오해해 그를 후지오카 경찰서로 연행해왔다. 후지오카 경찰서는 오가노 경찰서에 조회해 본 결과, 이는 오해임을 알게 되어 그를 석방했다.

5일에는 사이타마현 북부에서 일어난 조선인 학살사건이 후지오카 방면까지도 전해져, 주민들 사이에 조선인을 향한 불미스런 기운이 만연했다. 이에 후지오카 경찰서는, 스스로 보호해 줄 것을 요청하며 찾아온 한 조선인을 비롯하여 부근의 17명의 조선인을 유치장에 수용했다. 이 지역의 민중들은 경찰이 나쁜 짓을 한 조선인들을 감싸고 있다며 소동을 부리기 시작했다. 이날 오후 7시경, 1000명에 가까운 군중이 경찰서로 몰려와서 최씨의 석방에 대해 따졌고, 군중의 수는 점점 불어나 2000명에 달했다. 그들은 죽창, 불 끄는 도구인 도비구치(鳶口), 곤봉, 일본도, 엽총 등을 가지고 경찰서 안으로 돌입하여 조선인들을 유치장에서 끌어내고는 살해하였다. 딱 한 사람이 죽음을 면하긴 했지만, 그 외 16명의 조선인은 모두 살해되고 말았다.

6일에는 히노무라(日野村)의 소방수가 차봉조(車鳳祚)를 경찰서로 연행해왔다. 그 뒤를 수백의 군중이 따라왔다. 군중은 일단 해산했지만, 저녁 무렵이 되자 다시 나타나 1000명이 넘게 모여서는, 경찰서 안으로 돌입해 차씨를 살해하고, 책상, 의자, 선반, 서류상자들을 부수고 서류를 태워댔다. 다카사키(高崎) 보병 제15연대 1개 중대가 오자, 군중은 해산했다(猪上輝雄, 34~40쪽).

이 추도비는 사건으로부터 1년도 채 지나지 않은 1924년 6월에 후지오카마치 조도지(成道寺) 사원 묘지 안에 세워졌다. 비문에는 학살된 조선인을 "순난자(殉難者)"라고만 표기했고, 조선인이 학살되었던 경과에 대해서는 전혀 언급하지 않았다. 건립자가 가해자를 고려해 그런 식으로 세울 수밖에 없었던 것으로 보인다.

㉖은 다카사키시 구라가노마치 구본지(高崎市 倉賀野町 九品寺) 사원 내 묘지에 세워진 조선인의 묘다. 묘비 앞면에는 사망한 조선인의 이름은 적혀 있지 않고, 그의 계명(戒名, 법명—역자주)과 학살된 날짜인 1923년

⑥ 大正十二年九月震災事変殉難者追弔之碑

(일본어 추도비 원문의 번역)
제국의 수도, 지진으로 물정 소란한 가운데 화를 당한 자 헤아릴 수 없이 많음이라. 그 가운데 후지오카에 있어서도 순난자 또한 17명에 달해, 마을 주민들 이를 추도하여 유골을 묻고 조도지(成道寺)에 비를 세워 이름을 적고 그들의 명복을 비는 바이다.
조수규 이상호 남성규 천상업 김삼선 김일출 정귀풍 김두성 김인유 이만수 김동원 허성일 김성동 조건원 김동인 이재호 김현

• 찬조자
藤岡町長 荻原長太郎
藤岡警察署長 平方金七
帝国在郷軍人分会 藤岡町 分会長 井元四郎
藤岡町 消防組々頭 四方田幸太郎孝太郎
藤岡町 青年会長 高橋熊一郎
• 발기자
細谷清吉 茂木要太郎 中村佐源治 石田松五郎 松島与市 中島吟平 本庄辰之助
大正十三年六月二十二日
金二十円 永代供養料 洪物杓 京城

> 주: 이 추도비는 붕괴되어 비문을 볼 수 없으므로, 후지오카초사 편찬위원회 편 『후지오카초사(藤岡町史)』(군마현 후지오카시청, 1957년) 1254~1256쪽에 게재된 내용에 근거해 수록했다. 영대 공양비 제공자로 여기 기록된 '홍물표'는 '홍애표(洪埃杓)'의 오자로 보인다.

⑦ 群馬県 高崎市 倉賀野町 九品寺 사원 묘지 내 묘비
(1923년 9월 4일 多野郡 倉賀野町(현 高崎市)에서 학살된 조선인의 묘)

[앞면]
奉浩地蔵尊爲顕光道口(居?)士菩提
大正拾弐年九月四日

[뒷면]
大正拾四年四月四日建立
倉賀野町民

[찾아가는 길] 다카사키선(高崎線)·하치코선(八高線) 구라가노(倉野)역 하차. 도보 10분.

地蔵尊像

9월 4일만이 기록되어 있다.

1923년 12월 22일자 「조모(上毛)신문」에 따르면, 1923년 9월 4일 구라가노마치 순사주재소에 수용되어 있던 공사판 노동자로 보이는 스무살 가량의 조선인을 군중이 약탈하고 주재소 앞길에서 구타한 뒤, 근처 구본지 사원 묘지에서 일본도로 살해했다고 한다. 그 마을 사람 중에서 살해한 일에 대해 반성하던 이들이 이 묘비를 세운 것으로 보인다.

지바현 후나바시에 세워진 추도비

⑧ "법계무연탑(法界無緣搭)"(원래는 현재의 신후나바시(新船橋)역 근처의 화장터 옆에 있던 것)은, 1923년 9월 4일 가마가야무라 구리노(鎌ヶ谷村 栗野) 자경단이 후나바시 경찰서로 연행 중이던 조선인을, 후나바시

⑧ 船橋市 馬込町 馬込靈園 내 묘비

[앞면]
法界無緣搭
船橋仏教連合会

[뒷면]
大正十三年九月一日 建之

[찾아가는 길] 도부노다선(東部野田線)
마고메자와(馬込沢)역. 도보 20분.

법계무연탑

자경단이 후나바시마치 고코노카이치(九日市) 덴센(伝染)병원 부근에서 살해했는데, 이듬해 9월 1일에 후나바시 불교연합회가 당시의 희생자들을 공양하여 현 신후나바시역 근처의 화장터 부근에 세운 탑이다. 탑이 옮겨진 시기는 분명하지 않지만, 현재는 후나바시시에서 관리하는 마고메(馬込) 공동묘지 내에 재일본조선인연맹 지바현 본부가 세운 추도비 옆에 세워져 있다(지바현에 있어서의 관동대지진과 조선인 희생자 추도·조사 실행위원회, 1983, 40~46쪽). 탑 명칭이 "법계무연탑"으로 되어있는데, 희생자가 조선인이라는 사실이 애매하게 처리된 이유는 무엇일까. 그 배후에는 구마가야에서의 경우와 마찬가지로 정치적 압력이 있었는지도 모른다.

가나가와현 요코하마에 세워진 추도비

⑨의 세 추도비는 현 요코하마시 고호쿠구 기쿠나(横浜市 港北区 菊名)의 렌쇼지(蓮勝寺) 사원 묘지에 위치한 조선인 추도비다. "조선인 납골탑"과 "조혼(弔魂)"이라는 글자가 새겨져 있는 이 비는, 1933년 전 해군 대령인 무라오 리키치(村尾履吉)에 의해 요코하마시 미쓰자와시(三ッ沢市)에서 운영하던 공동묘지에 건립된 후, 그의 사망 이듬해인 1947년 렌쇼지 사원으로 옮겨진 것이다. "조선인 납골탑 이전 기념비"는 이를 이축 개장하게 된 경과를 기록한 것이다. 무라오는 관동대지진 다음해의 9월 1일에 미쓰자와 시영 공동묘지에 목탑을 건립하고, 요코하마에서 학살된 조선인들을 위한 추도회를 열었다. 그리고 "조선인 납골탑"과 "조혼"비를 건립하였다.

　　"조혼"비의 비문에는 "선민(鮮民), 내지(内地)의 문화를 동경하여 날이면 날마다, 달이면 달마다 이곳에 도래하였건만 돌연 객사한 이름 없는 이들을 위하여 애도할 자 없음을 생각해 이곳에 납골지를 정하다"라는 취지가 쓰여 있다. 관동대지진 당시의 조선인 학살사건에 대한 기재를 피하고자 한 결과, 이같이 쓰고 있는 것이다.

조선인들이 일본에 가면 흰쌀밥을 먹을 수 있으리라는 기대를 안고 일본으로 건너왔던 것은 사실이다. 그러나 여기서 말하는 "동경"이라 함은 조선 농민이 일본의 착취에 의해 빈곤해진 결과 생겨난 것이라는 사실을 무라오는 전혀 이해하지 못하고 있다.

⑨ 横浜市 港北区 菊名山 蓮勝寺 사원 내 세 개의 비

1. 묘지를 향하고 볼 때 왼쪽에서 첫 번째 비
[앞면](일본어 묘비 원문 번역)
弔魂
누군가 이르기를, 사람이 가는 곳은 청산(靑山)이라고 한다. 그래서 뼈는 묻어줘야 한다고. 그러나 멀리 고향을 떠나오면 나그네가 된다. 만일 그 아는 이 아무도 없으면, 그의 뼈 또한 먼지로 되고 말 뿐. 이같은 인생은 가련하기 그지없는 법. □□□□□□□□ 선민(鮮民), 내지(內地) 문화를 동경하여 날이면 날마다, 달이면 달마다 이곳에 도래하였건만, 돌연 객사한 이름 없는 이들을 위하여 애도할 자 없음을 생각해, 여기 납골지를 정하다. 충분하진 않을진대, 모쪼록 영원히 안녕토록 명복을 비는 바다.
昭和八年仲秋
正五位 勲三等 功五級 村尾履吉 誌

주: 위 문자 중 지워진 부분은 이축 개장할 당시 조선인 청년이 파낸 부분으로, 천황의 인자하심이라는 뜻의 글자가 쓰여 있었다고도 하고(大図建吾, 2쪽), '폐하의 신민(陛下の臣民)'이라 써있었다고도 전한다(坂井俊樹, 59쪽).

2. 묘지를 향하고 볼 때 왼쪽에서 두 번째 비
[앞면]
朝鮮人 納骨塔
転徙改葬記念碑

[뒷면(일본어 묘비 원문 번역)]
일한병합 이후 조선인이 내지에 도래하는 일이 날이면 날마다, 달이면 달마다 늘어갔다. 고해군대령 무라오 리키치(村尾履吉)군이 직접 나서 이들 조선인들의 구제·복지를 위해 크게 힘쓴 바 있다. 그러던 중 그들이 허무하게 내지에서 객사하자, 그 망령으로 해를 입지 않도록 그의 사재산을 들여 미쓰자와시(三ッ沢市)에서 운영하는 묘지에 조선인 납골탑을 건립하고, 이를 합사(合祀)하게 되니, 실로 기특하다 하지 않을 수 없다. 작년 무라오군이 사망함에 따라 그의 뼈를 같은 곳에 묻기를 위촉하였다. 애린원(愛隣園)원장 이성칠 군, 이에 크게 감동하여, 조선 사람들의 제반 단체 및 유지들 간에 분주히 뛰어, 새로 묘 자리를 이곳에 마련하여 묘석을 옮기고, 또 그 묘비를 세워 기념문을 내게 위촉하였다. 이제는 세상도 많이 바뀌어 조선인은 다시 한 번 바다를 건너 용맹과 도약의 고국으로 돌아가곤 한다. 그러나 무라오 군의 온정과 이 군의 의거(義擧)는 이 묘석과 함께 길이길이 양 국민을 감동시킬 것에 틀림없다.

[우측면]
단기 4280년 3월 25일
煙洲 鈴木達治 撰併書
昭和二十二年三月二十五日

* 발기인
조선사회사업시설 애린원 원장 이성칠
조선건국촉진청년동맹 중앙총본부 위원장 홍현기
조선건국촉진동맹 가나가와현본부 위원장 김종두

[좌측면]
찬조자
김종종 박의재 김귀수 윤복룡 김형조 홍현기 나종향 하문갑 김용덕 정신덕 황창주 배의태 천이석 금석룡 권말노 장총명 신정수 김용신 이옥동 임성주 허운용 이상옥 최훈 정주화 고성호 박용찬 김현성 이방녕

3. 묘지를 향하고 볼 때 왼쪽에서 세 번째 비
[앞면]
조선인납골탑(朝鮮人 納骨塔)

[우측면]
昭和八年七月 建立
施主 村尾家

[찾아가는 길] 도큐토요코선(東急東横線)·요코하마선(横浜線) 기쿠나(菊名)역. 도보 5분.

무라오는 1926년에 설립된 가나가와현 내선협회(神奈川県 內鮮協会)의 평의원으로, 창립 당시부터 1938년까지 재임했다(大図健吾, 3~5쪽). 이 협회는 재일조선인을 동화시키고 그들을 통제하는 것을 그 목적으로 하고 있었다. 무라오는 보는 이에 따라서는 조선인에게 선의를 갖고 있던 인물이라 여겨질지 모르겠으나, 재일조선인이란 일본 국가에 의한 식민지 지배에서 나오게 된 역사적 산물이라는 사실은 전혀 이해하고 있지 않았던 것 같다. 그래도 이성칠(李誠七)과 재일조선인이 무라오를 감사히 여겼던 이유는 당시 일반 일본인들이 재일조선인에 대해 가지고 있던 이해의 수준이 무라오 수준에도 미치지 못했기 때문일 것이다.

2. 아시아 태평양전쟁 종전 후에 세워진 추도비와 묘비

1) 조선인·일본인이 합동으로 또는 일본인 단독으로 건립한 추도비

사이타마현, 군마현, 도쿄도의 추도비

전후가 되자 조선인 학살의 과오에 대한 반성의 뜻을 포함한 글들이 추도비에 새겨지게 되었다. ⑩ 사이타마현 고다마군 가미사토마치 진보하라 안세이지(埼玉県 児玉郡 上里町 神保原 安盛寺) 사원 경내에 1952년에 세워진 "관동대지진 조선인 희생자 위령비", ⑪ 혼조시 나가미네 묘지(本庄市 長峰墓地)에 1959년에 재건된 "관동지진 조선인 희생자 위령비", ⑫의 군마현 후지오카시 조도지(群馬県 藤岡市 成道寺) 사원에 1957년에 재건된 "관동지진 조선인 희생자 위령의 묘"가 그 예다. 그러나 1950년대에 세워진

이 세 개의 추도비에는 두 가지 공통된 문제점이 있다.

⑩의 비는 1952년 조선인 학살사건이 "이 지방 재일조선인들의 문제가 되기도 했고, 또한 일부의 일본인들도 애쓴 결과" 세워지게 되었다(관동대지진 60주년 조선인희생자 조사·추도실행위원회, 41쪽).

⑪의 비도 "재일조선인이 중심이 되고, 혼조시도 협력하게 되어" 건립

---

⑩ 児玉郡 上里町 神保原 安盛寺 사원 내 추도비

[앞면]
関東震災 朝鮮人 犠牲者
慰霊碑

[뒷면](일본어 묘비 원문 번역)
다이쇼 12년 관동대지진 당시, 조선인이 동란을 일으켰다는 소문으로 인해 도쿄 방면으로부터 보내져온 수십 명이 이곳에서 비참한 최후를 맞았다. 이후 이 사실은 29년 이상 그대로 방치되어 있었는데, 이제서야 그 사정을 이해하는 일·조(日朝) 유지들에 의해 위령비를 세우게 되었다. 우리는 통한 가운데서도 이 비를 세움으로써 과거의 잘못을 두 번 다시 반복하는 일 없도록, 이제부터는 아시아 동포로서 서로 친절을 베풀고, 깊이 반성하고, 또 자중함으로써 상호 협력하여 영원히 평화로운 동양을 건설하는 데 매진하길 바란다. 이 비가 그 지표가 되고, 금자탑이 될 것을 끊임없이 기도하는 바다.
文学博士 柳田謙十郎 撰文
三笠樹村貞次 書

* 찬조
埼玉県
埼玉県 議会
児玉郡 町村長
同 議長
同農業共同組合長
日朝 有志
一九五二年 四月 廿日 建之

* 발기
神保原村
賀美村
埼玉県朝鮮人

[찾아가는 길] 다카사키선 진보하라역.
도보 3분.

위령비

되었다. 종전 전의 추도비를 대신해 재건하게 된 이유는 재일조선인으로부터 "선인의 묘"라는 차별적 표현은 받아들일 수 없다는 지적이 있었기 때문이다(위의 자료, 324쪽).

⑫의 후지오카 신추도비 건립 과정에 대해서는 1996년 8월에 필자가 재일본조선인 총연합회 군마현 다노(多野)지부 전 위원장인 백태옥(白泰玉) 씨로부터 들은 증언에 따르면 다음과 같다.

비의 재건은 한 어린이가 종전 전에 세워진 추도비에 새끼줄을 걸어

---

⑪ 本庄市 東台五丁目 長峰墓地 내 추도비

[앞면]
関東震災 朝鮮人 犧牲者
慰霊碑
日朝協会 会長 山本熊一 書

[뒷면] (일본어 묘비 원문 번역)
1923년 관동지진 당시에 조선인이 동란을 일으키려한다는 소문으로 인해 도쿄 방면으로부터 보내진 86명의 조선인이 이 땅에서 비참한 최후를 맞았다. 이를 애도하여 다이헤이샤(泰平社) 연예부와 혼조 신문기자단이 이듬해 9월 선인의 묘를 이 자리에 건립했었지만, 오늘 혼조시의 원조를 받아 일·조 양 국민 유지들에 의해 위령비를 새로이 건립하게 되었다. 조선이 독립하고 조선민주주의인민공화국이 위대한 건설을 진행하고 있는 이때에 위령비를 세우는 일은 통한 가운데서도 우리들의 기쁨이라 하지 않을 수 없다. 우리는 어두운 과거에 대한 깊은 반성과 밝은 미래를 향한 희망을 걸고 이 비를 건립하는 바이며, 일조 우호와 세계 평화를 위해 헌신할 것을 지하에 잠드신 희생자들께 맹세하는 바다.
1959년 가을
原水爆禁止日本協議会 理事長
安井郁 撰文

[찾아가는 길] 다카사키선 혼조 역. 도보 20분.

위령비

---

⑫ 藤岡市 藤岡 成道寺 묘지의 추도비

[앞면]
関東震災 朝鮮人 犠牲者
慰霊之碑
群馬県知事 竹越俊蔵 書印

[뒷면](일본어 묘비 원문 번역)
犠牲者 氏名
조수규 병상억 정인봉 이만수 김성동 이상호 이상호 김삼선 김두성 김동원 조정원
김철현 남성규 김일출 김인유 허성일 김동인
지난 다이쇼 12년 9월 1일 갑자기 일어난 관동대지진으로 세상 물정이 극도로 불안에 휩싸였던
그 때, 조선인 폭동의 소문이 전해와, 각지에서 많은 희생자를 내게 되었다. 후지오카시에 있어
서도 도쿄, 사이타마 방면에서 피난해 온 17명이 비참한 최후를 고했다. 당시 비상(非常)한
죽음을 맞은 각 영령을 위로하기 위해, 이 지방 유지의 손으로 조도지 사원 내 위령비를 건립했었
지만, 세월이 변함에 따라 그 원래의 형태조차 없어지게 되었기에, 일조 양국의 유지들은 다시
한 번 비를 세우고자하는 뜻을 세워, 각 방면의 깨끗한 재물을 모아 이에 준공을 완성하기에
이르렀다. 바라는 것은, 앞으로 다시는 이와 같은 참사가 발생하지 않고 서로 간에 아시아의
형제로서 함께 손에 손을 맞잡고 세계평화를 위한 공헌에 매진하기 바란다. 모쪼록 희생자의
명복을 빌며 건비의 기록을 대신한다.
1957년 1월 1일 荻原進 文
* 원(元) 찬조자
藤岡町長 荻原長太郎 藤岡警察署長 平方金七 帝国在郷軍人会 藤岡分会長 井本四郎
藤岡消防組頭 仕方田孝太郎 藤岡青年会長 高橋熊一郎 藤岡町助役 田中小次郎
大正十三年六月廿二日 建設
* 원(元) 발기인
細谷清吉 茂木要太郎 中村佐源治 石田松
五郎 松宮与市 中島吟平 本庄辰之助
* 永代供養料 金弐拾円 京城 洪埈杓
* 발기인
明和家庭高等学校々長 平方金七
群馬県藤岡市長 福島元助
群馬県藤岡市会議長 金谷義恵
群馬県藤岡警察署長 宮川四郎
群馬県藤岡教育長 金井好次
日朝協会群馬県連準備委員長
　中村英順
群馬県地方労働組合評議会議長
　田辺誠
群馬県会議員 小坂輝雄
在日本朝鮮人總聯合会群馬県本部
　議長 鄭準洪
在日本朝鮮人總聯合会群馬県多野
　支部 委員長 白泰玉

昭和三十二年十一月一日
永代供養料 金壱万七千円也

위령지비

[찾아가는 길] 하치코선 군마후지오카역. 도보 10분.

타잔 놀이를 하던 중에 비를 파손시킨 것에서 시작되었다. 당시 후지오카
경찰서장이던 미야카와 시로(宮川四郎)는 조선인의 반발이 두려웠던지,
백씨를 방문해 어찌해야 할지에 대해 물었다. 백씨는 재건하는 수밖에 없
다고 답했다.

미야카와는 조선인 학살사건이 발생했을 당시에는 후지오카 경찰서장
이다가, 비의 파손 당시에는 메이와 가세이(明和家政)고등학교 교장직을
맡고 있던 히라카타 긴시치(平方金七)에게 의뢰한 뒤, 기부금을 모으기 시작
했다. 그 결과 군마현 안팎의 조선인들로부터 8~9만 엔, 후지오카시로부터
5만 엔, 신마치(新町) 자치단체장으로부터 2만 엔, 다노군 초손회(多野郡 町
村会)로부터 5000엔 정도의 기부금을 모아 비를 재건했다. 일본인 자치단체
의 협력이 있었다고는 해도, 최대한으로 노력했던 이들은 조선인들이었다.

1950년대에 진보하라, 혼조, 후지오카에 세워진 조선인 희생자 추도비
는 일본인이 협력했다고는 해도, 재일조선인이 주력이 되어 건립된 것들이
다. 1950년대의 일본인에게는 그 정도의 사상적 역량 밖에는 없었던 것이다.

비문은, 진보하라 추도비는 야나기다 겐주로(柳田謙十郎),[3] 혼조의 비
는 야스이 가오루(安井郁),[4] 그리고 후지오카의 비는 오기와라 스스무(荻
原進)가 썼다. 이 세 사람 모두 학살의 주체를 생략한 채 비문을 적고 있다.

즉, 진보하라의 추도비에는 "다이쇼 12년 관동대지진 당시, 조선인이
반란을 일으켰다는 소문에 의해 도쿄 방면으로부터 보내져온 수십 명이
이곳에서 비참한 최후를 맞았다"라고 적혀 있다. 앞서 말한 바와 같이 9월
4일에 조선인을 태운 혼조 경찰서 트럭은 현의 경계를 이루고 있는 간나가

---

3) 1893~1983, 교토학파 철학자 및 평론가—역자주.
4) 1907~1980, 국제법학자 및 평화운동가—역자주.

와 강까지 갔지만, 군마 측이 조선인 받기를 거부했기 때문에 혼조 경찰서로 돌아오던 도중 진보하라에서 2대의 트럭이 자경단에게 습격당해, 조선인들은 죽창과 굵은 나무 가지로 살해당했다. 목숨이 아직 붙어있어 그 다음날 아침에 다시 숨쉬기 시작했던 조선인 또한 죽임 당했다. 살해된 수는 42명에 달했다(226쪽 [표 6-6] 참조). 비문의 필자는 그 고장 민중의 감정을 배려하느라 학살의 주체를 적을 수 없었던 것일까.

후지오카의 새 추도비에도 "조선인 폭동 소문이 전해져 각지에서 많은 희생자를 내게 되었다. 후지오카시에서도 도쿄, 사이타마 방면으로부터 피난해온 17명이 비참한 최후를 맞았다"고 적고 있어, 학살의 주체를 명시하는 일은 피했다.

혼조의 새 추도비 비문에도 "1923년 관동지진을 맞아 조선인이 동란을 일으키려 하고 있다는 소문이 퍼져, 도쿄 방면으로부터 보내져온 86명의 조선인이 이 땅에서 비참한 최후를 맞았다"며, 진보하라 추도비의 비문 형태를 답습해 학살 주체의 표시를 기피하고 있다.

혼조시에서는 1959년에 새 추도비가 세워진 이후, 매년 9월 1일이 되면 추도비 앞에서 "무연묘지법요(無緣墓地法要)"를 시가 주최하여 열고, "과오를 두 번 다시 반복하지 않을 것"을 맹세한다고 한다(혼조시사(本庄市史) 편집실, 662쪽). 그렇다고는 해도, 조선인 희생자는 왜 지금까지도 그들의 민족적 소속이 분명하지 않은 무연불(無緣仏)[5]로 되어 있는 것일까.

1963년 9월에 발행된 혼조중학교 사회과학부의 『향토(郷土)』 제2호에는 두 여학생이 쓴 혼조 조선인 학살사건의 조사기록 「관동지진 소요사

---

5) 불교에서 말하는 공양을 해줄 이가 아무도 없는 고인 또는 그 영혼을 가리킴.

건에 대하여」가 게재되어 있는데, 거기에는 학살 사건에 관한 재판의 피고로 그 마을 유지의 이름이 기록되어 있었다. 그런 이유로, 학생들의 동아리 고문을 맡고 있던 담당 교사는 교장실에 불려가 힐책을 당했고, 그 기록에 기재되어 있던 피고의 이름은 먹으로 지워지게 되었다(北沢文武, 5~6쪽).

이러한 지역 고장에서의 감정이 비문에 학살 주체를 직접 표기할 수 없었던, 그래서 그들을 학살에 나서게 만들었던 최대 책임자인 국가에 대해서도 쓸 수 없게 된 원인이 되었을 것이다. 조선인들이 학살 주체를 애매하게 만들어버린 이 세 비문의 내용에 진심으로 찬동했다고는 도저히 생각할 수 없다. 그러나 이 세 추도비는 근처 자치 단체들의 협력으로 세워졌기 때문에, 조선인도 본심을 억누르며 양보할 수밖에 없었던 것이 아닐까.

⑬ 児玉郡 上里町 神保原 安盛寺 묘지 "위령탑"

[정면에 위치한 탑]
関東大震災 朝鮮人 犠牲者
慰霊塔

[탑 우측의 비] (일본어묘비 원문 번역)
一九二三年九月一日
碑文
관동대지진 70주년을 맞아
희생되신 조선인 영령의 명복을 빌며,
여기 위령탑을 건립하다.
1993년 9월 1일
上里町
在日本朝鮮人総聯合会 埼玉県北部
　支部
在日本大韓民国居留民団 埼玉県
　北部支部

[찾아가는 길] 다카사키선 진보하라역.
도보 3분.

위령탑

⑬은 조선인 학살사건 70주년에 해당하던 1993년 9월 진보하라 안세이지 묘지에, 조선민주주의인민공화국을 지지하는 재일본조선인 총연합회 사이타마현 북부지부와 한국을 지지하는 재일본 대한민국 거류민단 사이타마현 북부지부가 제휴하여 세운 추도비다. 남북의 분단 상황을 극복하려는 그들의 노력과 희생자에 대한 추도의 뜻이 합쳐졌다는 점에서 그 의의

---

⑭ 東京都 墨田区 橫網町공원 내 추도비

[정면에 있는 비의 앞면](일본어 묘비 원문 번역, 뒷면에는 기재사항 없음)
追悼
関東大震災 朝鮮人 犠牲者
이 역사 영원히 잊지 않으리
재일조선인과 굳게 손잡고
일조 친선 아시아의 평화 만들어가리
藤森成吉

[좌측에 있는 비의 앞면](일본어 묘비 원문 번역)
1923년 9월에 발생한 관동대지진의 혼란 가운데, 잘못된 책동과 유언비어로 인해 6000여 명이 넘는 조선인이 귀한 생명을 빼앗겼습니다.
우리는 지진 50주년을 맞아, 조선인 희생자를 진심으로 추도합니다.
이 사건의 진실을 아는 것은 불행한 역사를 되풀이하지 않고, 민족 차별을 뿌리 뽑고, 인권을 존중하며 선린 교우와 평화의 큰길을 닦는 초석이 되리라 믿습니다.
사상이나 신조의 차이를 넘어서, 이 비의 건설을 위해 기울인 일본인의 헌신과 성의가, 일본과 조선 두 민족 간의 영원한 친선의 힘이 될 것을 기대합니다.

[좌측 비 뒷면]
額題 渡辺佐平 書
献詩 藤森成吉 書
銘文 近江幸正 書
施行 池上石福
1973년 9월
관동대지진 조선인
희생자 추도행사
실행위원회

[찾아가는 길] 소부혼선(総武本線) 료고쿠(両国)역. 도보 5분.

추도비

는 상당히 깊다. 그러나 그 건립에 있어서 가미사토마치가 관련하고 있었기 때문인지, 역시 학살의 주체에 대한 기재는 생략되어 있다.

⑭의 요코아미초(橫網町) 공원 내 추도비는 조선인 학살사건 50주년에 해당하던 1973년에 관동대지진 조선인희생자 추도행사 실행위원회에 의해 세워진 것이다. 비문에는 "대지진의 혼란 가운데, 잘못된 책동과 유언비어로 6000여 명에 이르는 조선인들이 그 귀한 생명을 빼앗겼습니다"라고 되어 있어, 국가의 책동이 조선인 학살에 있어서 큰 원인이었다는 사실을 암시하고 있다.

이 추도비를 세운 관동대지진 조선인희생자 추도행사실행위원회는 어째서 국가의 책동이라고 명시하지 않은 것일까. 요코아미초 공원을 관리하는 도쿄도가 그것을 말렸던 것인가. 어쨌든, 학살의 주체를 명시하는 일은 매우 곤란했었음을 보여주고 있다.

지바현 야치요시 지역의 묘비와 추도비

지바현 야치요시(八千代市) 지역에는 현재 네 개의 묘비와 추도비가 있다. 이는 9월 7일 이래 나라시노(習志野) 수용소를 관리하고 있던 나라시노 기병연대가 이 지역의 주민들을 불러내어, 조선인을 몇 명씩 마을로 끌고가 살해할 것을 명령했기 때문이다. 그 배경에는 이 지역 농민들이 나라시노 기병연대에 말의 사료로 쓰는 건초를 판매하는 관계에 놓여 있었다는 사실이 있다. 그 묘비와 추도비를 건립 순서대로 설명해보겠다.

⑮는 1972년에 건립된 오와다신덴 입폰마쓰(大和田新田 一本松)의 "무연불지묘(無緣佛之墓)"다. 사건 당시 초등학교 3학년이던 아베 고(安部こう)의 증언에 따르면, 9월 10일인가 15일쯤 되어 조선인 셋을 받으러

오라는 내용의 전갈이 오와다신덴에 도착했다. 저녁 무렵 3명의 조선인이 끌려와 도로의 막다른 곳에 앉혀졌다. 입폰마쓰에 있던 다섯 집에서 각각 한 사람씩 나와 조선인들을 죽이고, 그 사체를 마을 입회지에 묻었다. 그 다섯 집들은 오봉(盆)과 히간(彼岸) 명절6)이 돌아오면, 분향과 떡을 올려 공양했다고 한다(지바현에 있어서의 관동대지진 조선인희생자 추도·조사실행위원회, 1983, 95~101쪽). 그 연장선상에 이 묘비가 세워진 것으로 보인다.

⑯은 1983년에 세워진 가야타시모(萱田下)의 조후쿠지(長福寺) 사원 묘지에 있는 "진재 이국인 희생자 지심 공양탑(震災異國人犧牲者至心供養塔)"이다. 기미즈카 구니하루(君塚国治)의 증언에 따르면, 군대에서 조선인을 줄 것이니 받으러 오라는 전갈이 마을로부터 왔기에 세 명의 조선인을 받으러 갔었다고 한다. 그들의 눈을 가리고 대나무 막대에 묶고는,

⑮ 八千代市 大和田新田 一本松 岡崎外科 맞은편 묘비

[앞면]
無緣仏之墓
大和田新田 下区
有志一同 建之

[찾아가는 길] 도요(東葉)고속철도 야치요미도리가오카(八千代 綠が丘)역. 도보 20분.

무연불지묘

6) 음력 7월 보름, 백중맞이 및 춘·추분을 중심으로 한 명절—역자주.

그 뒤쪽으로 구멍을 파서 떨어뜨리는 식으로 해서 사촌형이 그들을 죽였다. 사체는 공동묘지인 모미요(もみよ)묘지 내 구석진 곳에 묻었다. 이 묘지 일대는 이후 공단 주택지가 된 탓에, 그 유골들을 파내어 현재의 묘지로 옮겼다(지바현에 있어서의 관동대지진과 조선인희생자 추도·조사실행위원회, 1983, 106~107쪽; 裵昭, 10쪽). 희생자를 "이국인(異国人)"이라 했던 것은 남북의 분단 상황 가운데 조선인이라고도 한국인이라고도 표기하지 못하고 고민한 끝에 취한 조치일 것이다.

⑰은 1995년에 가야타가미(畳田上)의 나카다이(中台) 묘지에 세운 "무연 공양탑(無縁供養塔)"이다. 이는 1993년 8월 28일에서 30일에 걸쳐 행해진 관동대지진 70주년 기념집회의 제1분과회의 자리에서, 사건 당시 초등학교 4학년이던 야기가야 다에코(谷木ヶ谷妙子) 씨가 이 묘지에서 조선인이 주민에게 어떻게 살해당했는지를 증언했던 것이 공양탑 건립으로 이어지게 된 것이다.

증인의 회상에 따르면, 지진이 나고 며칠이 지난 어느 날 아침, 마을의 경종이 울려 가보았더니, 종루로 올라가는 사다리에 조선인이 선 채로 묶여 있었다. 그는 나카타니 묘지로 끌려와 눈이 가려진 채 소나무에 묶여 총을 맞은 후 구덩이에 묻혔다고 한다. 전후가 되어서도 증인이 살던 곳 근처에 살던 마을 주민들은 이 사건에 대해 이야기 하기를 싫어했다고 한다. 그녀는 기념집회 이후 이 일에 나서기 시작해 이 지역의 발의로 본 공양탑을 세우게 되었다(관동대지진 70주년 기념행사 실행위원회, 87~92쪽; 지바현에 있어서의 관동대지진과 조선인 희생자 추도·조사 실행위원회, 1999a, 4쪽). 이 탑에도 조선인 희생자는 무연불로 되어 있다. 지역 내에 희생자가 조선인이라는 사실을 감추고 싶어 하는 사람들이 있었던 것일까.

⑯ 八千代市 萱田下 長福寺사원 묘지 내 묘비

[앞면]
震災異國人犧牲者
至心供養塔

[뒷면]
大正十二年九月某日
もみよ墓地改葬一同
昭和五十八年三月吉日 建之

[찾아가는 길] 도요고속철도 야치요 주오
(八千代 中央)역. 도보 15분.

지심공양탑

⑰ 八千代市 萱田町 시민회관과 시민체육관 중간지점의 中台묘지 내 묘비

[앞면]
無緣供養塔

[뒷면]
平成七年二月吉日
中台墓地関係者一同 建之

[찾아가는 길] 도요고속철도 야치요 주오
역. 도보 20분.

무연공양탑

⑱은 1999년 9월에 다카쓰잔 간논지(高津山 観音寺) 사원에 세워진 "관동대지진 조선인 희생자 위령의 비"다. 이 비의 건립에 이르기까지는 꽤 긴 우여곡절이 있었다.

다카쓰(高津)의 한 농민의 일기에 의하면, 9월 7일에 나라시노 수용소로부터 조선인을 줄테니 받으러 오라는 말이 있어, 주민들이 15명을 받아 이들을 각 구별로 나누었고, 다카쓰구는 세 명을 받아오게 되었다. 다음날 8일에 또 두 명을 더 받게 되어, 도합 다섯 명의 머리를 베고 그 사체는 나기노하라(なぎの原)에 구덩이를 파서 매장했다. 9일 늦은 밤에 또 한 사람을 받아와 곧 살해해, 지난번과 같은 구덩이에 묻었다(지바현에 있어서의 관동대지진과 조선인 희생자 추도·조사 실행위원회, 1983, 7~8쪽). 살해당한 이들 가운데 한 사람은 자신은 오사카(大阪) 사람이라고 우겨댔다고 한다. 1965년경, 다카쓰구의 유

⑱ 八千代市 高津 高津山 観音寺 사원 내 추도비

[앞면]
関東大震災朝鮮人犠牲者慰霊の碑
平成十一年九月五日 建之

[뒷면]
八千代市 高津区 特別委員会 委員長
　江野沢隆之
高津区民 一同
高津山 観音寺 主職 関 光禅
関東大震災 朝鮮人犠牲者 追悼調査
　実行委員会 委員長 吉川 清
施工(株)石友工業

[찾아가는 길] 게이세이(京成) 전철 나리타(成田)선 야치요다이(八千代台)역. 다카쓰단지(高津団地)행 버스를 타고 다카쓰 이시바시(高津 石橋) 하차. 도보 3분.

관동대지진 조선인 희생자 위령의 비

지 두 사람이 간논지 주지 세키 고젠(関光禅) 씨에게 탑루를 세워 희생자를 공양하고 싶다고 청한 것을 계기로, 탑루 공양을 행하게 되었다(関光禅, 68쪽).

1978년에는 지바현에 있어서의 관동대지진과 조선인 희생자 추도·조사 실행위원회가 결성되었다. 1983년에는 동 위원회가 그 조사 성과를 정리하여, 『이유 없이 죽임당한 이들: 관동대지진과 조선인(いわれなく殺された人びと: 関東大震災と朝鮮人)』이라는 제목의 보고서를 아오키서점(青木書店)으로부터 간행했다. 이 해 9월 10일, 나기노하라에서는 간논지, 다카쓰구민, 실행위원회의 세 단체가 제1회 '위령제'를 행했고, 이는 이후 매년 행해지게 되었다. 1987년 9월, 동 위원회는 조선인 학살사건 65주년을 맞는 다음해 9월까지 그 유골을 발굴해 추도비를 세울 것을 목표로 하여, 다카쓰구의 행정 공무원회(役員会)의 협력을 얻어 '관동대지진 조선인희생자 유골수집 위령비건립 실행위원회'를 결성하였다. 하지만 집행위원회와 마을 측 간에 좀처럼 잘 맞지 않는 부분이 있어, 1998년 9월 24일이 되어서야 유골 발굴이 행해지게 되었고, 그 후 화장을 하여 간논지에 안치하기에 이르렀다(지바현에 있어서의 관동대지진과 조선인 희생자 추도·조사 실행위원회, 1999a, 2~4쪽).

뒤이어 같은 해 12월에는 자금을 모집하기 시작했고, 1999년 9월 5일에 추도비 제막식(除幕式)을 행했다. 이 추도비의 명칭에는 희생자가 조선인이라는 사실이 명확히 기재되어있다. 그동안은 희생자의 묘비에 "무연불(無縁物)"이나 "이방인(異国人)"으로밖에 표현되어지지 않았던 야치요시 지구에 있어서 이는 곧 민중운동의 진전을 보여주는 일이라 할 수 있다. 그러나 추도비 건립의 유래를 기록하는 비문은 새겨지지 않았다. 학살 주체를 기록하기를 꺼려한 무언가가 건립을 위해 연합했던 단체 내에 있었던 것은 아닐까.

「슈칸아사히(週間朝日)」 1999년 9월 17일호는 "어떤 일이 있었는지비에 새겨 남기는 것에 대해서는 반대가 있었기에 '위령의 비'라고만 기록하게 되었다"고 보도했다(11쪽). 이 제막식 종료 후에 있었던 간담회에서 사진가 배소(裵昭)는 "이 지역의 주민들에게 있어서도, 또 비의 건립에 관여했던 분들께 있어서도 이번 행사는 하나의 통과점이지 않나 싶습니다만, 어쨌든 의식으로서의 위령비 건립은 오늘 이루어졌습니다. 하지만 무슨 일이 있었는가에 대해서는 제 삼자가 보아서는 지금도 알기 어려운 상태입니다. 그러나 이 또한 실행위원회를 비롯한 여러분 모두의 지혜를 모아 앞으로 명확하게 할 수 있게 되기를 기대합니다"라는 완곡한 표현으로 다카쓰에서의 조선인 학살 경과를 비문에 기록할 수 있기를 희망했다(지바현에 있어서의 관동대지진과 조선인 희생자 추도 · 조사실행위원회, 1999b, 2쪽).

실행위원회의 수뇌부와 세키 고젠, 다카쓰의 지도자는 온갖 고생을 다했음에 틀림이 없다. 그럼에도 불구하고 학살의 주체에 대해서는 직접 표기를 할 수 없었다. 그 결과, 학살을 명한 군대와 그 배후에 있는 국가의 책임 또한 명확히 할 수 없었다. 민중의 책임을 감추는 것으로 인해 한층 더 중대한 국가의 책임까지도 은폐되었다. 자신의 책임을 직시하는 것은 괴로운 일이다. 그러나 이를 극복하지 못하면 국가의 책임은 언제까지나 계속 숨겨져야만 한다. 이를 돌파할 수 있기를 배소는 바랐던 것이 아닐까.

요코하마시의 추도비

⑲는 요코하마시 니시구(西区) 전 구보초 구보산(久保町 久保山) 묘지 내 "관동대지진 순난 조선인 위령지비(殉難朝鮮人慰靈之碑)"다. 여기에 건립자의 이름은 새겨져 있지 않지만, 1974년 9월에 요코하마시의 이시바시

다이시(石橋大司)가 단독적으로 건립한 것이다.

이시바시는 1915년 7월 18일 요코하마시에서 태어났다. 관동대지진이 일어났을 당시는 초등학교 2학년이었다. 9월 3일 네기시(根岸) 방면으로 피하려고 후쿠토미초(福富町)에 있던 집을 나서던 길에 구보산(久保山)에서 피투성이가 된 채 반 나체로 전봇대에 묶여져 있는 조선인의 사체를 보게 되었다. 1970년대가 되어서인 듯하나, 그는 아스카타 이치오(飛鳥田一雄)[7] 시장에게 황폐해진 구보산 묘지의 지진 횡사자의 합장묘를 수리할 것과 학살된 조선인의 추도비를 건립할 것, 이 두 가지를 요청하는 편지를 몇 번이나 보냈다. 그 결과, 첫 번째 건은 3년 후 실현되었으나 두 번째 건은 실현되지 않았다.

이시바시는, 시장의 입장에서 보면, 희생자를 조선인이라 해야 할지

⑲ 横浜市 西区 元 久保町 久保山 묘지 내 묘지관리사무소 부근의 추도비

[앞면]
関東大震災
殉難朝鮮人慰霊之碑

[뒷면]
昭和四十九年九月一日
少年の日に目撃した一市民之建
(소년의 날에 목격한 한 시민 이를 세움)

순난 조선인 위령지비

[찾아가는 길] 요코스카선(横須賀線) 호도가야(保土ヶ谷)역. 도보 20분.

7) 1915~1990, 전 일본사회당 위원장—역자주.

한국인이라 해야 할지를 결정하는 일 자체만으로도 힘이 드는 일일 것이라
여겨져, 그가 한 개인으로서 추도비를 건립하기로 각오하고 시 당국의 이해
를 얻어 구보산 묘지에 혼자의 힘으로 추도비를 건립했다. 당시 이시바시
는 59세였다. 소년 시절에 겪었던 마음의 충격과 고통을 잊지 않고 계속
간직해온 그 정신은 놀랄만하다. 내가 그의 사진을 찍으려하자, "저는 그저
무명의 한 시민일 뿐이니"하며 거절했다. 이것이 바로 그 안에 살아있는
정신일 것이다.

2) 조선인·한국인이 독자적으로 건립한 추도비

마지막으로 조선인·한국인이 전후에 세운 추도비의 비문에는 일본인의
모습이 어떻게 투영되어 있는지 고찰해보기로 하자.

　⑳은 현재 후나바시시 마고메(馬込) 묘지에 있는 전후 재일조선인이
건립한 최초의 추도비 "관동대지진 희생 동포 위령비"다(1963년에 후나바
시 혼조(船橋 本町)로부터 이전). 이는 1947년 3월 1일인 3·1운동 기념일에
후나바시시 혼조에 재일본조선인연맹 지바현 본부가 건립한 비다. 비문은
한글로 쓰여 있다. 이는 학살의 주체를 명시한 유일한 추도비이며, "당시
야마모토(山本) 군벌 내각은 계엄령을 시행하고, 사회주의자와 조선인이
공모하여 폭동을 계획 중이라는 근거 없는 말로 재향군인과 어리석은 주민
들을 선동, 교시해, 사회주의자와 우리 동포를 학살했다"고 쓰고 있다. 이것
은 해방을 맞은 조선 사람들이 의기양양하던 당시의 시기적 산물이기도
한 것이다.

　㉑은 요코하마시 미나미구 호리노우치초 무로지(南区 堀の内町 室生

寺) 사원 경내에 재일본 대한민국 거류민단(이하 "민단") 가나가와현 지방 본부가 건립한 "관동대지진 한국인 위령비"다. 이 절에 있어서의 본 추도비 건립은 요코하마에 살던 한 사회사업가 이성칠 씨와 이 절의 주지였던 사에키 묘치(佐伯妙智) 씨의 관계로부터 시작되었다.

---

⑳ 船橋市 馬込町 馬込靈園 내 추도비

[앞면]
西紀千九百四十七年 三·一革命記念日 竣成
関東大震災 犧牲同胞 慰靈碑
在日本朝鮮人連盟 千葉県本部 建之

[뒷면](한자가 섞인 한글 원문의 묘비를 표준 한글화하고 문장 부호를 첨가함)
서기 1923년 9월, 일본 관동지방의 대지진 당시 군벌 관료는 혼란 중에 이재로 신음하는 인민 대중의 폭동화를 우려하여, 자기 계급에 대한 증오의 감정을 진보적인 인민 해방 지도자와 소수 이민족에 전가시키고, 이것을 억압 말살함으로써 군부 독재를 확립하려고 음모하였다. 당시 야마모토(山本) 군벌내각은 계엄령을 시행하고, 사회주의자와 조선인들이 공모하여 폭동 계획 중이라는 무근한 말로 재향군인과 우민(愚民)을 선동 교시하여, 사회주의자와 우리 동포를 학살하게 하였다. 재류 동포 중, 이 흉악한 만행의 피살자는 6300여 명을 헤아리고 부상자는 수만에 달하니, 그 희생 동포의 원한은 실로 천추 불멸할 것이다. 그러나 해방된 우리는 세계 민주 세력과 제휴하여 국내 및 해외의 국수적인 군국주의의 반동 잔재 세력을 박멸하고, 진정한 민주 조선을 건설하고, 세계 평화를 유지함으로써 숙원 설욕(宿怨雪辱)하도록 적극 투쟁할 것을 맹세하며, 희생자의 영령을 위로하기 위한 작은 비를 이곳에 건립함.
재일조선인연맹 중앙총본부 위원장
윤근선

[찾아가는 길] 도부노다선(東武野田線) 마고메자와(馬込沢)역. 도보 20분.

관동대지진 희생동포 위령비

이성칠 씨는 1924년 9월 1일 날짜로 "다이쇼 13년 9월 2일 학살 한국인 제 영위(虐殺韓國人諸靈位)"라고 적은 백골 나무 위폐를 이 절에 봉납했다. 이씨는 가나가와현에 있는 여러 사원에 이 위폐를 봉납하고 9월 1일에 법사를 해달라는 부탁을 하고 다녔지만 모두 거절당했고, 오직 무로지 사원 주지인 사에키 씨만이 그의 부탁을 수락해주어, 이후 매년 9월 1일에는 법사를 행하고 있다(ねずまさし, 196쪽). 그가 1960년쯤 사망한 후에는 민단 관계자가 그의 뜻을 이어받아, 이 추도비를 세우게 되었다(梶村秀樹, 664~665쪽; 李七斗, 206쪽).

이 비문에는 관동 일대에 거주하던 한국인이 "관동대지진에 의해 직접 혹은 간접적 피해를 받아, 허망하게 이국의 이슬로 화했다"고 적혀 있다. "직접"이란 지진을, "간접"이란 일본인에 의한 학살을 가리키는 것이 아닐까. 일본인을 이렇게까지 염두에 두고 배려하여 완곡하게 비문을 쓰지 않으면 안 되는 것인가. 일본 사회의 압력이 얼마나 대단했었는지 그저 놀랄 뿐이다.

㉒는 한국인 불교도들이 세키 고젠 간논지 주지와 더불어 1990년 9월 같은 절 경내에 세운 "관동대지진 한국인 희생자 위령시(詩)탑"이다. 이 절에는 1985년에 이미 한국의 유지들이 "학살은 슬픈 역사이긴 하지만, 세키 주지와 지역 주민들에 대해 감사를 표하고, 희생자들이 편히 잠들 것"을 바란다는 취지로 종루를 기증해, 같은 해 9월 1일에 이를 헌납하는 의식을 행하였다(裵昭, 72쪽). 그러한 역사를 배경으로 하여 이 위령시탑이 세워졌다. 그 때문인지, 이 위령시탑은 희생자에 대해 "상명"(喪命, 명을 잃음) 또는 "순국"(殉國, 나라를 위해 목숨을 바침)이라 표현할 뿐, "학살"이라는 무시무시한 말은 피하고 있다. 희생자의 추도를 계속해 온 일본인들에 대한 한국인들의 배려에서였을까.

㉑ 横浜市 南区 堀の内町 一丁目 室生寺 경내 추도비

[앞면]
関東大震災韓国人慰霊碑
건립위원
재일본 대한민국 거류민단 가나가와현 지방본부
단장 손장익, 의원 전병무, 감찰위원장 길병옥, 상공회 회장 홍구표
상은(商銀)이사장 이종대, 상공회 전무 박술조, 한국 호남인 회장 정동인
한국학원 이사 최춘식
서기1970년 9월 1일

[뒷면](일본어 묘비 원문 번역)
노동시장을 찾아 일본에 와서 관동 일대에 재주하던 한국인은 다이쇼 12년 9월 1일 정오에
덮친 관동대지진으로 인해 직접 또는 간접적 피해를 입고 허무하게도 이국의 이슬로 사라졌다.
이들의 원령(怨靈)은 오랫동안 잊혀져 있었지만, 2차세계대전 종료 후, 요코하마에 살던 사회
사업가 이성칠 씨의 노력 및 당시 주지스님이던 사에키 묘치(佐伯妙智) 선생의 호의로 인해
이 땅에서 진혼(鎭魂)한 이래, 매년 9월 1일을 기해 민단 가나가와현 지방본부 주최로 위령제를
거행해왔다. 기원 1970년 9월 1일의 예제(例祭) 당시, 손장익, 전병무, 정동인씨가 중심이 되어
발기인 일동의 찬동을 얻어, 본현에 재주하는 동포 유지들의 정재(淨財)를 기부 받고, 또한
현 주지스님인 사에키 신코(佐伯真光) 선생의 토지를 제공 받아, 다행히 이곳에 위령비를 건립
하고, 영원히 관동대지진으로 인한 한국인 원령의 명복을 비는 바다.
(이하, 137명의 한국인 이름 생략)
서기 1971년 9월 1일 건립

[찾아가는 길] 게이힌큐코혼선(京浜
急行本線) 미나미오타(南大田)역.
도보 20분.

관동대지진 한국인 위령비

㉒ 千葉県八千代市高津観音寺 경내 위령시탑

[앞면]
関東大震災韓国人犧牲者慰霊詩塔

[뒷면]
関東大震災韓国人犧牲者慰霊一鵬詩碑
関東大震驚天地 劫火燄燄動十方
当時喪命諸霊駕 同沾佛恩超楽邦 韵
三蔵法師 法王宗正 一鵬 徐京保

[좌측면]
비문 및 시인 약력
한국 제주 출생, 대승정(大僧正), 조사(祖師), 라마 활불(活佛), 관장 일붕 선교 종종정(管長
一鵬 禪敎 宗宗正), 삼장법사, UN전권대사, 국제국회의원, 세계불교법왕청 설립위원장, 한국
44개 종단(宗團) 법왕, 69개 박사, 532권 저서, 550개 일붕 시비(詩碑), 45개 동상 및 석상 건립.
김복락 쓰고 새김

[우측면]
한·일불교 관동지진순국위령협의회
한국대표 대한불교법상종 종정(宗正)대행 총무원장 연담(蓮潭) 우영명
일·한불교 관동지진순국위령협의회 일본대표 간논지주지 세키 고젠
건설위원장 일산(一山) 정영진,
위원 남경진, 일학(一鶴) 오일탁
위원 서병열, 위원 노재여,
위원 석지공, 위원 이창근,
위원 정향진, 위원 김동암
위원 최위불, 위원 이재복,
위원 김창락, 위원 우종태,
위원 김영락

서기1990년 9월 7일 건립

관동대지진 한국인 위령비

[찾아가는 길] 게이세이 전철 나리타선 야
치요다이 역. 다카쓰단지행 버스로 다카
쓰 이시바시 하차. 도보 3분.

3. 맺음말

이상 조선인 학살사건 직후부터 오늘날에 이르기까지 희생자 묘비와 추도비를 건립해 온 역사를 더듬어 보았다. 거기에는 희생자에 대한 애통한 마음으로 묘비와 추도비를 세웠던 일본 민중이 있었음이 드러난다. 그러나 민중의 내부에는 의견 대립도 있었고 정치적 압력도 있었던 탓에, 희생자가 조선인이라는 사실을 명시하는 것 자체가 전쟁 종료 전까지는 극도로 곤란했었고, 그들은 생령이나 무연불이라는 식으로 표시되어 있었다. 이러한 후유증은 전후가 되어서도 오랫동안 남게 되었다.

전후가 되자 학살 대상이 조선인이라는 사실을 명시하고, 이 학살과 같은 불행한 역사를 반복하지 않겠다는 반성의 뜻을 담은 비문이 새겨진 추도비들이 세워지게 되었다. 그러나 1950년대까지는 그와 같은 추도비 건립을 추진하는 중심 세력은 조선인들이었다는 사실을 잊어서는 안 된다. 뿐만 아니라 그 경우에 있어서도 학살의 직접적인 주체가 된 민중도, 민중을 그렇게 몰고 간 책임을 마땅히 져야 할 일본 국가도, 일본인이 집필한 비문 내용에는 등장하지 않았다. 50년대 이후가 되어서도, 일본인이 단독적으로 세운 추도비나 조선인과 함께 건립한 추도비 비문 내용에 있어서 그 한계를 역시 돌파할 수 없었다.

일본의 국가와 민중이 학살의 주체라는 사실을 명시하는 것은 1947년 재일본조선인연맹 지바현 본부가 건립한 추도비 하나뿐이다. 그 후 재일한국인이 독자적으로 세운 비에도, 재일조선인 및 재일한국인이 일본인과 함께 세운 비에도, 학살 주체에 대해 언급하는 비문은 보이지 않는다. 일본인이 학살 주체를 비문에 적어 넣지 않는 일본 사회의 정신 상태가 재일조선인, 재일한국인마저 학살 주체를 언급할 수 없는 상황을 만들어낸 것이다.

앞으로 일본 민중이 조선인을 학살한 죄를 고백하지 않는 한, 일본 민중을 그러한 상황으로 몰아간 일본 국가가 저지른 크나큰 죄도 감춰질 뿐이다. 일본인 민중은 조선인 학살에 가담했던 자신들의 책임을 직시하고, 그들을 그렇게 몰아간 국가의 책임을 밝히고 물어야 하는 이 두 가지 과제를 동시에 안고 있다. 이것이 오늘날 일본인 민중에게 부여된 책임이라 할 것이다.

민중도 학살에 직접 가담했던 이상, 일본 국가에 대한 책임을 추궁하는 일은 고통 없이는 불가능하다. 하지만 우리가 그러한 고통을 핑계로 이 과제를 그동안 피하고 묻어두고 있었다는 사실을 조선인 희생자의 묘비, 추도비 건립의 역사가 보여준다. 가장 큰 고통을 받은 이들은 학살된 희생 당사자들이고, 또한 육친이 일본 어디에서 어떻게 생명을 빼앗겼는지조차 알지 못한 채 기나긴 세월을 보내온 그들의 유족들이다. 그런 의미에서 죽은 자와 유족들의 마음을 생각하며, 학살 사건 후 일본 국가가 그 책임을 어떻게 은폐해 왔는지, 또 일본 민중이 왜 그와 같은 국가 정책과 직접 대결하지 못해 왔는지, 이러한 오늘의 문제의 출발점에 대해 다음 장에서 해명해 보도록 하겠다.

(위) 도쿄 료고쿠 역 근처 요코아미초 공원 내에 위치한 도쿄도 이레이도(동경도 위령당)
(아래) 같은 공원 내 위치한 훗코 기넨칸(부흥기념관)

진재조난아조혼상(震災遭難兒弔魂像)

지진 당시 사망한 수많은 아동들의 명복을 빌고자 학교장 등이 중심이 되어 기금을 조성하여 세운 조각상이나, 태평양 전쟁 중에는 전쟁 총동원의 일환으로 금속 회수를 위해 철거되었다가 전후가 되어서야 재건되었다. 지진 이듬해인 1924년, "제국수도 부흥 사업"의 일환으로 조직된 도쿄지진기념사업협회는 전국으로부터 성금을 모으고자 황실, 관민, 우방국들로부터 원조를 받아 1930~1931년에 걸쳐 진재기념당과 부흥기념관을 준공, 개관했다. 당시 도쿄 시장에 따르면 "조난자의 영혼을 위로함은 물론, 지진 참사를 기억하며 영원히 그 교훈을 기리고자하여 이 시설들을 설립"했다고 한다. 이 건물들이 위치한 장소는 지진 중 인명 피해가 가장 많았던 곳 중의 하나인 육군피복제조공장이 있던 자리로, 마침 지진 당시에는 공터였기 때문에 재난을 피해 수 만 명의 난민이 불과 지진을 피해 모여들었으나, 그들 대부분은 갑자기 닥친 대규모의 불바람으로 인해, 한순간에 그 자리에서 재가 되어버리고 말았다. 이곳은 또한 지진 직후 행해진 조선인 학살에 따라 일본 당국이 죽임당한 조선인의 사체를 처리하고자 대량으로 실어와 태운 장소이기도 하다. 그야말로 지진 및 학살의 희생자 유골 위에 이 위령당 건물이 세워지게 된 셈인데, 이곳은 바로 옆에 자리한 부속시설 부흥기념관과 더불어, 납골, 위령의 장소일 뿐만 아니라 많은 지진 관련 기념 자료가 보존, 진열된 곳이기도 하다. 건립 당시에는 수많은 일본인들이 지진의 피해 사실을 기억하고 복구부흥사업을 기념하고자 많은 물품, 사진 등을 이곳에 보내왔다. 그러나 아시아태평양전쟁이 끝난 이후인 1948년에는 위령당 내의 납골당을 확장하여 1951년부터는 일본의 전쟁 중 희생된 자들의 영혼을 함께 기리는 장소로 변하였고, 지진기념당은 "도쿄도 위령당"이라 그 이름 또한 바뀌게 되었다. 현재 이 위령당 내에는, 지진 당시의 광경이 그려진 유화 및 태평양전쟁 당시 행해진 도쿄 대공습의 피해상을 사진으로 전시하고 있다. (이진희, 「인권을 돌아보는 창구로서의 재일코리안의 역사와 공간: 관동대지진 추도비, 조선학교, 아다치구 방문기」, 계간 『Sai』 48호, 2003년 가을호, 12~16쪽으로부터 발췌).

2장

재일조선인 운동의 발전과
일본 치안 당국의 인식과 대응

1923년 5월 1일에 열린 도쿄 메이데이에 참가한 난바 다이스케(難波大助, 1899~1924)[8]는 경관의 맹렬한 탄압에 맞서 용감하게 투쟁하는 조선인 노동자들의 모습에 경탄을 금치 못하며, 그 감상을 친구에게 보내는 편지에 다음과 같이 기록하였다.

> 메이데이를 맞아
> 당국의 칼이 조선인들에게 가한
> 저 폭압과 압제는 어떠한 모습이었던가.
> 도쿄 한복판 훤한 대낮에 모두의 눈 앞에서
> 저 반도의 문화적 선정(善政)(?)의 모습이
> 상상되지 않는가 ……
> 폭탄이 날고 붉은 기가 휘날린다.
> 용감한 조선인, 수평인(水平人)[9]과 더불어
> proletariat emancipation movement(노동자계급 해방운동)에 선

8) 무정부주의자로, 관동대지진을 뒤이은 당국의 조선인 및 사회주의자 학살 사건에 분개하여 후의 쇼와 천황 히로히토 황태자를 도라노몬(虎ノ門)에서 저격 미수, 이듬해 사형 당함―역자주.
9) 피차별 부락 해방 운동을 위한 최초의 전국적인 조직인 전국수평사운동에 참여한 이들을 폭넓게 지칭함―역자주.

최전선의 모습이다.

인도적인 선향 가득한 동정을

조선 사람들에게—피압제자들에게

선사하는 일은 서로 좋지 않은가

(大島英三郎, 153~154쪽)

이날 역시 메이데이에 참가했던 극작가 아키타 우자쿠(秋田雨雀, 1883~1962) 또한 "조선 동포의 강한 투쟁력을 보고 놀랐다. 그 후 그들 대부분은 전열에서 강제로 끌려 나갔다"고 기록하였다(秋田雨雀, 90쪽).

후술하는 바와 같이, 이 해 메이데이에 경찰은 조선인을 일체 참가시키지 않겠다고 했고, 그런데도 참가한 조선인들에게는 몰려들어 때리고 차는 등의 폭행을 가해, 그 탄압은 일본인 신문기자가 보기에도 잔인하게 보였다. 그러나 조선인의 저항도 난바나 아키타가 경탄했을 만큼 대단한 것이었다. 여기서 나타나는 재일조선인 운동의 고양과 이에 대한 맹렬한 경찰의 탄압의 양상이, 이로부터 약 네 달 후 벌어진 관동대지진 당시에 조선인 폭동이라는 환상에 휩싸여 치안 당국이 유언비어를 유포하게 된 배경과 전혀 관계없다고는 생각할 수 없다.

종래의 연구에서는, 정부 당국이 관동대지진 당시 조선인 폭동이라는 환상에 빠졌던 원인을 설명하는 데 3·1운동을 거론하는 경우가 있었다. 그러나 조선인 해방운동이란 3·1운동 이후 제자리걸음을 해 온 것이 아니라 그 이후로 더더욱 고양되고 있었으므로 이 견해는 그다지 타당하지 않다고 생각된다.

1919년 4월에는 조선 안팎의 민족해방운동의 통합을 꾀하여 상하이에 대한민국임시정부가 설립되었다. 그 해 11월에는 중국 동북 지방의 지린(吉林)에서 김원봉을 중심으로 의열단이 결성되었다. 목적은 조선총독부의 고관, 일본군 수뇌, 조선인 친일파를 암살하고, 조선총독부, 식민지 농업정책의 국채회사인 동양척식주식회사, 총독부의 어용신문사인 매일신보사, 그리고 각 경찰서를 파괴하는 것이었다.

1920년 3월과 5월에는 고관들을 암살할 목적으로 중국에서 폭탄과 권총을 조선으로 부쳤지만, 사전에 발각되는 바람에 의열단원이 체포되었다. 의열 단원들은 그 후에도 계속 테러를 노려, 1920년 9월에는 부산경찰서에 폭탄 투여, 11월에는 밀양경찰서에 폭탄 투여, 1921년 9월에는 조선총독부에 폭탄 투여, 1922년 3월에는 상하이 황포탄(上海 黃浦灘)에서 다나카 기이치(田中義一, 1864~1929) 육군대장을 저격하려다 실패, 1923년 1월에는 서울 종로경찰서에 폭탄 투여, 그리고 1924년 1월에는 도쿄 니주바시(二重橋)에 폭탄을 투여했다. 일본 치안 당국은 의열단원의 일본 입국에 신경을 곤두세웠다.

또 조선병합에 저항하여 싸웠던 의병(일본에서 말하는 의용군)이 이주해 살고 있던 중국 동북 지방에서는 독립군이 새로이 일어나, 1920년이 되자 점차 중국과의 국경을 넘어 조선으로 진격, 10월에는 중국 동북 지방의 간도성 화룡현(間島省 和龍縣)의 청산리대첩에서 일본군 1개 연대에 파격적인 타격을 주었다. 일본이 비폭력 항쟁이었던 3·1운동을 무력으로 진압한 결과, 이에 대응하는 조선인의 테러 및 무력 투쟁이라는 새로운 형태의 투쟁이 일어나게 되었다.

위에서 언급한 사항들은 오늘날 조선사 연구에서의 통설로서, 여기서 더 설명할 필요도 없다. 여기서 특별히 말하고자 하는 것은 이상과 같이 3·1운동 이후에 일어난 운동과 더불어 재일조선인의 운동이 고양되었고, 특히 제국의 수도 도쿄에서 조선인 운동이 더욱더 활발해짐으로써 일본 국가의 치안 당국에 직접적으로 위협을 가했다는 점이다.

[표 2-1] 재일조선인 인구(추계) 및 출항자 · 귀국자 수

연도	재일조선인 인구	전년도대비 증가수	출항자 수	귀국자 수
1910	2,600			
1911	5,728	3,128		
1912	7,796	2,068		
1913	10,394	2,598		
1914	12,961	2,567		
1915	15,106	2,145		
1916	17,972	2,866		
1917	22,218	4,246	14,012	3,927
1918	34,082	11,864	17,910	9,305
1919	37,732	3,650	20,968	12,739
1920	40,775	3,043	27,497	20,947
1921	62,404	21,629	38,118	25,536
1922	90,741	28,337	70,462	46,326
1923	136,557	45,816	97,395	89,745
1924	172,130	35,573	122,215	75,430
1925	214,358	42,527	131,273	112,471
1926	247,358	32,701	91,092	83,709
1927	308,685	61,327	138,016	93,991
1928	358,121	49,436	166,286	117,522
1929	398,920	40,799	153,570	98,275
1930	419,009	20,089	127,776	141,860

출전: 재일조선인 인구는 田村紀之, 31~36쪽에 의함. 1920년과 1930년의 인구는 국세조사에 의함. 그 외는 추계. 출항자 수와 귀국자 수는 森田芳夫, 35쪽에 의함.

관동대지진 당시 정부가 계엄령을 내릴 구실로 삼기 위해 조선인 폭동이라는 유언비어를 유포했다는 견해도 있으나, 이 견해에는 동의할 수 없다. 조선과 해외에서 일어난 조선인 해방 운동과 함께 왕성해져가는 재일조선인 운동이 일본의 국가, 특히 수도의 치안 당국을 겁먹게 했던 것으로 보인다. 이러한 정부 당국이 갖고 있던 공포심이 관동대지진 당시 조선인 폭동의 환상을 만들어 낸 것이 아닐까. 이 장에서는 이 점을 증명하기 위해 3 · 1운동 직후부터 관동대지진 전날 밤까지의 기간에 걸쳐 고양되어 온

재일조선인 운동과 일본 치안 당국의 폭압 체제 형성의 양상에 대해 점검해 보고자 한다. 이 시기에 일본 국내에서는 조선인 친일파가 '일선융화(日鮮融和)'운동을 개시하였고, 당국은 독립을 지향하는 재일조선인 운동의 고양에 대항해 이를 배후에서 지원하였다. 그 모습을 살펴보자.

1. 재일조선인 노동자 계급의 형성

식민지 지배하 조선 농민의 몰락

전에는 재일조선인 노동자는 조선 병합 이후에야 등장했다고 생각되었지만, 고마쓰 히로시(小松裕), 김영달(金英達), 야마와키 게이조(山脇啓造) 등에 의한 연구서『'한국병합' 전의 재일조선인('韓国併合'前の在日朝鮮人)』(明石書店, 1994)에 따르면, 재일조선인 노동자는 1890년대에 이미 지쿠호(筑豊) 탄광에 취업해 있었다는 사실이 확인되었다. 1890년대에는 지쿠호 탄전뿐 아니라 사가현(佐賀県)의 탄광에도 재일조선인 노동자가 있었고, 1900년대 초반에도 철도 공사 및 수력발전소 건설 공사 등의 부분에 취업해 있었다.

    그러나 재일조선인 노동자가 급속히 증가한 것은 [표 2-1]과 [표 2-2]에서 보이듯이, 1차 세계대전 중이던 1917년경부터다. 일본의 자본주의는 1차 세계대전 탓에 유럽의 온 나라들이 수출을 멈춘 결과, 일본 공업품에 대한 해외 수요가 급증함으로써 급속히 발전해나갔다. 때문에 노동 부족 현상이 생겼고, 일본 기업들은 조선에서 값싼 노동 인력 모집에 나섰다(西成田豊, 83~88쪽; 「백만인의 신세타령」 편집위원회, 64쪽).

[표 2-2] 관동지방의 부(府)·현(県)별 조선인 인구

연도	이바라키현	도치기현	군마현	사이타마현	지바현	도쿄부	가나가와현	합계
1910	6	10	33	5	8	411	57	500
1911	9	14	46	8	11	918	79	1,075
1912	9	12	42	8	10	1,074	71	1,226
1913	11	13	49	9	12	1,292	82	1,468
1914	11	8	10	5	24	1,401	135	1,594
1915	21	22	22	4	29	1,436	183	1,697
1916	38	24	10	17	21	1,539	296	1,945
1917	100	46	38	18	128	1,433	347	2,110
1918	73	50	107	10	21	1,952	577	2,790
1919	36	81	226	58	17	1,977	591	2,786
1920	74	97	283	78	40	2,485	782	3,839
1921	118	149	406	138	122	4,394	1,270	6,697
1922	225	149	343	240	238	7,198	1,969	10,362
1923	371	197	736	311	317	8,567	3,645	14,144
1924	656	297	970	787	707	13,385	5,678	22,480
1925	727	374	1,933	959	1,559	18,159	8,078	31,789
1926	709	399	2,175	794	1,166	21,348	9,512	36,103
1927	747	560	2,030	839	1,642	28,026	11,634	45,478
1928	913	1,233	2,306	1,497	2,036	37,576	13,843	59,404
1929	990	764	1,964	1,425	1,885	40,718	13,100	60,846
1930	945	670	2,067	1,164	1,728	38,355	13,181	58,110

출전: 田村紀之, 31~36쪽. 1920년과 1930년의 인구는 국세조사에 의함. 그 외는 추계.

[표 2-3] 조선의 지주·자작(自作)·자소작(自小作)·소작(小作) 가구 수 및 그 비율

	1914년	1919년	증감 비교
지주	46,754호(1.8%)	90,386호(3.4%)	증 43,632호
자작	569,517호(22.0%)	525,830호(19.7%)	감 43,687호
자소작	1,065,705호(41.1%)	1,045,606호(39.3%)	감 20,099호
소작	911,261호(35.1%)	1,003,003호(37.6%)	증 91,742호
합계	2,592,237호(100.0%)	2,664,825호(100.0%)	증 72,588호

출전: 細川嘉六, 298쪽 게재표에 의해 작성.

한편, 당시 조선에서는 농민이 빈곤해져, 경작지로부터 떠나야 하는 상태가 급속하게 진전되고 있었다. 일본 지배하 조선 농민이 몰락하게 된 첫 번째 계기는 1910년에서 1918년에 걸쳐 행해진 토지조사사업이었다. 이는 토지소유권, 지가, 지형 등을 조사해 식민지 재정의 기초를 다지려 했던 것으로, 토지 조사의 결과 [표 2-3]에서 보듯이 자작농과 자소작농이 해체되어, 지주와 소작농의 양극이 증대하게 되었다.

여기에는 본질적인 원인이 있었다. 역둔토(驛屯土)[10]와 황실(帝室) 재산의 토지가 국유지로 편입되었기 때문에, 그곳에서 개간하고 경작하던 농민의 실제적인 토지소유자로서의 지위가 거부되었다.

뿐만 아니라 힘 있는 지주들은 촌락의 공유지를 자기 사유지로 신고했기 때문에, 일반 농민은 이러한 곳으로부터 숯이나 사료용 풀, 낙엽 등을 가져올 수가 없어 생활에 타격을 받게 되었다. 또 토지를 신고하지 않으면 몰수당하게 되어, 일정기간 내에 반드시 서류를 작성해 번거로운 수속을 밟아야만 했던 것은 글을 모르는 많은 농민들에게 꽤 곤란한 일이었다.

수많은 조선 농민을 몰락으로 이끌었던 제2의 계기는 토지개량, 개간, 농사법개량에 의한 산미증식계획의 실시였다. 조선총독부가 산미증식계획을 실시한 것은 1920년부터였다. 그 첫 번째 목적으로는 1919년에 일어난 3·1독립운동이 보여준 조선 지배의 불안정성을 극복하기 위해 조선의 식량을 증산함으로써 조선 내 경제안정을 꾀하는 것이었다. 또한 그 생산된 쌀을 일본에 수출함으로써 조선인 지주의 이익을 꾀해 그들을 식민지 지배의 지주로 삼을 필요가 있었기 때문이었다.

10) 역토는 역참(宿驛)의 경비를 충당하기 위한 경지, 둔토는 경비를 서기 위해 주둔하는 군대의 식량과 경비를 충당하기 위한 경지—역자주.

[표 2-4] 1916~1934년에 걸친 조선의 쌀 생산량, 1인당 소비량 및 일본에의 수출량

연차	생산량(a)	총 소비량	인구	1인당 소비량	일본에의 수출량(b)	b/a(%)
1916~20년 평균	14,101	11,710	17,076	0.6858	2,196	15.6
1921~25년 평균	14,501	10,614	18,120	0.5858	4,342	29.9
1926~30년 평균	15,799	9,669	19,481	0.4963	6,607	41.9
1931~34년 평균	16,782	8,436	20,785	0.4059	8,456	50.4

출전: 楠原利治, 152쪽 [표 9]에 근거해 작성.
단위: 생산량 및 총 소비량은 천석(千石), 인구는 천명(千名), 1인당 소비량은 석(石), 수출량은 천석(千石).

[표 2-5] 조선 소작지 면적과 그 비율(1920~1932년)

연차	경지 면적(a)	소작지 면적(b)	b/a(%)
1920	4,322,035	2,195,145	50.8
1922	4,317,318	2,183,086	50.6
1924	4,322,205	2,181,920	50.5
1926	4,378,956	2,222,063	50.7
1928	4,391,395	2,377,451	54.1
1930	4,388,665	2,439,736	55.6
1932	4,390,443	2,481,905	56.2

출전: 河合和男, 155쪽 [표 4-1]에 근거해 작성.
단위: 정보(町步, 1정보는 3,000평에 해당—역자주).

[표 2-6] 재일조선인의 직업 분포(1920년)

직업	남성	여성	합계	비율(%)
공사판 인부	5,360	19	5,379	14.7
석탄광업	5,125	65	5,190	14.2
면 방적업	773	1,475	2,248	6.1
일용직	1,710	32	1,742	4.8
선박운송업	1,712	5	1,717	4.7
그 외 운송 관련업	1,604	4	1,608	4.4
유리 및 유리제품 제조업	1,245	2	1,247	3.4
정련업(精練業)	1,170	0	1,170	3.2
그 외 토목건축 관련업	1,133	4	1,137	3.1
기타	14,283	934	15,217	41.5
합계	34,115	2,540	36,655	100.0

출전: 松村高夫, 115쪽 [표 3]에 의거해 작성. 원전은 국세조사에 의함.

두 번째 목적은 1918년 쌀소동(米騷動)11)에서 보여진 일본 국내의 쌀 부족 현상을 해소하기 위해 조선의 쌀을 증산한다는 것이었다. 1926년부터 1934년에 걸쳐 산미증식 갱신계획이 실시되었고, 그 계획은 더욱더 적극적으로 진행되어갔다. 이는 일본 국내의 미곡 증산이 성공적이지 못했던 데다가 국제수지가 악화되어, 외국쌀의 수입을 억제하지 않으면 안 되었기 때문이다(河合和男, 32~76쪽).

그러나 산미증식계획을 실시한 결과, 조선 농민에게 은혜를 베풀기는커녕 오히려 피해만 안겨주었다. [표 2-4]에서 보듯이, 이 계획의 실시로 인해 쌀 생산량은 증가했지만 쌀의 일본 수출은 그 이상으로 늘어나, 조선 농민들은 쌀을 먹기가 전보다도 더 어렵게 되었다. 계획을 실시하기 위한 저리 자금 및 조선식산은행의 금융은 지주층만을 대상으로 했던 것이었고, 일반 농민은 수리조합비와 토지개량공사 등의 부담금을 조달하기 위해 고리대금에 의존할 수밖에 없었다. 그들은 고리대금 빚을 갚기 위해 각 가정에서 만주에서 수입한 밤을 먹으며 먹을 쌀을 아껴서 그 쌀로 돈을 구하지 않으면 안 되었다. 말하자면, 산미증식계획 실시로 인해 조선 농민이 더더욱 궁핍해짐으로써 일본으로의 급속한 산미 수출이 가능했다는 것이다. 또한 [표 2-5]에서 보듯이, 1926년 이후 소작지는 재차 증가하게 되었다.

이와 같이 농업으로 더 이상 생활이 불가능해진 농민들은 농촌을 떠나

11) 1918년 여름 일본에서 일어난 쌀값 폭등에 항거한 민중 폭동. 당시 일본은 1차 세계대전으로 인한 인플레이션과 시베리아 출병을 앞두고 쌀값이 폭등했고, 이에 항의하는 민중 폭동이 지주와 쌀 상인 등을 대상으로 전국적으로 퍼져나가기 시작함. 이에 정부는 군대와 경찰을 동원해 폭동을 진압했고, 이로 인해 정부 내각이 교체됨은 물론, 이후 각종 노동, 농민, 학생, 부인 운동 및 사회주의 운동이 더욱 조직화됨―역자주.

일본과 만주로 흘러들어가게 되었다. 그러나 그 여비를 마련할 경제적 여유조차 없는 계층의 농민들은 산림으로 들어가 화전민이 되거나, 도시로 흘러들어가 천막생활을 하는 토막민(슬럼 주민)이 되었다. 재일조선인이 대량으로 출현하게 된 데에는 이와 같이 일본의 식민지배로 인해 조선 내부에 형성된 농민의 배출력과 일본 자본주의의 흡입력, 이 양자가 함께 작용한 것이었다.

재일조선인 노동자의 노동 조건

도쿄부학무부사회과 편 『재경(도쿄) 조선인 노동자의 현상(在京朝鮮人 労働者の現状)』(1929년)은 재일조선인 노동자에게 주어진 노동 조건의 특징을 다음의 세 가지로 요약했다.

> 1. 일반적으로 내지인보다 임금이 싸다는 점
> 2. 노동 시간이 남들보다 길다는 점
> 3. 위험한 일, 더러운 일, 고생스러운 일을 도맡아 한다는 점
> (朴慶植, 1975b, 971쪽)

즉 재일조선인은, 일본인이 싫어하는 더럽고 위험한 중노동 저변 산업 부문에서 민족차별적인 임금을 받고 장시간 노동해야만 했다는 것이다. 1920년 국세 조사를 기초로 하여 작성한 [표 2-6]에서 보이듯이, 재일조선인 남성이 가장 많이 취업한 부문은 토목건축 공사장이나 탄광이었고, 재일조선인 여성이 가장 많이 취업한 곳은 방적업이었다.

앞서 게재한 도쿄부학무부사회과의 보고서는 "그들이 주로 토목, 건축, 탄광업 등의 공사 방면에서 많이 필요하게 된 이유는, 그러한 노동이

더 많은 위험과 고생을 수반하기 때문일 것이다"라고 지적하고 있는데(朴慶植, 1975b, 971쪽), 이는 옳은 지적이다. 토건 공사가 위험성 높은 부문이라는 사실은 더 설명할 나위도 없다.

일본의 탄광은 보안 설비가 불완전하여 노동자들이 낙반(落盤)이나 가스 폭발의 위험에 노출되어 있다. 따라서 이는 본래 멸시되어 온 취업 부문이다(山田昭次, 1987b, 24~29쪽). 게다가 [표 2-7]에서 보듯이, 탄광 노동 중에서도 조선인은 일본인과는 달리 거의 대부분이 갱내 노동에 종사하고 있었다.

재일조선인 여성이 취업했던 방적업은 주로 오사카 부근에서 행해졌다. 오사카 부근의 방적 공장은 조선, 오키나와, 피차별 부락민 여성들을 표적으로 삼아 모집했다(金贊汀, 28~29쪽). 즉, 방적업은 차별 속에서 저임금으로라도 일해야만 하는 입장에 놓인 여성들을 모집하여 가혹한 노동 조건으로 일하도록 만든 하층 계급의 취업 부문을 대표하는 분야였다.

단, 재일조선인의 직업 분포 면에서 볼 때, 도쿄부의 경우 타 지역에서는 보이지 않는 독특한 면이 드러난다. [표 2-8]에서 보이듯이, 일용직 노동자와 직공에 이어 학생이 제3위를 차지하고 있다. 이는 조선으로부터 온 유학생이 도쿄에 집중해 있었기 때문이다. 학생이라고는 해도 결코 부유한 조선인의 자제들이라고는 할 수 없다. 오히려 일하며 공부하는 고학생의 수가 많아, 앞서 말한 도쿄부학무부사회과 자료에 보면 "학생의 60%, 노동자의 40%는 사실 고학생이 차지하고 있는 상황"이라고 보고하였다(朴慶植, 1975b, 950쪽). 즉, 학생 겸 노동자인 조선인들이 많았다.

3·1운동 직후 도쿄로 유학 왔던 김산(金山), 즉 장지락(張志樂)의 회상에 의하면, 조선인 학생의 3분의 1 이상, 명수로는 800명에 해당하는 이들이 고학생으로, 그들은 "모두 마르크스주의를 공부하고 있었다. 가난과 고생이

[표 2-7] 지쿠호(筑豊) 탄전 미쓰비시 신뉴(三菱 新入)제1갱 민족별 갱내·갱외 취업인수 (1925년 12월 말 현재)

민족	갱내 인부수	갱외 인부수	합계
일본인	2,352(69.2%)	1,049(30.8%)	3,401(100.0%)
조선인	1,462(93.4%)	104(6.6%)	1,566(100.0%)
합계	3,814(76.85%)	1,153(23.2%)	4,967(100.0%)

출전: 오사카지방 직업소개소사무국, 80쪽 [표 11]에 의거 작성.

[표 2-8] 도쿄부 조선인 직업 분포(1928년 8월 현재)

직업	명수
일용직 노동자	6,454(35.4%)
직공	2,264(12.4%)
학생	2,018(11.1%)
자갈 채취 노동자	1,279(7.0%)
신문배달부	540(3.0%)
회사 및 공장 잡역부	519(2.8%)
토목 건축 노동자	428(2.3%)
기타	4,722(25.9%)
합계	18,224(100.0%)

출전: 도쿄부학무부사회과, 『재경 조선인 노동자의 현상』 1929년(朴慶植, 1975b, 954~957쪽).

[표 2-9] 가나가와현 조선인 직업 분포(1920년 현재)

직업	남성	여성	합계	비율(%)
운송업	170	0	170	22.7
토목건축업	160	0	160	21.4
금속공업	67	0	67	9.0
무직	43	12	55	7.4
섬유공업	35	17	52	7.0
물품임대·보관업	23	0	23	3.1
물품판매업	22	0	22	2.9
기타	196	3	199	26.6
합계	716	32	748	100.0

출전: 국세조사. 단, "본업 없이 종속된 자 및 가사 노동자" 48명은 제외.

머리를 더 예리하게 만들어 배운 지식에 현실성을 부여했다"고 기억하였다 (Nym Wales, 87~90쪽). 1921년 이후 도쿄에 마르크스주의와 무정부주의를 따르는 조선인 좌익사상 단체가 성립해 활발히 활동할 수 있었던 것도 이러한 배경이 있었기 때문이다.

관동대지진 당시 많은 조선인 학살이 일어났던 가나가와현의 조선인 직업 분포를 1920년의『국세조사보고 부·현편 가나가와현(国勢調査報告 府県の部 神奈川県)』에 따라 작성한 것이 [표 2-9]다. 이에 따르면 우위를 점하고 있는 부문은 운송업과 토목 건축업임을 알 수 있다. 이 국세조사는 업자와 노동자를 구별하지 않고 직업을 분류했기 때문에 그 실태를 파악하기는 어렵지만 대부분은 노동자였을 것이다. 운송업이라고 해도, 아마 요코하마 항구 앞바다에서 일하고 있던, 말하자면 항만 노동자였을 것이다.

재일조선인 노동자 대부분의 임금은 [표 2-10]에서와 같이 일본인 노동자 임금의 30~80% 범위 내였다.

전후 공황과 일본인 노동자의 재일조선인 노동자에 대한 반감발생

1920년에 전후 공황이 시작되고, 그 이후로도 만성불황이 계속되었다. 그러나 재일조선인의 인구는 이때부터 1차 세계대전 시기 이상으로 늘어났다. [표 2-1]에 따르면, 재일조선인의 인구는 전년도에 비해 1921년에는 2만 1000여 명, 1922년에는 2만 8000여 명, 1923년에는 4만 5000여 명이 증가했다. 표에서 1923년도에 조선인 인구가 급증한 직접적인 이유는, 3·1운동 직후 조선인의 조선 내외로의 출입국을 제한하기 위해 행했던 여행증명서 제도를 1922년 12월에 폐지했기 때문이었다. 불황 가운데 재일조선인 노동자가 늘어났고, 결국 조선인 학살사건의 한 원인을 제공하는 심각한 사태

[표 2-10] 오사카시 공장 노동자의 민족별 일일 평균 임금(단위: 엔)

공장의 종류	일본인 평균 임금(A)	조선인 평균 임금(B)	B/A(%)
총수(総数)	2.05	1.22	59.5
요업	2.14	1.08	50.5
금속공업	3.04	1.71	56.3
기계·기구 제조업	2.83	1.66	58.7
화학공업	2.00	1.49	74.5
제지공업	1.86	1.61	86.6
피혁·뼈·깃털 제품 제조업	3.23	1.50	46.4
목공업·죽공업 제품 제조업	1.78	1.34	75.3
음식·기호품 제조업	1.67	1.07	64.1
피복 인쇄 제본업	1.46	1.29	88.4
토목 건축업	1.98	1.51	76.3
제판·인쇄·제본업	1.97	1.49	75.6
학예·오락·장식품 제조업	2.03	1.42	70.0
가스·전기 및 천연에너지 이용 관련업	2.60	1.84	70.8

주: 일본인 임금은 1929년 10월 현재, 조선인 임금은 1930년 10월 10일 현재.
출전: 오사카시 사회부조사과,『본 시의 조선인 공장 노동자(本市に於ける朝鮮人工場労働者)』,
　　1931년(朴慶植, 1975b, 1222쪽)에 게재된 표에 의거해 작성.

[표 2-11] 지쿠호 미쓰비시 나마즈타(鯰田) 탄광의 민족별 노동자 수

연월	조선인 노동자 수	일본인 노동자 수	합계
1922년 말	193(5.4%)	3,391(94.6%)	3,584(100.0%)
1923년 말	406(10.4%)	3,505(89.6%)	3,911(100.0%)
1924년 말	749(18.2%)	3,359(81.8%)	4,108(100.0%)
1925년 말	1,063(24.7%)	3,247(75.3%)	4,310(100.0%)
1926년 말	1,274(31.0%)	2,831(69.0%)	4,105(100.0%)
1927년 12월 말	1,767(38.7%)	2,794(61.3%)	4,561(100.0%)

출전: 후쿠오카지방 직업소개사무국,『관내 재주 조선인 노동 사정(管内在住朝鮮人労働事情)』,
　　1929년(朴慶植, 1975b, 1114쪽).

에 이르렀다. 즉, 기업이 불황을 넘기려고 미숙련 노동자를 일본인보다 임금이 싼 조선인 노동자로 교체한 것에 그 원인이 있었다.

내무성 사회국 제1부가 1924년 5월 1일 현재 각 청(庁)·부(府)·현(県)의 보고를 편집해 「조선인 노동 개황」(1924년 7월)을 작성하였는데, 여기에는 "최근 내지에 이주하는 조선인의 증가를 지켜보니, 미쓰비시 광업과 그 외의 토목·운송업자들이 경제 불황을 맞아 비교적 숙련을 요하지 않는 작업을 위해 비싼 임금을 줘야하는 내지인을 쓰면 그 수지가 맞지 않아, 임금이 낮은 선인 노동자를 쓰려는 경향이 보임"이라 보고하고 있다(朴慶植, 1975a, 448쪽). [표 2-11]에 따르면, 지쿠호 탄광의 미쓰비시 나마즈타(鯰田) 탄광에서는 1922년 이후 조선인 노동자가 증가하고 일본인 노동자가 감소했다.

이러한 상황 가운데 일본인 노동자가 조선인 노동자에 대해 반감을 갖게 되었다. 당시 가메이도(亀戸) 사건[12]의 희생자가 된 히라사와 게이시치(平沢計七, 1889~1923)와 더불어 도쿄부 미나미카쓰시카군(東京府 南葛飾郡) 서부 '순(純)노동조합'의 간부로 활동하고 있던 도자와 니사부로(戸沢仁三郎)는 관동대지진을 회상하며 다음과 같이 말했다.

> 지진 전 일본인과 조선인 사이에는 커다란 모순이 하나 있었습니다. 특히 하급 노동자 간에 있었던 문제인데요. 아시는 바와 같이, 특히 세계대전이 끝나고 난 후 2~3년간 흔히 말하는 세계공황에 접어들게 됩니다. 모든 공장에서 공장 폐쇄, 조업 단축과 같은 여러 가지 변화가 일어나게 된거죠. 이러한 때에 자본가는 소위 말하는 합리화 작업을 벌여 간 겁니다. 노동자 입장에서는 당시의 상황이 어떻게 보였는가 하면, 먼저 자본가가 보기에 조선인은 일본인보다 힘이 좋아요. 그리고

---

12) 1923년 관동대지진 직후 계엄령하 가메이도 경찰서에서 일어난 군인과 경찰의 노동운동 지도자에 대한 불법 검거 및 학살 사건. 10여 명의 노동운동가 및 조선인 등이 살해됨—역자주.

뭐라고 해도 부지런하게 일합니다. 게다가 일본인보다 적은 임금으로 일을 잘 하니까 꽤 쓰기가 좋았을 겁니다. 다소 무리가 있어도 잘 감당해내고요. 그걸 일본 하급 노동자가 보니, 안 그래도 조선인에 대해 상당한 모멸감 같은 것을 갖고 있던 참에, 그러니까, 장사하는 식으로 말하자면, 일자리의 경쟁 상대였던 겁니다 …… 치사하고 쩨쩨한 생각이긴 하지만, 사실 하급노동자들에게 있어서는 꽤 심각한 문제였던 거죠. 그런 평소의 감정이 더해져 (관동대지진이 일어났던 그 당시에는) 일반 시민과는 또 다른, 하나의 틀을 씌워 조선인에 대한 반감을 더해가, 조선인을 혼내주자는 식의 분위기를 낳게 된 겁니다(戸沢仁三郎, 藤島宇内, 32~34쪽).

즉, 일본인 하급 노동자, 바꿔 말하면 일본인 미숙련 노동자들은 자기 들보다 싼 임금으로 일하는 조선인 노동자를 노동 시장의 경쟁상대로 삼아 차별 의식을 더욱 높여간 나머지 반감까지 생기게 되었고, 따라서 관동대지 진이 일어났을 때는 일반시민들 이상으로 반감을 가지고 조선인 학살에 임했다고 할 수 있다. 다바타 기요시(田畑潔)도 조선인 학살의 원인 중 하나 로 "그들(조선인)이 저임금으로 노동력을 제공했기 때문에 일본인 노무자 가 일자리를 얻지 못해, 이를 항상 분하게 여겼던 점"을 들었다(『시오(潮)』 1971년 9월호, 100쪽).

또한 노다 규타(野田久太)도 "내지의 노동자들은 그들(조선인)이 싼 임금으로 일하는 것은 소위 노동권의 침해라며 기회가 있을 때마다 그들 에게 모욕을 주고 압박을 가한다"고 진술했다(野田久太, 36쪽). 불황 아 래 기업의 합리화 정책이 일본인 미숙련 노동자들의 민족 차별 의식을 강화해 반감으로까지 전환시킴으로써 그들을 조선인 학살로 몰아갔던 것이다.

2. 재일조선인 운동의 발전과 이에 대한 일본 치안 당국의 인식과 대응

3·1운동이 재일조선인 운동에 주었던 자극

3·1운동은 일본 지배자들에게 심각한 충격을 주었다. 1918년 7월부터 1919년 7월까지 조선 주재 헌병대 사령관이었던 고지마 소지로(兒島惣次郎)는 1920년 7월 23일 조선인의 일본화를 위해서는 많은 일본인이 조선에 이주해야 한다고 역설하면서도, "조선에는 불온한 기운이 감돌고 있고, 사실 인심이 동요하고 있다. 독립 사상이 얼마나 팽배해 있는지 놀라울 정도다. 이는 세계로 퍼지고 있는 사상으로, 이를 선인에게만 억지로 막으려는 것은 불가능한 일이다"라며 조선인의 독립 사상이 얼마나 강한 것인지를 인정했다(「요미우리(読売)신문」 1920년 7월 24일자).

헌정회(憲政會) 총무인 에기 다스쿠(江木翼, 1873~1932)도 아일랜드의 강력한 자치운동을 근거로 하여, 상당한 문화를 갖고 있는 민족은 설령 토지가 맞닿아 있고 그 혈통, 말, 습관 등이 비슷하다 하더라도 쉽게 동화될 수 있는 것이 아니라며 담화를 발표했다. 그는 조선의 경제는 일본의 지배하에 놓여, 이대로 동화주의 또는 하라 다카시(原敬, 1856~1921) 수상이 말하는 대로 내지연장주의를 밀고 나간다면 "사회경제적으로 지배계급과 피압박계급을 낳게 되어, 계급투쟁은 물론 제반 정치 음모와 반항 운동이 일어나게 될 것은 불을 보듯, 아니, 그 이상으로 뻔한 일이다"라고 하였다(「요미우리신문」 1919년 10월 1일자). 이는 야당이 정우회(政友會) 내각을 공격하는 뜻으로 한 발언이라고는 해도, 당시의 심각한 사태를 인정한 견해였다.

1919년 8월에 조선총독부 정무총감에 취임한 미즈노 렌타로(水野錬太郎, 1868~1949)는 그 해 10월 22일에 신문담화를 통해 "동화라고 하는 것이 우리에게 있어 득이 될 정책인지 어떤지는 현재 연구 중이며, 지금 이에 대해 단언하는 것은 불가능하나, 소요(3·1운동—역자주) 이래 일반 선인의 태도가 오만불손해진 것은 사실이다"라고 하였다(「도쿄 아사히신 문」 1919년 10월 23일자. 강조는 원문사료). 그도 3·1운동으로 조선인이 자신을 갖게 된 사실을 인정해, 동화정책에 자신이 없어졌던 것이다.

그러나 일본 지배자들에게 있어 심각한 문제는 거기서 멈추지 않고 "제도(帝都)" 도쿄에서 일어났다. 1920년 6월에 간행된 내무성 경보국 안 보과의『조선인 개황(朝鮮人概況)』 3집에 의하면, 이 해 6월 현재 요시찰 조선인, 즉 블랙리스트에 오른 조선인은 212명, 이들 가운데 155명이 도쿄 에 체류하고 있어, 타지방과 비교할 때 가장 많았다. 이 책은 도쿄에 요시찰 조선인이 많은 이유로 "요시찰인 대다수가 유학생이라는 점에 기인함"이 라 설명한 후, "이들 불령선인(不逞鮮人)의 배일(排日) 사상이 다이쇼 8년 독립 소요 이래 점점 강화되는 경향이 있음을 주목해야 한다"며 우려를 표 했다(朴慶植, 1975a, 83쪽).

그러면 구체적으로 조선인 유학생들은 어떤 식으로 변해가고 있었던 것일까. 위에서 언급한『조선인 개황』 3집은 "요즘 유학생이 선인 노동자 에 대한 종래의 태도를 바꾸어 노동자에로의 접근을 꾀하며 독립 과격 사상 을 선전하려는 경향이 보인다"는 사실에 주목했다(朴慶植, 위의 책, 92쪽).

1920년 8월 26일자「호치신문」석간은 조선인 학생들이 유학생 감독 부 기숙사로부터 탈퇴하는 것에 대해 다음과 같이 보도했다.

도쿄의 선인 유학생 약 450여 명 중 그 대부분이 일전에 있었던 소요 사건 이래 상당히 사상이 악화되었다. 종래에는 이들이 당국 유학생 감독부의 감독을 받으며 고지마 치 로쿠반초(麴町 六番町) 50번지의 조선 유학생 기숙사에 살고 있었지만, 소요 후에는 당국의 신세를 지는 것에 대해 떳떳하게 생각하지 않아 단체로 간다(神田), 혼고(本鄕) 등의 하숙집으로 떠나 자유행동을 하고 있다. 그들을 하나로 뭉치게 하는 것은 조선학생 중 소위 급격파로 당국이 계속 주의 깊게 관찰하고 있는 학우회나, 백남훈(白南薰) 씨가 이끌고 있는 기독교 청년회 등으로, 그들의 지도에 따라 이들은 때때로 문화 운동이라는 이름을 빌어 조선 독립운동이 싹트는 분위기를 만들기 위해 노력하고 있으며…….

즉, 조선인 유학생은 늘상 일본 정부의 감시와 통제를 받는 기숙사를 나와 자립하는 운동을 전개하고 있었던 것이다.

이시이(石井) 경시청 고등과장은 "조선의 음모 사건은 종래 일본의 통치권 바깥에 있던 선인들이 책동하여 불을 당긴 후 조선 내지에서 소요를 일으킨 것이지만, 최근에는 왠지 그것이 도쿄를 중심으로 계속 기획되고 있다"고 판단했다(「호치신문」 1920년 8월 26일자). 이시이의 관찰이 반드시 지나친 생각에서 나온 것만은 아니다. 이 해 도쿄 재류 조선인 학생들은 문화선전학술강연회를 내세워 조선으로 건너가, 부산, 대구, 그 외의 다섯 개 지방에서 이러한 성격의 집회를 열고, 7월 18일 서울에서도 강연회를 개최했다. 그런데 그 실상으로 말할 것 같으면, "각 변사의 연설은 한결같이 조선의 독립을 내용으로 하고 있고, 반어 또는 은어를 사용해 풍자하거나 타국의 예를 들어 선동"하는 것이었다(「호치신문」 1920년 7월 18일 석간). 늘 탄압을 받고 있던 유학생들의 운동인 만큼, 그들의 기지 또한 과연 만만 치 않았음을 잘 보여준다.

그러나 학생 운동에 대한 억압은 극심했다. 앞서 말한 『조선인 개황』 제3집에 따르면, 3·1운동 1주년을 맞던 1920년 3월 1일에 도쿄 조선기독교 청년회관에서 약 50명의 조선인 학생들이 모였는데, 니시칸다(西神田) 경찰서장이 해산을 명했고, 이에 저항하는 학생들 중 네 명이 체포당했다. 그러나 학생들은 히비야(日比谷) 공원으로 이동하여 다시 모여, 그 수는 70~80명에 달했다. 경찰서장의 해산 명령에 저항했던 학생들은 53명이나 검거되었다(朴慶植, 1975a, 105쪽).

1921년 3월 1일에도 히비야 공원 야외음악당 부근에서 조선인 학생들 100여 명이 비밀리에 모였다. 독립 연설을 시작하려 하자, 사전에 이러한 움직임을 알고 있던 경시청과 히비야 경찰서는 곧바로 해산을 명해, 이를 거부한 학생들 76명을 검거했다(「도쿄 니치니치신문」 1921년 3월 2일자).

1921년 7월 28일에는 경시청 특고과에 내선고등계가 설치되었다(경시청사 편찬위원회, 107쪽). 이는 도쿄에 있어서 요시찰인 조선인이 늘어가는 것에 대한 조치로 보인다. 다음해 4월 25일자 「호치신문」 석간은, 작년 9월(실제로는 6월) 쇼리키 마쓰타로(正力松太郎, 1885~1969)가 경시청 관방주사가 되고, 특히 내선고등계가 신설되었을 때는 전에 이미 폐지된 미행 제도가 다시 부활하는 등 경계 조치가 한층 더 엄밀해져 "요시찰 인물 외에도 전혀 의심의 여지가 없는 선량한 선인 학생들에게까지 일일이 미행을 붙이고, 그것도 모자라 요즘은 외출조차 허락되지 않는 등 선인 학생 다수는 통학에까지 지장을 받아 너무나 큰 곤란에 빠져 있다"고 보도했다.

1922년 12월 12일자 「도쿄 아사히신문」은 조선인 학생에 대한 신경질적인 경찰의 단속에 대해 다음과 같이 보도했다.

11일 오후 1시 반쯤 간다 스루가다이 메이지대학교(神田 駿河台 明治大学) 캠퍼스 한 구석에서 열 명도 채 안 되는 선인 학생들이 머리를 모으고 뭔가 토론하는 모습이 온당치 못하다 하여, 관할 니시칸다 경찰서에서 형사과 순사 몇 명이 단속에 나서 이철(李哲) 외 여덟 명을 인치(引致), 강제 연행함.

조선인이 몇 명이라도 모이면 '불령선인'의 담합이라 의심부터 하는 것이 경찰의 습성이 되어갔다.

재일조선인 사상 단체 및 노동자 단체 설립과 관동대지진 전야의 치안 체제 강화
학생 운동은 앞서 말한 바와 같이 심한 압박을 받았으나, 1921년경부터는 학생 운동 이외의 운동이 일어나기 시작했다. 1920년 11월, 박열(朴烈, 1902~1974), 김약수(金若水), 백무(白武) 등에 의해 조선인 고학생과 노동자 간의 상호 부조를 목적으로 하는 동우회가 도쿄에 창립되었다. 회원은 200명 이상에 달했다. 1921년 11월에는 박열, 백무 등 조선인 무정부주의자, 사회주의자 열 몇 명이 흑도회(黑濤會)를 창립했다. 그러나 이 모임은 분열되어 1922년 11월에 김약수, 백무 등의 사회주의자들은 북성회(北星會)를, 박열(朴烈)과 홍진유(洪鎭裕) 등 무정부주의자들은 흑우회(黑友會)를 조직하게 되었다. 1922년 5월 1일, 도쿄 시바우라(芝浦)에서 일본노동총동맹 주최로 열린 제3회 메이데이에 고학생동우회 회원 30명이 참가한 가운데 간부 송봉우(宋奉禹), 백무가 연설했다(내무성 사회국 제1부『조선인 노동자에 관한 상황(朝鮮人労働者に関する状況)』1924년 7월, 朴慶植, 1975a, 446쪽; 「도쿄 아사히신문」 1922년 5월 2일자). 경찰은 입장하는 이들을 엄중히 조사·취조하여 "조선인 노동조합원 대부분이 검거되었고, 입장이 가능했던 자는 오후 1시가 되어서도 십여 명에 불과했다"(「고쿠민(国民)신문」 1922년 5월 2일자 석간).

이 날 각 경찰서에 검거된 조선인 수는 미타(三田)서에 1명, 아타고(愛宕)서에 5명, 기타콘야(北紺屋)서에 3명, 니시칸다서에 6명, 모두 15명이었다. 검거된 총 수는 154명이었다(「호치신문」 1922년 5월 1일자 석간).

조선인 이외의 피검거자 중 다수는 효민회(曉民會), 노동사(勞働社), 사회주의동맹, 적란회(赤瀾會) 등에 소속된 사회주의자였던 것 같다. 사회주의자와 조선인은 집중 표적되어 검거 당했다.

1922년 7월 29일자 「요미우리신문」은, 시나노강(信濃川)의 지류인 나카즈강(中津川)이 흐르는 니이가타현 나카우오누마군 아키나리무라(新潟県 中魚沼郡 秋成村, 현 쓰난(津南)마치)의 신에쓰(信越)전력주식회사의 발전소 공사를 맡은 토목회사가 조선인 노동자들에게 가하고 있는 학대와 학살에 대해 보도했다. 8월 초순 조선의 「동아일보」 편집장과 서울에서 조직된 니이가타현 조선인 학살사건 조사회의 조사원이 일본으로 향했다. 비슷한 시기에 도쿄에서 조선인들에 의해 미노베강 조선노동자학살사건 조사회가 설립되어, 본회의 대표 김약수를 비롯해 그 외에 박열, 백무도 현지로 향했다. 9월 7일, 도쿄의 조선 기독교청년회관에서 도쿄의 조사회 주최로 니이가타현 조선인 노동자 문제 연설회가 개최되어, 현지 조사보고가 이루어졌다. 참가자는 조선 총독부 경무국의 보고에 의하면, 일본인, 조선인이 각각 약 500명, 9월 9일자 「동아일보」에 따르면, 일본인 약 2000명, 조선인 약 500명, 그 외 회장의 바깥에도 수천 명이 있었다고 한다(山田昭次, 1996, 122~124쪽). 이렇게 하여 조선인 사상 단체 및 노동 단체가 성립되었다.

치안 당국은 재일조선인 운동의 고양과 확대에 대해 정확히 인식하고 있었다. 조선인의 노동 단체가 성립되는 상황하에서, 치안 당국의 재일조선인에 대한 인식 또한 1922년과는 다르게 변했다. 1920년 간행된 내무성 경보국 보안과의 『조선인 개황』 3집에서는 조선인 노동자에 대해 "그들은 일반적으로 지식 정도가 낮고 시대사상을 이해하는 자가 없으며, 조국 회복 문제에 대해서도 평온하고 악의 없는 자들이 많다"며 가볍게만 보았다(朴慶

植, 1975a, 92쪽). 그러나 1922년 1월에 간행된 『조선인 근황 개요(朝鮮人近況槪要)』에서는 "흉폭한 행동에 나서는 자들은 흔히 노동자 계급으로 보인다"며 노동자들에게 주목하고 있다(朴慶植, 1975a, 123쪽). 앞서 말한 『조선인 근황 개요』에서 가장 주목하고 있는 것은 "내지 재류 조선인 학생 중 점차 공산주의에 감염되어, 내지인 사회주의자들에게 접근하는 자들이 생긴" 점이며, "그들의 앞으로의 행동에 대해서는 한층 더 철저히 경계 단속할 필요가 있다"고 보았다. 구체적인 예로, 1920년 12월에 오스기 사카에(大杉榮, 1885~1923)와 사카이 도시히코(堺利彦, 1870~1933) 등에 의해 결성된 일본 사회주의 동맹에 조선인들이 가맹했던 점과, 사카이와 권희국(權熙國) 등에 의해 조직된 코스모 구락부(클럽)에서 조선인도 함께 강연했던 사실을 들고 있다(朴慶植, 1975a, 122쪽, 124쪽).

이러한 치안 당국의 인식의 결과겠지만, 1923년에는 재일조선인운동에 대한 탄압이 한층 더 심해졌다. 1923년 3월 1일에는 도쿄 조선유학생 학우회가 50개의 재일조선인 단체에 호소하여 우에노공원에서 열고자 했던 기념집회도 철저히 억압받아 결국 열 수 없게 되었다. 우에노경찰서는 블랙리스트에 올라 있는 조선인들을 아침 일찍 그들이 아직 자고 있는 틈을 타 덮쳐서 체포하고, 이 날 집회에 참가하러 온 자들은 공원 아래쪽에서 형사가 지켜섰다가 체포하여 우에노서로 끌고 갔다. 이와 같은 탄압은 전에는 볼 수 없었던 것이었다. 오후 2시 10분, 사이고 다카모리(西鄕隆盛)의 동상 앞에서 학우회의 정남태(鄭南泰)는 연설을 막 시작하던 참에 검거되고 말았다. 이날 모두 70명이 검거되었다(「요미우리신문」 1923년 3월 2일자).

이날 경시청은 학생뿐만 아니라 조선인 노동자는 물론이고, 도쿄시 및 부근의 각 군에 있는 조선인 집중 거주 지역에 걸쳐 경계 체제를 취했다. 이

날 「도쿄 아사히신문」은, 게이힌(京浜) 지방13)에 거하는 선인들 가운데, 3월 1일을 기념하여 상하이의 프랑스 조차지에 있는 상하이 고려공산당 및 하와이 조선인 단체와 연락하여 무언가를 획책 중이라는 정보를 경시청이 알아냄에 따라, "고모리(小森) 특별고등과장, 다테야마(立山) 내선계장은 시·군 내 선인들이 모여 있는 간다 니시키초(錦町), 니시칸다(西神田), 고이시카와(小石川), 도미사카(富坂), 혼조(本所), 아이오이(相生), 미나미센주(南千住), 센주(千住), 가메이도(龜戶), 고마쓰가와(小松川)의 각 경찰서장과 합의하여, 만일 사건이 생길 경우 이들을 검거해야 한다며 엄중 경계 중"이라 보도했다.

혼조, 미나미센주, 가메이도, 고마쓰가와 등은 조선인 노동자들의 집단 거주 지역이었으므로, 이러한 경계 체제는 조선인 학생과 노동자 전체를 대상으로 했던 것이었다. 경시청이 이러한 유언비어 때문에 도쿄시와 그 부근의 모든 군에 경계 체제를 취했다는 것은, 관동대지진 때의 조선인 학살사건에서 일어날 일들을 미리 암시하고 있는 것이라 할 수 있다.

조선인 유학생 운동은 계속하여 전진해 나갔다. 이 해 4월 22일, 고마바(駒場)운동장에서 도쿄조선유학생 학우회 주최로 조선 학생 및 노동자 연합 춘계 대운동회가 열려 1500여 명이 모이게 되었다. 그 중에는 사회주의자, 그리고 노동운동으로 경찰이 주목하고 있던 인물들도 참가하고 있었다 (「도쿄 아사히신문」 1923년 4월 23일자). 이는 조선인 유학생이 조선인 노동자와 일본인 사회주의자 및 노동 운동 지도자들까지도 함께 제휴하려 했던 취지를 드러낸 것으로 보인다. 세타가야(世田谷) 경찰서는 순사 백여 명을 소집해 단속에 나섰다.

13) 도쿄 - 요코하마에 걸친 수도권 지역—역자주.

조선인 유학생에 대한 감시는 한없이 심해졌다. 이 해 5월 2일자 「요미우리신문」에 실린 투서 "선인의 한탄"에는 다음과 같은 내용이 쓰여 있다.

> 이번 의열단 사건 이래 도쿄의 경찰관은 도쿄에 유학 중인 조선인 가운데 어린 중학생 정도의 학생들 기숙사까지 습격해서 위협적인 태도로 그 어린 학생들에게서 일말의 단서라도 찾아내려 현안이 돼 있는 듯하다.

의열단원 찾기에 혈안이 되어있던 경찰관들은 조선인 중학생들에게까지 감시망을 넓히고 있었다.

1923년에는 메이데이에도 큰 탄압이 가해졌다. 경시청은 이 해 사회주의를 비롯한 그 외 사상 단체들의 참가를 일체 허가하지 않기로 했다(「요미우리신문」 1923년 5월 1일자). 이 사상 단체로는 조선인 노동 단체, 사상 단체 또한 중시되었다. 경시청은 일본인 노동자들이 사회주의자나 조선인 사상 단체와 교류하지 못하도록, 일본인 노동 단체를 체제안의 존재로 만들고자 하는 의도였을 것이다.

1일은 당시 섭정으로서 천황을 대신하던 황태자(훗날, 쇼와 천황)가 도쿄에 돌아오는 날이기도 했는데, 다수의 조선인이 참가한다고 하니 "당국의 신경이 특히 과민"해져 있었고, 그 전날에는 "야스쿠니(靖国) 신사의 정기의례일로 휴일임에도 불구하고 각 간부가 모여서 선인 단속에 대해 합의"하였다. 또 전날 밤에는 경시청이 다카쓰 마사미치(高津正道, 1893~1974) 등 사회주의자 13명을 검거하기도 했다(「요미우리신문」 1923년 5월 1일자). 사전 검거는 전날 밤부터 다음날 아침까지 행해졌는데, 검거된 이들은 일본인 사회주의자 70명, 일본인 노동자 150명, 조선인 노동자 50명으로 모두 300여 명에 달했다(「호치신문」 1923년 5월 1일자 석간).

당일에는 집회장이던 시바(芝)공원 주위를 엄청난 수의 경관들이 둘러쌌고, 개회에 앞서 그 입구에서는 "조선인 담당자"와 "주의자 담당자"들이 이유도 없이 사람들을 검거했다(「도쿄 아사히신문」 1923년 5월 1일자). "색다르게 보였던 것은 '조선노동조합'(도쿄 조선노동동맹회를 지칭하는 것으로 보임)의 붉은 깃발을 내세우고 있던 조선인 노동자 그룹이었는데, 이들은 입장과 동시에 곧 퇴장 명령을 받았다 …… 무정부주의자인 박열 군 외 13명이 집회장으로 섞여 들어오려고 하자, 이들 역시 모두 아타고서(愛宕署)로 검거당하고 말았다"(「요미우리신문」 1923년 5월 2일자).

집회는 오전 11시경에 시작되었다. 정오쯤 되어 두개의 자유 연단이 기획되었다. 그 직후, 연단에 선 조선인을 향한 경찰관의 맹렬한 탄압이 가해졌다. 다음날 「도쿄 니치니치신문」은 당시의 상황을 다음과 같이 보도했다.

첫 연단에서 조선노동조합의 손(孫)군이 녹색의 루바시카[14]를 입고 등단하여 뭔가 연설하려 하자, 연단 아래 사복 차림으로 있던 이들이 갑자기 그를 넘어뜨리더니, 다나베(田辺) 감찰관 앞에서 4~5명이나 되는 경관이 그를 마구 차고 밟고 때리며, 숨이 곧 끊어질 듯이 비명을 지르는 그를 묶어서는, 손을 비틀어 올리고 신발을 신은 채 마구 차면서 그를 검거했다. 이는 실로 보는 이에게 잔인 그 자체를 떠올리게 했다.

같은 날짜 「도쿄 아사히신문」 석간도 이 사건을 다루었으나, 「도쿄 니치니치신문」과는 달리 노동자들이 경관에게 저항한 사실을 다음과 같이 보도했다.

정오가 막 지나 한 조선인이 연단에 오르자, 갑자기 밑에서 숨어 있던 경관들이 그를

14) 러시아풍의 남자 상의 — 역자주.

끌어내리려고 했고, 이에 '조선인이 뭘 잘못했어'하며 대여섯 명이 연단에서 그를 감싸자, '계속 실시'라는 호령과 함께 경관대가 돌격하여 노동자들에게 달려들어 순식간에 우당탕 소리와 함께 연단을 부수고 몸싸움이 시작되어, 피로 물들어 비명 지르는 자, 모자가 찢긴 경관 등등 일시 혼란이 극에 달했지만 점차 진정되었다.

난바 다이스케와 아키타 우자쿠가 조선인이 싸우던 모습에 감탄했던 것은 이때의 광경에 틀림없다.

12시 반 경, 참가자들은 시바 공원을 나와 우에노를 향해 행진했다. 이윽고 데모대는 우에노의 구로몬초(黒門長)로부터 마쓰자카야(松坂屋) 앞에 다다랐다. 우에노 히로코지(上野広小路)로 돌아나오는 귀퉁이 광장에서 경관대 오륙백 명이 기다리고 있던 중 다음과 같은 사건이 일어났다.

질서정연하게 가고 있던 행렬 가운데 얌전히 걷고 있던 선인 30여 명이 포함되어 있었다. 이를 알아챈 형사가 열 몇 명씩 달려들어 쥐 잡은 고양이 같은 기세로 그들을 끌어내 넘어뜨리고는 돌아가며 들이차고 구타했다. 선인의 긴 머리채를 잡아끌어 자동차에 실을 때 즈음에는 모두 얼굴, 손발이 부어올라 보기에도 비장한 모습이었다(「호치신문」 1923년 5월 1일자 석간).

5월 1일자 「호치신문」 석간은 "미증유의 대 압박에 살기등등했던 메이데이"라 칭하며 보도했다. 결코 조선인에게만 압박이 가해졌던 것은 아니다. 그러나 당시의 수많은 신문 기사를 조사해보면, 조선인을 상대로 가했던 종류의 잔인한 폭력 탄압은 일본인에게서는 보이지 않는다. 「도쿄 니치니치신문」과 「호치신문」 기자는 이런 점에 경악하며 보도기사를 썼던 것이다.

이런 메이데이가 얼마 지나지 않은 5월 14일자로 내무성 경보국장은 각 부, 현, 장관들 앞으로 "조선인 노동자 모집에 관한 건의명(命) 통첩"을 통해 "요즘 조선인이 내지로 건너오는 일이 점차 증가하고, 특히 작년 12월 조선총독부에서 여행증명제도를 폐지한 이후 더욱더 현저하게 늘고 있는데, 이들 선인 다수는 내지의 경제계가 부진한 시기와 때를 같이하여 도착하고 있으므로, 취업난으로 고생하기도 하고 건달이나 부랑자 무리를 만들어내는 경향이 있을 뿐더러, 사회 운동과 노동 운동에도 참여해 단체 행동에 나서는 경향이 두드러지게 나타나고 있다"며 주의를 기울일 것을 촉구했다(朴慶植, 1975a, 38쪽).

이로부터 4개월 후 관동대지진이 일어났다. 이 해 봄 경시청이 3·1운동 기념일과 메이데이를 맞이하여 조선인을 상대로 취한 광적인 대처 방식으로 보아서는, 치안 당국이 "불령선인" 폭동의 환영에 사로잡힌 것도 그리 이상한 일이 아니라 생각된다.

일본 내 친일파 조선인의 등장 및 그들을 위한 당국의 지원

1957년 후지오카시 후지오카 조도지(藤岡市 藤岡 成道寺) 사원묘지에 새로 고쳐서 건립된 후지오카사건 희생자 조선인 추도비에는 여전히 1924년 건립되었던 원래의 추도비에 새겨져 있던 정기 공양비 제공자 "경성 홍애표(洪埃杓)"라는 이름이 기록되어 있다. 1924년에 건립된 추도비는 현재 남아있지 않다. 단 후지오카초사 편찬위원회 편 『후지오카초사(藤岡町史)』(군마현 후지오카 시청, 1957년) 1254쪽부터 1256쪽에 걸쳐 구 추도비 비문 내용이 게재되어 있을 뿐이다. 거기에는 이 공양비 제공자의 이름이 홍물표(洪物杓)로 기록되어 있다. 그러나 이는 오자로 보인다.

홍애표가 어떠한 인물인지는 잘 알려져 있지 않다. 그는 친일파로, 조선인이 일본인으로 동화할 것을 꾀했던 인물이었다. 1919년 4월 24일자

박 「요미우리신문」에 게재된 홍애표에 대한 소개 기사에 의하면, 그는 "구한말 조정의 궁내관으로, 십몇 년에 걸쳐 활약해 온 열성적인 친일주의자"다. 그는 조선 독립의 가능성을 부정하고, "우선 교육을 보급해 지식을 증진시킴으로써 자치를 꾀하고, 참정권을 추구함과 동시에 징병의 의무를 달성함으로써 내지의 동포와 아무 차이 없이 똑같은 권리를 얻게 되면 그것으로 충분하다"는 생각이었다. 그리고 그는 "이번 경우(3·1운동)를 거울로 삼아, 도쿄에 제국 일선어(日鮮語)학원을 설립하여 조선에서 많은 소년 학생들을 모집해 초등교육부터 시작하는 일선동화를 실현하고자 분주히 일하고 있다"고 이 신문은 보도하였다.

　「요미우리신문」이 보도한 제국 일선어학원이란 동아학원을 말한다. 홍이 쓴 「동아학원 설립 취지서」에 게재된 '개칙(概則)' 제1조에는 "본 학원의 목적은 동아시아에 제국의 국어를 보급시키고 조선인을 제국에 동화시키는 데 있다"라고 써 있다. 1923년 7월 5일자 요네미(米見) 사이타마 현지사 관방주사의 편지에 의하면, 홍은 아리요시 주이치(有吉忠一, 1873~1947) 전 총독부 정무총감, 가토(加藤) 내무대신 비서관, 아카이케 아쓰시(赤池濃) 경시총감(전 조선총독부 경무국장)으로부터 소개장을 받아 사이타마 현청을 방문해, 요네미로부터 동 현의 기타아다치(北足立) 군, 이루마(入間) 군, 가와고에(川越) 시장 앞으로 소개장을 받았다. 또 동아학원 설립에의 지원을 요청하며 하치만무라(八幡村) 촌장 앞으로 보낸 1923년 8월 18일자 미나미사이타마(南埼玉) 군수로부터 받은 소개장도 남아있다(관동대지진 60주년 조선인희생자 조사·추도실행위원회, 371~372쪽). 그는 계속하여 정부의 지원을 받으며 조선인 동화를 위해 동아학원 설립의 자금을 모집하였던 것이다. 그러한 활동 가운데 후지오카 사건 희생자 추도비 건립에도 관여하게 된 것으로 보인다.

1921년 12월 3일, 도쿄에서 융화주의 단체인 상애회(相愛会)가 창립되었다. 회장은 이기동(李起東), 부회장은 박춘금(朴春琴)이었다. 박은 1920년에 조선총독부 사무관 마루야마 쓰루키치(丸山鶴吉, 1883~1956)를 만났고, 상애회 창립 직전인 12월에는 조선총독인 사이토 마코토(斉藤実, 1858~1936)와 면담했다. 마루야마와 사이토도 이 상애회의 간부로 취임했다(Manfred Ringhofer, 48쪽, 50쪽).

1922년 5월 2일자 「도쿄 니치니치신문」은 "니혼바시 소고(日本橋相互倶楽部) 클럽에서 1일 오후 5시부터 열린 조선 노동 상구회(相救会) 석상에서 전 귀족원 의원 남작인 쓰다 히로미치(津田弘道) 씨가 600명의 조선인을 앞에 두고 일선융합을 위해 열변을 토하며 설교했다"고 보도했다. 이 기사는 회장 이기동, 부회장 박춘금이 자리에 있었다고 보도하였으므로, 여기서 말하는 상구회란 상애회로 보인다. 여기서 쓰다는 "조선은 독립 문제보다도 조선 민족의 지식 계발, 민족 향상이 급선무다. 쓸데없이 경거망동하는 것은 서로 이익될 것이 없다"고 연설했다. 조선인의 독립을 위한 열기에 찬물을 끼얹는 것이 상애회의 역할이었다. 이 집회에는 조선총독부 출장소의 오노 아미히코(小野綱方)도 참석해 강연하였다.

상애회는, 재일조선인 운동이 독립을 지향하며 발전해 가는 상황에 대항하기 위한 움직임으로서 일본 지배자들의 지지를 얻어 활동하고 있었다. 상애회는 관동대지진 당시의 조선인 학살사건 이후, 재일조선인을 '일선 융화'로 나아가게 하기 위한 조선인 희생자 추도회를 개최하게 된다.

3. 맺음말

3·1운동 이후 재일조선인 운동은 급속도로 발전했다. 이를 두려워한 일본 치안 당국은 이에 대처하기 위해 직접 탄압을 강화하는 한편, 이제 막 시작된 재일조선인의 일본인 사회주의자 및 노동자와의 교류를 단절시키고자 하였다. 그와 동시에 또 한편으로는 조선인 친일파를 지원하기 시작하였다.

3장

일본 국가와 조선인 학살사건

1. 일본 국가의 조선인 학살사건에 대한 책임과 사후의 책임

유언비어를 유포한 일본국가의 책임

관동대지진 당시의 조선인 학살사건에 대한 국가 책임으로는 두 가지 종류가 있다. 하나는 조선인이 폭동을 일으켰다는 유언비어를 유포해 민중을 조선인 학살에 가담시킨 책임이다. 도대체 처음에 누가 그런 소문을 만들어낸 것일까. 유언비어의 발생지에 대해서는 민간설, 관청설, 정부·민간 쌍방설 등 세 가지 설이 있다. 그러나 유언비어의 발생지를 실증적으로 확인하는 일은 어렵다. 단지 한 가지 명확한 것은, 설령 유언비어가 민간에서 발생했다 하더라도 그것을 부정하지 않고 그 스스로도 유언비어를 퍼뜨림으로써, 유언비어에 '위'로부터 주어지는 권위까지 부여해 신빙성을 높인 책임이 국가에 있다는 사실은 부정할 수 없다.

지진이 있던 9월 1일, 오마가리 구손(大曲駒村)은 신주쿠(新宿)의 친구 집에 있었다. 지진이 일어나자 자기 집이 있던 스가모를 향해 걸었다.

소토보리(外濠) 부근에 다다르자, 자동차 한 대가 와서 "이제 강한 지진은 더 이상 없을 테니 모두 안심하십시오"라고 메가폰으로 외치는 소리가 들렸다. 자동차 뒤에는 "대일본 지질학협회의 발표에 따르면, 이후 또다시 강진이 오는 일은 없으니 모두 안심하십시오―도쿄 아사히신문사 특보"라고 대서특필 되어있었다. 그러나 자동차가 지나가자마자 바로 그 자리로 또 한 번의 강진이 왔다. 그러자 "뭐가 안심하십시오야. 신문사 특보로는 어림도 없어. 관보(官報)가 아니면 하나도 안 맞아"하며 화내는 이가 있었다. 오마가리는 "언제는 관료라면 뭔 말만 나오면 헐뜯던 민중이, 이렇게 무슨 일이라도 나면 손바닥 뒤집듯이 속마음을 싹 바꿔 아무 말이나 내뱉는가 하고 생각하니, 참으로 한심하다"라고 적고 있다(大曲駒村, 25~26쪽, 강조점은 원문).

요시노 사쿠조(吉野作造, 1878~1933)는 『주오코론(中央公論)』 1923년 11월호에 게재된 논설 「조선인 학살사건에 대하여」에서 유언비어의 발생지뿐만 아니라, 발생한 "유언비어를 조성하게 된 여러 가지 원인들"을 문제로 다루었다. 요시노는, 이에 대해 단정할 만한 충분한 증거는 없지만 이라고 유보하면서도, "하지만 책임 있는 ○○(관청)이 이런 유언비어를 전파하고 또 이를 믿도록 하는데 애썼었다는 사실은 의심의 여지가 없는 듯하다 …… 어쨌든 민중은 자경단이라 칭하며, 선인 학살을 했든지 안 했든지를 막론하고 ○○○(경찰관)이 하는 이야기이니 거짓일 리가 없다며, 적어도 순간적으로 선인의 조직적 폭행을 믿었던 것은 명백한 사실이다"라고 하였다(吉野作造, 1995, 177쪽).

다이쇼 데모크라시의 시대라고는 해도, 몇몇 선진적인 사람들을 제외한 민중의 대부분은 그들의 시야가 국가라는 틀 안에 함몰되어 있었기에,

국가의 권위를 믿고 있던 시대였다. 그런 면에서 국가가 퍼뜨린 유언비어의 영향은 지극히 컸던 것이었다.

일본 국가의 사후 책임

또 하나의 국가 책임은 조선인 학살사건이 발생한 이후의 사후 책임이다. 즉, 그 첫 번째는 조선인 학살사건 직후 조선인의 범죄를 날조하였고, 두 번째로 일본인 자경단에게 학살에 대한 전적인 책임을 전가시켜 국가의 책임을 은폐했다. 세 번째로 군대와 경찰이 행한 조선인 학살에 대해 은폐했다. 네 번째로, 조선인 희생자에 대한 조사를 방해하고, 학살된 조선인 사체를 조선인에게 양도해 줄 것을 거부한 채 조선인 학살사건의 실태를 은폐하고자 했다. 이 장에서는 위에 언급한 첫 번째와 두 번째의 사후 책임만을 다루고, 세 번째와 네 번째의 사후 책임에 대해서는 6장에서 논하도록 하겠다. 먼저 조선인 학살에 있어서의 국가 책임을 드러내는 확실한 사료를 제시하는 것으로부터 시작해보겠다.

2. 일본 국가의 유언비어 유포 책임

경찰 측이 편찬한 관동대지진사에 그려진 유언비어의 유포자

관동대지진이 일어난 것은 1923년 9월 1일 오전 11시 58분이었다. 당시는 점심 취사시간이었기 때문에 도쿄, 요코하마에서는 지진이 화재를 일으켜 대재해가 되었다.

경시청 편찬·간행의『다이쇼대지진화재지(大正大震火災誌)』(1925)

에는 "유언비어가 처음 관내에 퍼진 것은 1일 오후 1시경"으로 후지산(富士山)이 대폭발을 일으켰다, 도쿄만 연안에 큰 쓰나미가 들이 닥친다, 대지진까지 또 덮쳐올 것이다 등등 자연재해에 관한 유언비어들이 먼저 유포되었고, 오후 3시경 "사회주의자 및 선인에 의한 방화 다발"이라는 유언비어가 유포되어, 2일 오전 10시경에는 "불령선인의 습격이 있을 것", "어제 일어난 화재는 대부분 불령선인에 의한 방화 또는 폭탄 투하에 의한 것"이라는 유언비어가 유포되었다고 기록되어 있다(445~446쪽).

유언비어 발생의 근원에 대해서는, "9월 1일 지진·화재가 발생하자, 이야말로 음모의 야심으로 가득 찬 무리들이 틈타고 있던 좋은 기회가 아닌가 하며, 진작부터 선인 폭동의 우려를 안고 있던 민중이 즉각적으로 폭동이 현실화되는 것을 두려워한 결과라 하지 않을 수 없다"며, 민중이 유언비어의 발생 원인이라고 단정했다(453쪽).

가나가와현 경찰부 편찬·간행의 『다이쇼대지진화재지(大正大震火災誌)』(1926)는 이 점에 대해, "이 때에 이르러 일부 불령자들에 의한 폭행, 약탈 등이 발생하자 이러한 행위에 대한 소식이 침소봉대되어 불 번지듯 전해지고, 떠벌리기 좋아하는 호사객들 이에 부화하여 거짓을 부풀림에 인심 점점 악화되고 극도 불안에 빠지게 되었으니, 경찰 당국이 이를 아무리 안정시키려 해도 한번 큰 참사를 당해 이미 불안에 빠져 있던 이들의 인심은 쉽게 완화되지 않음"이라 적고 있다(389쪽). 본서는 조선인의 폭행 약탈이 있었던 것으로 여기고, 이를 침소봉대하여 유언비어를 만들어낸 것이 민중이며, 경찰은 유언비어를 억제하려 했었다는 것이다.

나도 민중이 유언비어를 전파했다는 사실은 인정한다. 하지만 이러한 경찰 편찬의 서적은 경찰서와 경찰관이 유언비어를 유포했다는 사실은 은폐하고 있으며, 여기에 바로 국가의 사후 책임이 확실히 드러나 있는 것이다.

9월 1일 저녁~2일, 경찰서나 경찰관이 유언비어를 퍼뜨린 기록 사료 제시

일찍이 9월 1일 저녁 무렵부터 조선인이 폭동을 일으키고 있다는 유언비어가 경관들과 경찰서에 의해 유포되었다. 그것을 뒷받침해주는 확실한 사료들을 제시해보겠다. 우선, 9월 1일 저녁에 경찰관이 유언비어를 발표했다는 사실을 보여주는 사료들을 제시해 보겠다.

> ① **도쿄시 아자부구 혼무라 보통소학교**(東京市 麻布区 本村 尋常小学校) **1학년 니시무라 가요코**(西村嘉世子), **「대지진 이야기」**
> 큰 지진이 일어났을 때 저는 이이구라에 있었습니다 …… 다함께 혼무라 쪽으로 도망쳐왔습니다 …… 그리고 나서 저녁때가 되자 ○○○○(불령선인)이 쳐들어온다고 순사가 말해주러 왔습니다(도쿄시 학무과 편찬, 『도쿄시립 소학교 아동 지진 기념문집(東京市立小学校児童震災記念文集)』, 1924, 금병동, 1989, 299~300쪽).

> ② **데라다 도라히코**(寺田虎彦), **「지진 일기로부터」** 9월 2일자부터
> 귀가해보니 타버린 아사쿠사(浅草)에 있던 친척 13명이 피난하러 와 있었다. 어느 누구도 뭐하나 가지고 나올 여유도 없이 어젯밤 우에노 공원에서 노숙을 하고 있었는데, 순사가 와서 ○○(조선)인 방화범이 배회하고 있으니 주의하라고 말해줬다고 한다(금병동, 1996a, 285쪽).

> ③ **1923년 10월 28일자 「호치신문」 석간 시내판**(기사요약)
> 10월 25일에 도쿄 혼고 소학교에서 열렸던 혼고구회(本郷区会) 의원, 구내 유지, 자경단 대표자들의 회합에서 아케보노초(曙町) 무라타(村田) 대표는 "9월 1일 저녁무렵 아케보노초 파출소 순사가 자경단에게 와서는 '각 초에서 불평(不平)선인이 살인과

방화를 저지르고 있으니 조심하시오"라며 두 번이나 통지해주러 왔다'고 보고했다.

④ 사이타마현 이루마군 이루마초(현 세키야마시(狹山市)) 경찰로부터 시작된 유언비어

지방에서 와전되어진 이야기의 한 소절로, 사이타마현 이루마초 (재향군인회) 분회장의 구두 보고 내용은 다음과 같음.

9월 1일 오후 7시경 경찰서가 경종을 난타하고, 경찰관은 일본 전통의상에 일본도를 차고 자전거에 올라 초민에게 다음과 같이 경고함: 폭탄 흉기를 가진 선인 11명이 우리 초를 습격해와 그 중 1명을 체포함. 이 자는 6연발 단총을 휴대함. 마을 내 모두는 등을 끄고 문단속 할 것(도쿄시 ,1927년, 294쪽).

①에서 ③까지는 도쿄시내에서 9월 1일 저녁 경찰관이 유언비어를 유포했던 사실을 보여주고 있다.

④는 사이타마현 이루마시(현 세키야마시)에서 같은 날 밤, 경찰서가 유언비어를 퍼뜨린 사실을 보여준다.

다음으로, 2일 경찰서 또는 경찰관이 유언비어를 유포한 사실을 보이는 사료들을 들어보겠다.

① 도쿄시 고지마치구 후지미 보통소학교(東京市 麹町区 富士見 尋常小学校) 6학년 이와사키 유키타카(岩崎之隆), 「다이쇼 지진의 기록(大正震災の記)」

(9월 1일 밤이 지나고) 날이 새자마자 순사가 한 집 한 집 돌아다니며, "전부터 일본에 불평을 품고 있던 불령○(선)인이 예의 210일[15]에는 큰 폭풍우가 있을 것을 알고, 이에 때를 맞추어 폭동을 일으키고자 일을 꾸미고 있던 참에 이번 대지진이 있었습니다. 그래서 이 천재지변에 때를 맞추어 갑자기 들고 일어나 시내 각처에서 방화를 했다고 합니다. 또 요코하마에서 일어났던 일은 특히나 심해서, 사람이라면 노인,

15) 입춘으로부터 210일째 되는 날로 9월 1일경이며, 이 무렵 태풍의 피해가 많음—역자주.

어린이를 막론하고 죽여 버리고는 점점 도쿄로 밀어닥치고 있다고 하니, 한낮이라고 해도 문단속을 철저히 해주세요"라고 하며 돌아다녔기 때문에, 모두 공포에 떨며 살아있어도 살아있는 느낌도 없이 부근의 사람들과 한곳에 모여서 손마다 죽창, 야구 배트 등을 들고 주의하고 있었다(도쿄시 학무과 편찬, 앞의 책, 금병동, 1989, 346쪽).

② **도쿄시 교바시구 교바시 고등소학교**(東京市 京橋区 京橋 高等小学校) **1학년생**[16] **스즈키 기시로**(鈴木喜四郎), 「**추억**(思い出)」
아아, 기억을 더듬어보면 9월 1일 시계 바늘이 정오를 가리키려던 찰나 땅 울리는 소리가 나자마자 대진동 …… (2일) 해는 서쪽으로 기울었다. 오늘밤은 ○○○(불령선)인이 밤에 습격해 온다고 하는 소문이 갑자기 돌아, 순사가 "오늘밤은 ○○○(불령선)인의 야간 습격이 있을 테니 조심하십시오"라고 외치며 돌아다니고 있었다(도쿄시 학무과 편찬, 앞의 책, 금병동, 1989년, 370~371쪽).

③ **나카하라무라**(中原村, **현 가와사키시**(川崎市)) **청년단원 재향군인회 나카하라 분회 단원 고바야시 히데오**(小林英男)**의 일기**
이날 오후 경찰로부터 "도쿄·요코하마 방면의 선인 폭동에 대비해야 하니 출동하시오"라는 전갈이 있어, 재향군인, 청년단, 소방단 등 마을 내 혈기왕성한 남자는 각각 무기를 가지고 집합하여 시내의 평지까지 진군함(가와사키시청, 300쪽).

①과 ②는 도쿄 시내에서 9월 2일 경찰관이 유언비어를 퍼뜨린 사례다. ③은 경찰서가 같은 날, 있지도 않은 조선인 폭동에 대처하기 위해 나카하라무라의 재향군인회 분회 및 청년 단원에게 무장 출동을 명령했음을 보여준다.

이상과 같이 1일 저녁 무렵부터 각 경찰서와 경관들은 조선인이 폭동

16) 당시 일본의 학제에 따르면, 현재 대한민국의 중학교 1학년에 해당함—역자주.

을 일으키고 있다고 선전했을 뿐만 아니라, 2일이 되자 재향군인회 및 청년단에게 무장 출동을 명령한 예도 있다. 단, 시기적으로 볼 때 이들은 국가의 중앙으로부터의 지령에 의해 행동한 것은 아니고, 무언가의 이유로 조선인에게 신경을 곤두세우고 있던 경찰들의 일상적 습관으로부터 나타난 행동으로 보인다.

내무성 경보국장의 조선인 폭동 인정

치안의 중추부인 내무성 경보국장이 조선인이 폭동을 일으켰다고 인정하고 행동을 개시했던 것은 9월 2일이었다고 생각된다. 그 근거로는 첫째, 후나바시 해군 무선 전신 송신소로부터 9월 3일 오전 8시 15분에 내무성 경보국장이 구례 진주부(吳 鎭守府)17) 부관 경유로 각 지방 장관 앞으로 타전한 다음과 같은 전보문이다. 이는 도쿄에서 조선인이 폭동을 일으켰다고 보고하며, 조선인 단속을 명령한 내용이다.

> 도쿄 부근에서 일어난 지진을 틈타 조선인은 각지에서 방화하고 불령의 목적을 수행하려 하고 있고, 현재 도쿄 시내에는 폭탄을 소지하고 석유를 뿌리며 방화하는 자들이 있음. 이미 도쿄부 일부에서는 계엄령을 실시하고 있고, 각지에 있어서도 치밀한 시찰을 통해 선인의 행동을 엄밀히 단속하고 있음(금병동, 1991년, 158쪽).

이 전보문의 여백에는 "이 전보를 전달하도록 기병에게 명한 것은 2일 오후로 기억함"이라는 주가 달려 있다. 즉, 기병이 전문을 받아들고 후나바

---

17) 히로시마 군항 지역에 위치한 메이지 시대 이래의 구 일본 해군 기관의 명칭—역자주.

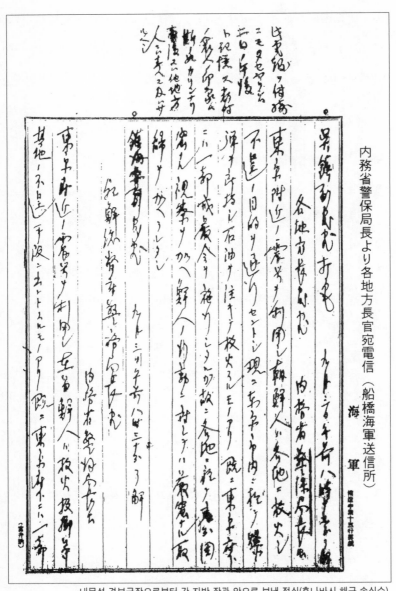

시를 향해 도쿄를 출발한 것이 2일 오후이고, 경보국장이 조선인 폭동을 일으켰다고 인정한 것이 2일이었다는 사실을 보여준다. 이 점은, 9월 2일 사이타마현 내무부장 고사카 마사야스가 9월 2일 밤 군청 경유로 사이타마현 각 마을에 내린 다음의 지령에서도 보여진다.

서발(庶發) 제8호
　　다이쇼 12년 9월 2일
　　사이타마현 내무부장
　　군 내 각 지방자치단체장(町村長) 앞

불령선인 폭동에 관한 건
이첩(移牒)
이번 지진을 맞아, 도쿄에 있어서는 불령선인의 망동이 있고, 또 그간 과격 사상을 가졌던 무리가 이에 부합해 그들의 목적을 달성하려고 하는 취지 또한 들려 그들이 점차 독을 퍼뜨릴 염려가 있으므로, 각 지방 자치 단체의 당국자들은 재향군인분회, 소방대, 청년단 등과 일치 협력하여 그 경계에 임하고, 유사시에는 속히 적절한 방책을 강구할 수 있도록 신속히 준비할 것. 이상 당국의 공문에 의해 이에 이첩함(吉野作造, 1924년, 96쪽).

1923년 12월 15일 중의원 본회의에서 있었던 나가이 류타로의 연설에 의하면, 사이타마현 지방 과장이 9월 2일에 도쿄에서 내무성과의 합의를 마친 후 오후 5시경 현으로 돌아와 고사카 내무부장에게 보고하자, 고사카는 그 보고에 근거하여 위와 같은 이첩을 부하 직원인 모리야(守谷)를 통해 현 내 군청에 전화로 급보로 전하고, 각 군청은 이를 또 전화 및 문서로 각 마을에 전달했다.

따라서 이 이첩에서 말하고 있는 "당국"이란 내무성을 말하는 것이고,

내무성의 지시에 근거해 고사카는 사이타마현 내의 각 군과 마을에 위의 지령을 내렸다는 것이다. 게다가 그것이 9월 2일이고, 경보국장이 후나바시로 향해 기병에게 전문을 가져가게 했던 그 날과 같은 날짜다. 도쿄시와 그 부근의 다섯 개 군에 계엄령을 포고했던 것 역시 9월 2일이다. 이상의 근거에 의해, 치안 중추부인 내무성 경보국이 조선인 폭동을 인정한 시기는 9월 2일이라 판단된다.

사이타마현에서 조선인을 학살한 혼조, 진보하라, 요리이, 구마가야, 가타야나기에 있어서의 5개 사건, 아울러 일본인을 살해한 메누마(妻沼) 사건에 대한 1923년 11월 26일의 우라와(浦和)지방 재판소의 판결서는 모두 사건의 발생 원인으로 이 고사카의 이첩에 의한 자경단 결성을 들고 있다. 판결서 중 이 점을 인정했던 부분을 열거하면 다음과 같다.

구마가야 사건 우라와 지방 재판소 판결서
현 당국자는 …… 다음날인 2일 밤, 관할 군청을 통해 관내 각 마을 사무소에 불령선인의 습격에 대비하는 임시 조치로서, 사전에 재향군인분회, 소방수, 청년단 등을 이끌고 있는 주요 지도자들의 양해를 얻고 경찰 당국과 협력해, 자경의 방법을 강구해두라는 취지의 통첩을 보냈다. 이에 따라 피고 등 마을 주민들은 다음날인 3일이 되자, 그들의 습격에 대비하여 자경단과 같은 조직을 만들어 주야로 경계 임무에 임하고…….

혼조 사건 우라와 지방 재판소 판결서
현 당국자는 …… 동월(9월) 2일 밤, 관할 군청을 통해 관내 각 마을 사무소에 불령선인의 습격에 대비하는 임시 조치로서, 사전에 재향군인분회, 소방수, 청년단 등을 이끌고 있는 주요 지도자들의 양해하에 자경의 방법을 강구해두라는 취지의 통첩을 보냈다. 이에 따라 피고 등 마을 주민들은 다음날인 3일이 되자, 그들의 습격에 대비하여 자경단과 같은 조직을 만들어 주야로 경계 임무에 종사하고…….

진보하라 사건 우라와 지방 재판소 판결서

동월(9월) 2일 밤, 동 현의 행정 당국은 관할 군청을 통해 관내 각 마을 사무소에 불령선인의 습격에 대비하는 임시 조치로서, 사전에 재향군인분회, 소방수, 청년단 등을 이끌고 있는 주요 지도자들의 양해를 얻고 경찰 당국과 협력하여 자경의 방법을 강구해두라는 취지의 통첩을 보냈다. 그 결과, 진보하라 마을 부근에 있어서는 다음 날인 3일부터 주민 서로가 자경에 임하게 되고……

요리이 사건 우라와 지방 재판소 판결서

현 당국자는…… 다음날인 2일 밤, 관할 군청을 통해 관내 각 마을 사무소에 사전에 재향군인분회, 소방단, 청년단 등과 함께 경찰 당국과 협력하여, 불령한 무리의 습격에 대비해 자경의 방책을 잘 강구해두라는 취지의 통첩을 보냈다. 이에 따라 피고 등 마을 주민들도 이에 응해 자경단을 조직하고, 다음날인 3일부터 이들이 경계에 임하고 있던 중……

가타야나기 사건 우라와 지방 재판소 판결서

현 당국자는…… 다음날인 2일 밤 관할 군청을 통해, 관내 각 마을 사무소에 사전에 소방수, 재향군인분회, 청년단 등의 각 수뇌부 지도자들과 협의하고 경찰 당국과 협력하여, 먼저 불령한 무리의 습격에 대비하는 자경의 방책을 강구해두라는 취지의 통첩을 내었다. 이에 따라 피고 등 마을 주민들도 동월 3일 밤부터 각자 일본도, 창 등의 흉기를 휴대하고 마을 내에서 이들이 경계에 종사……

메누마 사건 우라와 지방 재판소 판결서

현 당국자는…… 다음날인 2일 각 관할 군청을 통해 관내의 마을 사무소에 대해 사전에 재향군인분회, 소방수, 청년단 등을 이끌고 있는 수뇌부 지도자들과 함께 경찰당국과 협력하여 불령한 무리의 습격에 대비하라는 취지의 통첩을 내었다. 이에 따라 피고 등의 마을에서도 그 뜻을 받들어 자경단을 조직하고, 다음날인 3일부터 주야로 경계에 노력하고 있는 모습……

이상과 같이, 지방재판소도 사이타마현 고사카 내무부장의 지령에 의해 "불령한 무리"의 습격을 전제함으로써 마을에 자경단이 결성되었다는 사실을 인정하지 않을 수 없었다.

가타야나기 마을에서는 자경단이 결성된 다음날, 같은 마을 내 소메야에서 마을 주민들이 조선인 강대홍을 학살했다. 학살 후 마을 주민 두 사람은 오미야(大宮) 경찰서에 출두해, "악한을 잡아 못된 짓을 못하게 막았으니, 꼭 상을 받고 싶다"고 자청하고 나섰다(「도쿄 니치니치신문」 1923년 10월 19일자). 가타야나기의 고이즈미 사쿠지로의 회상에 의하면, "당시 마을 사람들은 모두 계엄령하이므로 조선인을 잡으면 무공 훈장[18]이라도 받을 수 있다고 믿고 있었다"고 한다(관동대지진 60주년 조선인희생자 조사·추도실행위원회, 61쪽).

계엄령은 처음 9월 2일 도쿄시와 그 주변 다섯 개의 군에 적용되었고, 3일에는 도쿄부 전체와 가나가와현으로 확대되었으며, 사이타마현과 지바현으로 확대된 것은 4일이다. 단, 사이타마현에 계엄령이 시행된다고 현 내로 전달된 것은 5일 이후의 일이다(관동대지진 60주년 조선인희생자 조사·추도실행위원회, 54쪽).

이점을 생각하면, 고이즈미의 회상은 나중에 생각했던 것이 섞여 있는지도 모른다. 그러나 사이타마현으로부터 자경단을 만들어 "불령의 무리"에 대처하라는 지령을 받고 있었던 터이니, 가타야나기 마을 주민은 조선인 학살이 국가적 차원에서 정당화된 일임을 확신하고 있었던 터라 판단된다.

도쿄에서는 어떠했는가. 현재의 연구 수준으로는 사이타마현과 같이

---

18) 금빛소리개(金鵄) 무공 훈장은 일본의 뛰어난 군인에게 하사했던 훈장. 진무(神武) 천황이 동쪽 지방을 정벌(東征)할 당시, 금색 소리개가 비상해 천황의 활궁 끝에 멈춰 천황군을 승리로 이끌었다는 신화에서 연유하여 1890년에 제정—역자주.

관청의 유언비어 유포에 관한 명확한 전달 경로를 알 수가 없다. 그러나 경찰이 자경단 결성을 재촉하고 이를 옹호했을 뿐만 아니라, 조선인 살해를 용인했던 사실에 대한 증언은 남아있다.

도쿄시 시바구 미타욘코쿠초(三田四国町)의 자경단원은 9월 하순 이후 자경단에게만 조선인 학살의 책임을 지게 했던 정부에 대해 신문의 투서란을 통해 다음과 같이 항의했다.

> 나는 미타 경찰서장에게 묻는다. 9월 2일 밤, ○○(선인) 습격의 경보를 귀하의 부하로부터 듣고서 우리가 주의 받은 대로 자경단을 조직했을 때, '○○(선인)으로 보이면 본서로 데리고 올 것. 저항하면 ○(죽)여도 됨'이라는 귀하의 말씀을 친히 전해들었다. 그 말은 잠꼬대였는가, 아니면 증거가 없다는 핑계로 기억에 없다고 부인하는 것인가(「도쿄 니치니치신문」 1923년 10월 22일자).

후세 다쓰지(布施辰治, 1880~1953)의 친구로, 재향군인회 분회장을 하고 있던 이가 9월 2일 밤 경관의 명령에 따라 일본도를 들고 문밖에서 보초를 서고 있었는데, 그 때 경관 한 사람이 또 와서는, "선인이 오면 해치워버려도 상관없다"고 했다고 한다(布施辰治, 「선인 소요 조사」, 『일본변호사회록사(日本弁護士会録事)』 1924년 9월; 강덕상·금병동, 588~589쪽).

지진 당시, 도쿄시 혼조구 요코아미초(橫網町) 1번가에 살고 있던 가와시마 쓰유(하이카이(俳諧) 연구자인 川島つゆ)는, 경찰관의 유언비어 유포 사실을 은폐하려는 정치적 압력에 저항해, "'○(선)인으로 보이면 타살해도 좋다'는 내용을 순사가 알리며 걸어 다녔다. 그게 사실이었으니 어쩔 수 없다"고 기록했다(古庄ゆきこ, 27쪽).

도쿄시 기타토요시마군 스가모(北豊島郡 巢鴨)의 한 주민도, 조선인 학살 책임을 자경단에게만 지우는 것에 대해 항의하면서, 경찰이 취한 행동을 다음과 같이 신문 투서를 통해 폭로했다.

나는 스가모 주민인데, 스가모 경찰서는 경찰용지에 '우물에 독을 넣는 자 있음. 각자 주의할 것'이라고 적어서 각처에 붙여댔다. 그리고는 '탈옥수 수십 명. 경계를 요함'을 비롯해, 그 외 …… 등을 알렸고, 우리들이 죽창과 권총으로 경계하고 있자니, 순회하는 경관은 말리지도 않고 오히려 '수고하십니다'하며 인사하고 다녔다(「도쿄 니치니치신문」 1923년 10월 22일).

가와시마 쓰유는 "머리에 수건을 동여맨 기세등등한 어른들이 '오늘은 여섯 명 해치웠다'라든지 '내가 제일 먼저 나서서 해치웠단 말야' 등등 득의양양하게 이야기하고" 있는 모습을 기록했다(古庄ゆきこ, 27쪽). 경찰이 조선인 학살을 용인했기 때문에 민중 사이에 이런 류의 자랑하는 말들이 생겨난 것이다. 후에 설명하겠지만, 요코하마에서도 "세상이 인정한 떳떳한 살인이니 호탕하게 한번 말이지"라고 말한 남자도 있었다.

조선인 학살은 일반적으로 9월 2일부터 6일까지 간토(관동)지방 일대에서 행해졌다. 단, 도쿄부 미나미카쓰시카군 아라카와(荒川) 방수로의 요쓰기바시(四ッ木橋) 근방에서는 1일 밤 이미 조선인 학살이 행해졌을 가능성도 있다. 앞서 말한 바와 같이, 6일 이후에도 군대가 조선인을 나라시노 수용소로부터 근처의 농민들에게 넘겨주고 그들로 하여금 죽이도록 했다. 이와 같은 대학살이 정부에 의해 그 신빙성이 부여된 유언비어로 말미암아 일어나게 되었으므로, 조선인 학살의 국가 책임은 실로 막중하다.

3. 일본 국가의 조선인 폭동 날조 및 자경단에의 전 학살 책임 전가
9월 5일 이후의 정책 전환

권력 내부에서의 조선인 폭동설에 대한 의혹 부상

내무성 경보국장은 조선인 폭동을 사실이라고 보았지만 그 증거는 발견할 수 없었다. 권력 내부에서도 조선인 폭동의 사실 여부에 대한 의혹의 소리가 나오고 있었던 것 같다.

1923년 9월 2일 제1사단 행동 기록을 보면, 2일 오후에 시나가와, 메구로(目黑), 이케지리(池尻), 시부야(渋谷) 각 방면이나 에비스(恵比寿) 방면으로부터 "불령선인" 습격의 소식이 있어서 정찰병과 소대를 파견했지만, "모두 허보로, 그럴 필요가 전혀 없었음"이라 기록되어 있다. 또한 "선인 폭동"의 설이 특히 많던 도쿄 남서쪽 인접 지역에도 경비 군대를 파견했지만, "나쁜 짓을 하고자 하는 선인의 폭행 여부를 인정하지 않았으므로" 3일 이른 아침에 이는 소문에 지나지 않는다는 사실을 밝히고, 그러한 내용의 안내문을 써 붙였다고 기록되어 있다. 제1사단장은 2일 오후 4시, 수도 내에 있는 각 단대장에게 훈시를 내려, "계획적으로 불령의 행위를 범하려 하고 있다는 형세를 인정하지 않는다"고 단언한 바 있다(도쿄시청, 1926년, 292, 303, 305쪽).

9월 2일 경시청은 산하의 각 경찰서에 대해, "재해를 틈타 방화 및 그 외의 흉악한 행동을 하는 자들이 없도록"이라며 경계할 것을 명하긴 했지만, 검거한 조선인들을 조사해 보아도, "불령선인"의 집단 폭행이라고는 인정할 수 없었기 때문에, 3일 "어제 이후 일부 불령선인의 망동이 있긴 했지만, 지금은 엄중한 경계에 의해 그러한 행동은 흔적도 없이 사라졌고,

선인 대부분은 순량하고, 흉행을 범하는 자는 없어짐"에 따라, 그들에게 박해나 폭행을 가해서는 안 된다는 내용의 급보를 내어 말을 맞추었다(경시청, 30, 32~33쪽).

좀 늦긴 했지만, 도쿄지방재판소 검찰청장 미나미야 지테이(南谷智俤)는, 조선인에 의한 절도류의 경미한 범죄는 있을 수 있겠지만 폭동은 절대 없다며 사태를 극히 정확히 파악하여 그의 견해를 발표했다. 이 발언을 가장 먼저 게재한 것은 9월 9일자 신문이므로, 발언은 8일에 이미 났었을 것이다. 이 발언에 대해서는 동일본 지역의 일부 신문들만이 보도했을 뿐,19) 도쿄나 서일본 지방의 신문은 보도하지 않았으므로 그 영향력은 거의 없었다고 할 수 있다. 하지만 그의 발언 내용은 중요하다. 이 발언 전문을 소개하면 다음과 같다.

이번 대지진을 맞아 불령선인이 제국의 수도에서 함부로 날뛰고 있다는 소문에 대해서는 당국에서도 상당한 경계 조사를 실시하고 있으나, 이는 유언비어에 불과하다. 7일 저녁까지도 그러한 사실은 절대 없었다. 물론 선인 중에는 불량배도 있으나, 그들은 경찰서로 검거해 엄중 취조를 하고 있는 중이고, 또 다소 절도나 그 밖의 다른 범죄자가 있을지도 모르는 일이지만, 유언비어가 말하는 그런 범죄는 절대 없다고 믿는다(「일간 신아키타(日刊新秋田)」1923년 9월 10일자).

19) 미나미야 검찰청장의 견해를 게재한 신문은 필자가 알고 있는 범위에서는 다음과 같다. 9월 9일자 「하코다테(函館)신문」 석간, 「하코다테 일일신문」 석간, 「도오(東奧)일보」, 「이하라키(いはらき)」, 「시모쓰케(下野)신문」, 「니이가타 신문」, 9월 10일자 「홋카이도 타임즈」, 「일간 신아키타(新秋田)」. 그의 견해가 그 외 많은 신문, 특히 도쿄 발행의 신문에 게재되지 않았던 이유는 아마 그의 견해가 정부 관리들 사이에서 반주류 견해였기 때문일 것이다.

이상과 같이, 권력 내부에서도 조선인 폭동설에 대해 나름대로 흔들리고 있었던 것 같다. 그러나 당국이 조선인 폭동설을 유포한 결과, 조선인 학살은 벌써 진행되고 있었다. 이러한 시점에서 이미 조선인 폭동이 없었다고 한다면, 결국 국가는 학살에 대한 책임을 마땅히 지지 않을 수 없게 된다. 긴급한 정책 전환이 필요했다.

정책 전환의 모색

9월 5일, 야마모토 곤베에 내각은 민중에게 내각 유고(告諭) 제2호를 발표해, 불온한 조선인은 군대, 경찰에게 인도할 것을 명함과 동시에, 민중에 의한 린치[私刑]를 금했다. "민중 스스로가 함부로 선인에게 박해를 가하는 것은 본래 일선(日鮮)동화의 근본주의에 어긋날 뿐만 아니라, 온 외국에 보도되어 결코 좋을 것이 없다"라는 것이 그 취지였다(강덕상·금병동, 74쪽). 즉, 민중의 조선인 박해가 조선인에 대한 일본의 동화 정책에 있어서 장해가 되고, 본래 법치국가여야 할 일본이 이 일로 말미암아 외국으로부터 비판을 초래하게 되었으므로 이를 막는다는 것이 그 취지인 셈이다. 민중의 조선인 학살이 식민지 지배 및 일본의 대외관계 면에서 국가를 궁지에 몰아넣을 것이니 그만두어야 한다고 했던 것으로, 결코 인권을 지키려는 입장에서 그렇게 한 것은 아니었다.

도쿄·요코하마 지방의 많은 신문들이 지진과 화재로 일시적으로 발행이 불가능했지만, 이 외 일본 각 지역의 신문들은 빠르게는 9월 2일부터, 대부분은 3~4일부터 조선인 폭동 유언비어를 유포하기 시작했다. 예를 들어 센다이(仙台)에서 발행된 9월 3일자 「가호쿠(河北)신보」 석간을 보면, "위기를 맞은 도쿄, 총살당한 불령선인 이미 수백에 달해", "400명의 불령선인 무리 군대와 충돌, 도쿄 방면으로부터 무리지어 이동 중. 아자부 연병대 구원에 나서"와 같은 기사가 다수 게재되었다. 「후쿠오카(福岡)일일신문」 3일자 제4호외에는 "요코하마 감옥을 탈출해 폭행을 저지르고 있는 ○○(선인) 일대, 백귀야행(百鬼夜行)의 모습을 하고 서쪽으로 진행, 시즈오카 연대 출동", "○○○○(불령선인) 2000명 무리지어 발전소 습격 및 폭행", "보병대와 전투 개시, 잇단 증원대 파견" 등등의 기사가 게재되었다. 내무성 경보국은 5일 지방 장관들에게 이러한 종류의 기사를 금지, 차압할 것을 명령하였다(내무성 경보국, 쪽수 없음). 그 결과, 6일 내지 9일부터는 이러한 종류의 기사를 볼 수 없게 되었다.

아나나 다를까, 9월 5일에는 임시지진구호사무국 경비부에서 각 방면의 정부 관리들이 모였다. 이 회합의 과제는 "선인 문제와 관련하여 당국이 외부에 대해 취해야 할 태도"를 합의, 결정하는 일이었다. 그 합의 결정 내용 첫 번째는 "조선인이 폭행했거나 폭행하려고 했던 사건은 다소 있었지만, 현재는 더 이상 그러한 위험성 없음"이라고 발표하는 일이었다. 즉, 조선인 폭행설을 전면적으로 부정하지는 않을 것을 결정하였다. 국가가 책임져야 할 만한 견해는 발표해서는 안 된다는 것이다. 그렇다고 해도 조선인 폭동의 증거를 갖고 있었던 것은 아니다. 그렇기 때문에 관청의 노력할 바로 "조선인 폭행 또는 폭행하려 했던 사실을 적극 수사해, 가능한 한 긍정하도록 힘쓸 것"을 결정했다. 그러나 그것도 불가능한 것이라는 사실 또한 잘 알고 있었으므로 "풍설을 적극 조사해, 이를 가능한 한 사실로 긍정할 것"을 합의했다. 속이 빤히 들여다보이는 유언비어를 사실이라고 하면 그 정체가 드러날 우려가 있으니, 가능한 범위 안에서만 소문을 사실화 하자는 속셈인 것이다.

"해외 선전에 있어서는, 배후에서 특히 적화(赤化) 일본인 및 적화 선인이 폭행을 선동했다는 사실을 선전하는 데 힘쓸 것"으로 결정했다(강덕상·금병동, 79~80쪽). 공산주의자인 일본인과 조선인이 일반 조선인들을 선동해 폭동을 일으키게 한 것이라 하면, 러시아 혁명의 공포에 떨고 있던 모든 구미 자본주의 국가들이 조선인 학살에 대해서도 어쩔 수 없는 일이었다고 생각해 줄 것임에 틀림없다는 속셈에서 나온 계획인 듯하다. 박열과 가네코 후미코(金子文子)사건[20]은 이러한 정부 방침으로부터 나온 조작된 사건일 것이다(山田昭次, 1996, 148~235쪽).

사법성이 조선인이 저질렀다는 범죄를 날조해서 발표한 것은, 자경단에 의한 조선인 학살사건 관련 신문기사의 보도가 해금된 10월 20일과 때를 같이한다. 사법성은 이 때 다음과 같이 언명했다.

> 현재까지 위에서 행하고 있는 관련 조사에 따르면, 일반 선인은 대부분 선량하다고 보여지나, 일부 불령한 무리가 있어 여러 범죄를 감행했었고, 그 사실이 알려진 결과, 재난의 어려움으로 인해 인심이 불안해 공포와 흥분이 극에 달했던 상태에서, 무고한 선인 또는 내지인을 불령선인으로 오해해, 자기 방위의 목적으로 위해를 가하는 사범이 발생했다(「고쿠민신문」 1923년 10월 21일자).

즉, "불령선인"의 "범행"이 있었으므로, 조선인이 좀 학살되었어도 어쩔 수 없다는 식의 변명을 만들려는 구실로서 "불령선인"의 "범행"이 발표

---

20) 1923년 9월 조선인 학살사건과 관련한 정치범 사건으로, 재일 조선인 무정부주의자 박열과 그 부인 가네코 후미코가 폭탄 입수를 이유로 체포되어, 천황 암살 계획의 범인으로 지목되어 대법원에서 1926년 사형 판결을 받은 대역(大逆) 사건. 이후 무기징역으로 감형되었으나, 가네코는 옥중 자살하고 박열은 전후 석방되어 북한에서 사망함—역자주.

되었던 것이다.

[표 3-1]은 사법성 발표에 따른 조선인의 "범행"에 대한 신빙성 분석표다. 이 표로부터 알 수 있는 사실을 정리하면 다음과 같다.

먼저 표에서 ①~③번 란에 속한 이들은 그 이름이나 소재가 밝혀지지 않았거나 도망·사망한 자로, 범죄의 증거가 남아있지 않은 자들이다. 그 수는 약 120명으로, 사법성에 의해 범죄자로 취급된 총 수 140명의 86%나 점하고 있다.

두 번째로 ④번 란에 속한 세 명은 조사, 예심, 공판 중에 있던 이들이므로, 용의자이긴 해도 범인이라 확정할 수는 없다. [표 3-1]의 주에 기록되어 있듯이, 오해모(吳海模)는 11월 3일 도쿄 지방 재판소로부터 폭발물 소지를 이유로 징역 1년의 판결을 언도받았지만, 폭발물 소지와 폭동의 관계는 증거 불충분으로 처리되어 있다. 따라서 이를 폭동을 일으키려한 범인으로 보는 것은 불가능하다.

세 번째로 ⑤번 란에 속한 이들은 절도, 횡령, 내장 운반의 범죄를 행한 자들로 합이 16명이다. 건수는 15건 뿐이다. 도쿄 구(區)재판소가 1923년 9월 1일부터 11월 30일까지 접수한 절도 건수는 모두 4404건에 달한다(「호리쓰(法律)신문」 1923년 12월 25일자).

지진으로 인해 의료 및 식량이 부족하여 절도를 범한 자가 많았을 것이다. 이렇게 많은 각종 절도 사범이었음에도 불구하고, 조선인이라는 이유만으로 그들의 경우를 특히 주시한다는 것은 편견이라고밖에 할 수 없다. 게다가 이러한 종류의 범죄에 정치성은 없다. 이것도 조선인 폭동의 증거로 삼기에는 무리가 있다.

[표 3-1] 사법성 조사에 따른 관동대지진 당시 조선인에 의한 '범행'의 신빙성 분석표

사건의 증거에 대한 신빙성 정도	죄명	건수	명수
① 용의자 이름 불명	유언비어	2	2
	방화	1	1
	협박	1	30
	강간	1	1
	강도	1	15~16
	상해	1	1
	공무 집행 방해 · 상해	1	1
	강도 · 상해	1	3
	살인 예비(予備)	1	1
	방화 · 살인 미수	1	5
	살인	1	1
	강간 · 살인	1	4
	교량 파괴	1	1
	폭발물 취급법 위반	2	2
	절도	3	16여
	독살 예비	1	1
	소계	20	85~86
② 30명 정도의 집단 사건. 한 명을 제외한 나머지 이름 불명, 성명이 판명된 한 사람도 소재는 불명	강도	1	약 30
	소계	1	약 30
③ 용의자 성명은 판명되었으나 소재 불명, 도망, 사망 등	강도 · 강간	1	1
	살인 미수	2	3
	소계	3	4
①~③의 합계		24	119~120
④ 사건을 일으켰다고 보여지는 용의자는 조사(정희영), 예심(오해모), 공판(변봉도) 중. 즉, 그들의 죄상은 미확정	강도(정희영)	1	1
	폭발물 취급법 위반(오해모)*	1	1
	폭발물 취급법 위반(변봉도)	1	1
	소계	3	3
⑤ 용의자 이름은 알려졌으나, 도망이나 소재 불명으로 처리된 사건은 기록하지 않음. 용의자를 검거하고 있던 단계로 보임	절도	11	11
	횡령	1	1
	절도 · 횡령	2	2
	장물(贓物, 내장) 운반	1	2
	소계	15	16
총 합계		42	138~139

출전:「사법성 지진 후 형사 사범 및 관련 사항 조사서」(강덕상 · 금병동, 420~432쪽).
　　　원문에 기재된 용의자 이름이 "자칭 김모"나 "자칭 이왕원"으로 기록되어 있는 것은 표에서 ①로 분류함. 명수가 정확하게 기록되어 있지 않은 경우는 총 합에서 제외함.

주: 오해모는 1923년 9월 2일 다이너마이트 11자루, 뇌관 5개를 가지고 아라카와 방수로 부근을 배회하고 있었다는 이유로 폭발물 취급 규칙 위반 용의로 기소되어, 11월 3일 도쿄지방재판소에서 징역 1년의 판결을 언도받았다. 이 판결을 보도한 11월 4일자(3일 석간)의 「도쿄 아사히신문」은 "본 사건은 원래 폭발물로 범인이 해를 가하고자 하는 의도가 있었다고 인정되어 기소되긴 했지만, 위해 의도 등과 관련한 충분한 증거가 없으므로 단순 폭발물취급규칙 위반으로 이 같은 판결이 내려졌다"라고 보도하고 있다. 따라서 오씨를 소위 조선인 폭동의 증거로는 삼을 수 없다.

요컨대 사법성이 말하는 조선인의 폭동이나 "범죄"는 일본 국가의 조선인 학살책임을 면하고자 억지로 조작해 날조한 결과였다는 것이다. 10월 23일자 「다카오카(高岡)신문」의 사설은 "선인들 스스로가 불러일으킨 박해며, 죄는 오히려 그들 자신에게 있다"고 논했다. 필자가 살펴본 범위 내에서는 이런 종류의 견해를 발표한 신문이 22종에 달한다.[21] 수많은 신문들이 어린 애들을 속이는 식으로 사법성이 발표한 감언이설에 놀아나고 만 것이다.

그러나 동양경제신보사의 이시바시 단잔(石橋湛山)[22]은 역시 그답게 이러한 사법성 발표에 대해 다음과 같이 통렬히 비판했다.

> 당국의 발표에 따르면, 거의 모두가 풍설처럼 대부분이 성명 미상이고, 간혹 그 이름이 알려진 경우에도 아직 체포되지 않은 상태다. 따라서 그 범인이 선인이었는지, 내지인이었는지조차도 알 수 없는 상태다(「동양경제신보(東洋経済新報)」 1923년 10월 27일, 금병동, 1996a, 109쪽).

21) 「다카오카신문」과 마찬가지로 사법성 발표에 놀아난 신문은 내가 조사한 범위 내에서는 다음과 같다. 「무로란(室蘭) 마이니치신문」 1923년 10월 24일자; 「도오쿠일보」 1923년 10월 22일자; 「와카테(若手)일보」 1923년 10월 22일자; 「가호쿠신문」 1923년 10월 21일자; 「쇼나이(庄内)신보」 1923년 10월 24일자; 「후쿠시마(福島)민보」 1923년 10월 23일자; 「후쿠시마 민유(民友)신문」 1923년 10월 21일자 석간; 「조모(上毛)신문」 1923년 10월 22일자; 「야마나시(山梨) 일일신문」 1923년 10월 22일자; 「시나노(信濃) 마이니치신문」 1923년 10월 22일자; 「니이가타신문」 1923년 10월 21일자 석간; 「니이가타 마이니치신문」 1923년 10월 21일자 석간; 「산요(参陽)신보」 1923년 10월 23일자; 「산요(山陽)신보」 1923년 10월 22일자; 「산인(山陰)신문」 1923년 10월 22일자; 「인파쿠(因伯)시보」 1923년 10월 22일자; 「바칸(馬関) 마이니치신문」 1923년 10월 21일자 석간; 「나가사키(長崎)신문」 1923년 10월 22일자; 「오이타(大分)신문」 1923년 10월 21일자 석간; 「닛슈(日州)신문」 1923년 10월 25일자 석간.

22) 1884~1973. 자유민주주의 및 반군벌, 반국가, 반제국주의를 주창한 경제평론가, 언론인, 정치가—역자주.

후세 다쓰지 또한 『일본변호사협회록사』(1924년 9월)에 「선인 소요 조사」를 게재해, "당국이 발표한 흉악한 선인의 폭행·협박·방화·강간이라는 것은 그 피해자 이름도, 피고 이름도 알 수 없는 유언비어 그 자체로, 죽은 자로 말할 입이 없는 피해자들에게 오히려 한 번 더 채찍질을 가하고 있는 셈이 아닌가 의심해보지 않으면 안 된다"라고 비판했다(강덕상·금병동, 588쪽). 그러나 이시바시나 후세와 같은 비판의 시각을 가진 이들은 소수에 지나지 않았다.

조선인을 학살한 자경단원 재판이 갖는 정치적 의미

조선인 폭동 사실 날조가 일본 국가의 책임을 면하기 위한 첫 번째 수단이었다고 한다면, 조선인을 학살한 자경단원 일부를 형식적으로 재판에 부쳐 법치국가로서의 책임을 다한 것처럼 보이게 한 것은 국가책임을 면하기 위한 제2의 수단이었다.

임시 지진 구호 사무국 경비부 사법위원회는 9월 11일 자경단 검거의 방침에 대해 다음과 같이 정하였다.

> 1. 이번 재난을 맞이하여 일어났던 상하이 사건은 사법상 방임할 수 없는 성격의 것이다. 이를 규탄할 필요가 있다는 것은 각의에서 이미 결정된 바나, 정상을 참작해야 할 점 또한 적지 않으므로, 소동에 가담한 전원을 검거하는 것이 아니라 검거 범위를 그 가담 정도가 현저했던 자로 한정한다.
> 2. 경찰권에 반항했던 자에 대한 검거는 엄중히 실시한다……
> (『관동계엄사령부 상보(関東戒厳司令部詳報)』 제1권, 松尾章一, 154쪽)

이 방침을 살펴보면, 자경단을 검거하기는 하지만 조선인 살상에 참가한 자경단원 전원에 대한 검거는 애초부터 포기하고 있다는 사실을 알 수 있다. 이유는 정상참작할 부분이 적지 않다는 것이다. 만일 정부가 자경단원을 철저히 검거한다고 하면, 오히려 유언비어 유포에 대한 당국의 책임을 자경단이 강력히 추궁할 것임에 틀림없다. 사실, 10월 하순에 관청의 유언비어 유포 책임은 방치한 채 자경단원만 검거하는 것에 대해 항의하며 관동자경동맹이 결성되었고, 곧 자경단의 면죄를 요구하는 활동들을 전개하기 시작했다. 이 점은 4장 2절에서 설명하겠다.

이러한 위험이 있다는 사실을 알고 있었음에도 불구하고, 당국이 마지못해나마 자경단원을 검거하기로 결정한 이유는 무엇일까. 그 이유는 설령 조선인을 학살했던 자경단원에 대한 형식적인 법적 처리라고는 해도 법치국가로서의 책임을 다한 듯한 모양새를 내게 되므로, 식민지 지배에 대한 저항을 완화시키고 또한 조선인 학살에 대한 많은 외국으로부터의 국제적 비판을 막을 수 있다는 속셈이 있었기 때문일 것이다. 정부는 조선인이 폭동을 일으키려했다고 오인한 결과 조선인 학살을 일으키게 한 국가의 책임을 이런 식으로 면책하려 했던 것이었다. 조선인 폭동을 날조함과 동시에 일부 자경단원에 대해 형식적으로 재판을 거행함으로써, 조선인 학살에 대한 국가 책임을 은폐하고자 노력했다는 것이다.

조선인을 학살했던 자경단원의 검거는, 요시카와 미쓰사다(吉川光貞)의 『관동대지진의 치안 회고(関東大震災の治安回顧)』(법무성 특별심사국, 1949년)에 의하면, 사이타마현에서는 9월 19일부터, 지바현에서는 9월 20일부터 27일까지, 도쿄부에서는 10월 1일부터 약 30일간 행해졌다(225~227쪽). 단 「관동계엄사령부 상보」는 도쿄부에서의 검거 시작 날짜를 동월 2일로 기록하고 있다(松尾章一, 155쪽).

이 시기가 되면 "빈번히 속출하는 난폭 자경단", "아자부 야마모토초 삼

푸쿠(麻布 山元町 待合 三福)의 가게 주인을 일본도로 중상 입혀 후루카와강(古川)에 던져 살해. 범인은 모 장사(壯士)를 중심으로 한 자경단", "○○(선인) 학살한 요코하마 자경단 체포, 가와사키 경찰서에서도 중범 두 명" (「요미우리신문」 1923년 10월 17일자)과 같은 신문 기사가 빈번히 등장했다. 이당시 신문에는 "악한 자경단", "폭행 자경단", "불량 자경단"이라는 용어가 유행했다. 신문은 자경단에게만 학살 책임을 지우려 하는 일본 국가의 정책을 따랐다. 이는 민중의 관심을 조선인을 학살했던 자경단의 법적 처리로 돌려, 국가 책임에는 주의를 기울이지 못하도록 하는 효과를 낳게 했다.

이러한 재판의 판결이 실제 어떠했는지를 보이고 있는 것이 조선인 학살사건, 일본인 학살 사건에 대한 각종 판결을 정리한 [표 3-2]다. 필자는 판결서와 신문 기사에 의거해, 구(區)재판소 판결 2건, 지방재판소 판결 55건, 도쿄항소법원 판결 17건, 대심원 판결 4건에 대한 결과를 수집했다. 이 중에서 상해 사건을 제외한 살해 사건에 대한 지방 재판소 판결만을 정리한 것이 [표 3-2]다.

이 표로부터 알 수 있는 사실은 다음과 같다.

첫 번째로 경찰이 수용하고 있던 조선인을 습격하여 살해한 사건, 즉 [표 3-2]의 ①에 속하는 후지오카 사건(경찰서 습격 및 조선인 학살), 구라가노 사건(순사 주재소 습격 및 조선인 학살), 혼조 사건(경찰서 습격 및 조선인 학살), 진보하라 사건(경찰 트럭 습격 및 조선인 학살), 요리이 사건(경찰 분서(分署) 습격 및 조선인 학살)의 경우, 1심에서 실형 판결을 받은 피고의 비율(이하 실형율)이 높아 47.1%에 이른다. 이는 경찰에 반항한 자에 대해서는 엄벌에 처한다는 임시지진구호사무국경비부 사법위원회의 방침이 재판에서 관철되었음을 보여준다.

[표 3-2] 관동대지진 당시 조선인과 일본인 학살 사건에 대한 제1심 판결의 분석표

사건의 형태	① 경찰습격 및 조선인학살	② 조선인학살	③ 일본인학살
건수	5건	17건	16건
실형—징역 5년 이상	2명		2명
—징역 4년 이상	5명		1명
—징역 3년 이상	6명	2명	12명
—징역 2년 이상	15명	5명	30명
—징역 1년 이상	17명	9명	9명
—징역 반년 이상	3명		
A. 소계	48명	16명	54명
B. 집행유예	54명	81명	37명
C. (=A+B)	102명	97명	91명
실형을 받은 비율(A/C)	47.1%	16.5%	59.3%
무죄 판결 피고	4명	5명	

사건: ① 〈군마현〉 후지오카 사건, 구라가노 사건, 〈사이타마현〉 혼조 사건, 진보하라 사건, 요
리이 사건.
② 〈도쿄부〉 하나하타무라(花畑村) 사건, 니시아라이무라 요노도오리(西新井村 与野通
り) 사건, 스가모마치 미야시타(巣鴨町 宮下) 사건, 아라카와 방수로 사건(1), 아라카와 방
수로 사건(2), 아즈마초 우케지(吾嬬町 請地) 사건, 〈사이타마현〉 구마가야 사건, 가타야
나기 사건, 〈지바현〉 나가레야마마치(流山町) 사건, 아비코마치(我孫子町) 사건, 나메가
와마치(滑川町) 사건, 〈도치기현〉 마마다(間々田)역 사건, 이시바시(石橋)역 사건, 고가네
이(小金井)역 사건, 〈가나가와현〉 쓰루미초(鶴見町) 사건, 요코하마 공원 사건.
③ 〈도쿄부〉 고호쿠무라(江北村) 사건, 오이마치 미나미하마카와(大井町 南浜川) 사건,
시나가와 료시초(漁師町) 사건, 아즈마초 가사이가와(葛西川) 사건, 요쓰야 덴마초(四ッ谷
伝馬町) 사건, 나가타초(永田町) 사건, 신야초(新谷町) 사건, 〈사이타마현〉 메누마 사건,
〈지바현〉 후쿠다무라(福田) 사건, 미나미교토쿠(南行德) 사건, 산가와무라(三川村) 사건,
〈군마현〉 다카사키(高崎)역 사건, 하치만(八幡村)무라 사건, 〈도치기현〉 이에나카무라
(家中村) 사건, 〈이바라키현〉 가타오자키무라(嘉田生崎村) 사건, 〈후쿠시마(福島)현〉 니
시코무라(西郷村) 사건(메누마 사건, 후쿠다무라 사건은 자경단이 상대를 일본인이라는
것을 알면서 살해한 사건. 그 외는 상대를 조선인이라 오해해서 살해한 사건).
출전: 후지오카 사건과 사이타마현의 모든 사건은 판결서에 의함. 그 외는 신문에 의함. 자세한
정보는 료쿠인 서방(綠蔭書房)에서 간행된 야마다 쇼지 편『조선인 학살에 관한 신문 보도
사료(朝鮮人虐殺に関する新聞報道史料)』별권 내「관동대지진 당시의 조선인 학살사건
관계 판결 일람」및 해설을 참조하기 바람.

앞서 말한 바와 같이, 후지오카에서는 9월 5일 밤 무리가 후지오카 경찰서에 침입해 조선인 16명을 살해하고, 다음날 6일 밤에도 또다시 무리지어 서 내로 침입, 조선인 한 사람을 죽였는데 이날은 주로 서 내 기물을 파기했다. 11월 5일 마에바시(前橋) 지방재판소의 후지오카 사건 법정에서 가시다(樫田) 검사는 이틀째 있었던 경찰 습격 및 서 내 기물 파손을 첫날의 조선인 학살보다 더 중시하여 다음과 같이 말하고 피고를 탄핵했다.

피고가 5일 밤 소동을 부린 것은 유언비어를 믿고 열광한 나머지 그랬던 것이라고 어느 정도 이해하겠지만, 6일 밤에 또다시 소동을 부린 것은 어찌된 것인가. 경찰을 공격해 파괴하고, 관사와 서 내에 침입해 서류장, 책상, 의자를 비롯한 각종 장부들을 마구 꺼내 엎어 부수고 방화하는 행동 등은 어떤 연유에서인가. 선인은 그렇다치더라도, 경찰에 무슨 유감이 있는가. 무엇을 의미하는 것인가. 이는 곧 평소부터 경찰에게 호의를 갖고 있지 않았다는 것이 아닌가 …… 이러한 점에서, 5일의 소동보다 6일의 사건이 더 심각하다고 보는 바다(「조모신문」 1923년 11월 6일자).

가시다 검사는 경찰을 습격한 자들은 엄하게 처리한다던 사법위원회의 방침을 충실히 대변하고 있었던 것이다.

두 번째로 [표 3-2]의 ② 조선인 학살사건의 경우, 실형 판결을 받은 피고의 비율이 낮아, 겨우 16.5%에 지나지 않았다. 즉, 대부분의 피고는 집행유예로 마무리 지어졌다. 검사도 조선인 학살의 실태를 검증할 생각은 없었다. 혼조 경찰서의 순사였던 아라이 겐지로(新井賢次郎)는 우라와 지방재판소 혼조 사건 법정에 증인으로 소환되었지만, "검사는 학살의 상황 등에 관한 것은 피하는 듯했고, 처음부터 끝까지 사건 현장에 있었던 내게 아무것도 묻지 않았다"고 회상했다(관동대지진 60주년 조선인희생자 조사·추도실행위원회, 103쪽). 조선인 학살은 정상을 참작하겠다고 한 사법위원회의 방침이 재판에서 관철되었음을 보이고 있다.

세 번째로 [표 3-2]의 ③ 일본인을 학살한 사건의 실형률은 가장 높은 59.3%다. 항소심까지 싸웠던 사례 9건을 정리한 표가 다음의 [표 3-3]이다. 항소심 판결에서 조선인을 학살한 피고와 일본인을 학살한 피고는 모두 다 집행유예를 받았고, 경찰을 습격해 조선인을 학살한 피고만이 전원 집행유예로 끝나지 않고 그 중 세 명은 실형을 언도받았다. 이것도 경찰 습격을 중시한 결과를 나타내고 있다.

대심원까지 싸웠던 4건을 정리한 것이 다음의 [표 3-4]다. 이에 따르면, 경찰 습격 및 조선인 학살사건 두 건의 경우에도, 조선인 학살사건 1건에 있어서도, 상고심 판결에서 실형 판결을 언도 받았던 피고수는 각각 한 명 내지 세 명 정도가 줄었다.

후쿠다무라 사건이란, 지바현 히가시카쓰시카군(東葛飾郡) 후쿠다무라 및 인근 마을인 다나카무라(田中村) 자경단이 후쿠다무라 미쓰보리(三ッ堀)에서 가가와현(香川県)의 약장수 일행 15명 중 9명을 참살한 사건이다. 이 사건의 피고는 항소심 판결에서 8명 중 단 한명이 집행유예를 받았을 뿐, 상고심에서는 한명도 집행유예로 되지 않고 7명이 실형을 언도 받아, 이 중 가장 무거운 형을 받은 두 명은 징역 10년에 처해졌다. 이 사건은 어린이 세 명까지 학살한 잔혹한 사건이었다.

그러나 구마가야에서 죽임을 당한 조선인 중에는 "부인, 어린이도 있었다"든지 "여자가 많은 편이었다"라는 증언이 있다(관동대지진 60주년 조선인희생자 조사 · 추도실행위원회, 70, 72쪽). 그 잔혹함에는 아무 차이가 없다. 하지만 구마가야 사건은 피고 35명 중 34명이 집행유예가 되었고, 나머지 1명은 징역 2년을 언도받았다. 또 후지오카 사건, 요리이 사건의

[표 3-3] 항소에 의한 판결의 변화

사건 형태	경찰습격·조선인학살	조선인학살	일본인학살
건수	2건	2건	5건
제1심 실형판결	19명	5명	17명
집행유예	31명	3명	14명
무죄	1명		
합계	51명	8명	31명
항소심 실형판결	3명		
집행유예	16명	5명	17명
무죄			
합계	19명	5명	17명

사건: ① 〈사이타마현〉 혼조 사건, 진보하라 사건
② 〈지바현〉 지바시 사건, 〈도치기현〉 이시바시역 사건
③ 〈도쿄부〉 나가타초 사건, 오이마치 미나미하마카와 사건, 〈사이타마현〉 메누마 사건, 〈지바현〉 산가와무라 사건, 〈군마현〉 하치만무라 사건(지바시 사건은 1심에서 피고가 실형 판결을 받은 것은 판명되었으나, 형량이 불분명하므로 [표 3-3]에는 포함시키지 않았음).
출전: 혼조 사건, 진보하라 사건은 판결서에 의함. 그 외는 신문에 의함. 자세한 것은 료쿠인 쇼보에서 간행된 야마다 쇼지 편, 『조선인 학살에 관한 신문보도 사료』 별권 내 「관동대지진 당시의 조선인 학살사건 관계 판결일람」과 그 해설 참조.

[표 3-4] 항소·상소에 의한 판결의 변화

사건 형태	경찰습격·조선인학살	경찰습격·조선인학살	조선인학살	일본인학살
사건 명칭	후지오카 사건	요리이 사건	구마가야 사건	후쿠다무라 사건
사건 연월일	1923.9.5~6.	1923.9.6.	1923.9.4.	1923.9.6.
1심 실형판결	25명	3명	3명	8명
집행유예	11명	9	32명	
무죄	1명	1명		
합계	37명	13명	35명	8명
판결일	1923.11.14.	1923.11.26.	1923.11.26.	1923.12.(추정)
항소심 실형판결	11명	3명	1명	7명
집행유예	14명		2명	1명
무죄				
합계	25명	3명	3명	8명
판결일	1924.4.30.	1924.4.22	1924.3.10	1924.4.30
상고심 실형판결	2명	상고기각 3명	상고기각 1명	7명
집행유예	7명			
무죄				
합계	9명	3명	1명	7명
최고형	징역 3년	징역 3년	징역 2년	징역 10년
판결일	1924.5.30.	1924.4.22.	1924.5.26.	1924.8.29.

출전: 후지오카 사건, 요리이 사건, 구마가야 사건은 판결서에 의함. 후쿠다무라 사건은 「호리쓰신문」 1924년 5월 15일자, 「도쿄 니치니치신문」 1924년 5월 15일자 보소판(보소: 지바현의 옛 이름—역자주), 「주오(中央)신문」 1924년 4월 30일자 석간, 「미야코(都)신문」 1924년 5월 1일자, 「도쿄 니치니치신문」 1924년 9월 6일자 보소판에 의함.

피고는 최고형이 3년이었다. 조선인을 학살한 피고의 형량은 후쿠다무라 사건의 피고의 그것과 비교해 너무나 가벼웠다.

　재판의 문제점은 여기에 머물지 않는다. 이 재판들은 조선인 학살사건에 관여했던 정부의 책임이 드러나지 않는 방식으로 진행되었다. 앞에서 말한 바와 같이, 우라와 지방재판소는 사이타마현 내무부장이 자경단 결성을 명했다는 사실은 인정했다. 그러나 인정한 내용은 거기까지로, 고사카의 지령이 내무성의 지령에 근거하고 있었다는 사실은 감추었다. 우라와 지방재판소 판결서에는, 고사카가 어쩔 수 없는 상황하에 그의 개인적 판단에 따라 자경단 결성의 지령을 내렸던 것으로 해두었다. 예를 들어 혼조 사건의 판결서를 보면 다음과 같이 쓰여 있다.

　　이들 불령선인이 본 지방에 침입해왔다는 유언비어가 대대적으로 알려졌는데, 당시 현 당국자에게 있어서는 재난 발생 지역과의 교통 및 통신이 마비되어 거의 두절 상태였기 때문에, 이와 같은 풍설의 진위를 확인할 여유도 없이 순식간에 만일의 경우를 대비해, 경찰력이 불충분함을 고려하여 같은 달 2일 밤, 관할 군청을 통해 관내 각 마을 사무소에 …… 자경의 방법을 강구하라는 뜻의 통첩을 발송하고…….

　진보하라 사건, 구마가야 사건, 요리이 사건, 가타야나기 사건, 메누마 사건의 판결서에도 역시 같은 식으로 기록되어 있다.

　10월 23일 우라와 지방재판소 구마가야 사건 법정에서 변호사는, 고사카와 그의 상담 역할을 했던 도모베(友部) 경찰부장을 증인으로 소환할 것을 요구했지만, 이 요구는 보류되었고, 이윽고 11월 1일에 이르러 이들의 소환 요청은 기각되었다(「도쿄 니치니치신문」 1923년 10월 24일자, 1923년 11월 3일자 사이타마판). 그 이유는 두 사람 모두 재판에 나오게 되면, 이첩의 발생

원이 내무성이라는 사실이 폭로될까 두려워했기 때문이라 생각된다.

마에바시 지방재판소의 후지오카 사건 법정에서도, 검사는 지방관리들을 증인으로 소환하기를 거부했다. 11월 5일 후지오카 사건 법정에서 변호사는 군마현 다노군(多野郡)의 군수가 조선인에 대해 경계할 것을 명하며 각 마을 자치단체장 앞으로 보냈던 지령서류를 제출했고, 또 후지오카 경찰서장 대리였던 고미야(小宮) 순사부장이 청년단, 소방단, 재향군인회에 죽을힘을 다해 경찰을 도와달라는 내용의 훈시를 내렸던 사실을 들어, 다노군 군수 및 후지오카 경찰서장을 증인으로 소환할 것을 요구했다. 가시다 검사는 이에 대해 "관변에서 그러한 공고가 났었다는 사실은 본 담당자도 인정하고 있고"라고 하며 소환 요청을 거부했고, 또한 "피고들이 관변의 공고, 그리고 뒤이어서는 도쿄 방면에서 온 사람들의 말을 듣고서 자경의 필요가 있다고 여긴 것으로, 이 점은 참작할만하다"고 말했다(「조모신문」 1923년 11월 6일자). 여기에서도 지방관리의 책임을 인정해 피고에 대해 정상참작을 약속했고, 이를 군수, 경찰서장의 소환을 대신해 그 증인 요청을 거부함으로써, 내무성의 책임이 명백해질 가능성을 없애버렸다.

이바라키현 마카베군(真壁郡) 가타오자키무라에서는 9월 5일 동 마을의 자경단원이 일본인 한 사람을 조선인으로 오인해 살해하는 사건이 발생했다. 이 해 12월 21일에 열린 미토(水戸) 지방재판소 시모쓰마(下妻) 지부의 법정에서 변호사는, 자경단에게 흉기 휴대를 명했던 시모다테(下館) 경찰서장을 증인으로 소환할 것을 요구했지만, 재판소는 이 요구를 거부했다(『이하라키(いはらき)』 1923년 12월 23일). 이것도 경찰서장에게 자경단 결성을 지령했던 현 당국, 그리고 현에 조선인 단속을 명령했던 내

무성의 책임이 명백해지는 것을 두려워하여 취한 조치였을 것이다.

이 재판에서 조선인을 학살했던 피고 대부분은 집행유예를 선고받았다. 지방재판소의 재판에서 중시한 것은 경찰을 습격해 조선인을 학살했던 피고와 일본인을 학살했던 피고로, 이러한 경우 반수 정도의 피고가 실형을 언도받았다. 게다가 항소, 상고를 하게 되면 일본인을 학살한 피고는 별도로 치더라도, 조선인을 학살한 피고의 경우는 실형으로 언도받았던 형량이 크게 감소되었다. 요컨대 조선인의 생명은 경시되었다는 것이다. 관청의 관리들을 증인으로 소환하기를 거부했고, 관리들의 조선인 학살사건에 대한 책임은 적극적으로 은폐했다. 즉, 이 재판은 조선인 학살의 죄를 다스리는 것처럼 보일지도 모르나, 실제로 그것은 일본 국가가 져야할 책임을 회피해 자기 보호를 꾀했던 것에 지나지 않았다.

1923년 11월 25일자 「도쿄 아사히신문」에 따르면, "선우(鮮友)협회로 알려져 있던 한 단체는 일본에서 지진 가운데 500명의 선인이 당국의 묵인하에 학살되었다고 진술한 내용을 미 국무성 관료 휴즈 씨 앞으로 보냈다". 조선총독부 외사과(外事科) 문서 「관동대지진 당시의 조선인 문제」에 따르면, 국무성에 항의서를 전한 것은 "미국 필라델피아시의 조선 친우 연합 회장이자 성공회 목사인 S. W. 톰킨스라고 한다(강덕상·금병동, 458쪽). 이 날 「도쿄 아사히신문」은, 주미 일본 대사관이 "이번 지진에 이삼백명의 선인이 살해당했고, 이 때문에 550명가량이 그 당시 빈번히 일어났던 소요죄로 재판에 회부되었다는 사실에 주의를 환기시키고, "당국의 교시 또는 묵인하에 그러한 학살이 행해졌다는 비난은 실로 상상도 할 수 없는 바"라고 발표했다고 전했다. 이 사건은 실로 재판을 행한 속셈이 어디에 있었는지를 명백히 드러내는 것이었다. 일부 자경단원을 형식적으로 재판에 내거는 것으로, 가해자의 법적 처분이 끝난 듯한 겉모양을 만들어내고, 외국으로부터의 비판을 피하려했던 것이었다.

그러나 이와 같은 재판으로는 도저히 조선인을 납득시킬 수 없었다. 1923년 11월 26일, 우라와 지방재판소는 조선인을 학살한 진보하라, 혼조, 구마가야, 요리이, 가타야나기에서의 다섯 사건 및 일본인을 학살한 메누마 사건에 대해 판결을 내렸다. 11월 30일자 「동아일보」는 우라와 지방재판소 판결에 항의하여 "조선인 참살 자경단원 121명 중 실형을 받은 자는 겨우 18명 …… 소위 엄중하다던 사법권의 권위는 어디에 있단 말인가"라고 논하였다.

4장

민중 의식과 자경단

1. 자경단의 성립

네 가지 방식의 자경단 성립

도쿄시 고이시카와구 히가시아오야기초(小石川区 東青柳町)에 살고 있던 역사가 기다 사다키치(喜田貞吉, 1871~1939)는, 대지진 이튿날인 1923년 9월 2일 일기에 다음과 같이 적고 있다.

> 날은 샜지만 화재는 여전히 계속되고 있다. 누가 그런 말을 시작했는지는 모르지만, 이 화재는 꼭 지진 때문만이 아니라 불령한 무리의 소행이라는 소문이 있다. 거리거리 골목마다 불조심 안내문과 함께 방화 경계의 선전문이 나붙었다. 나중에는 ○○(경찰)명으로, '방화하려는 무뢰한이 있다는 소문이 있으므로 각자 경계를 엄중히 하고, 검거를 위해 적극 보조해주기 바란다'는 내용의 주의보마저도 눈에 띄었다. 시민의 흥분은 극에 달했다. 누가 이끈다 할 것도 없이 서로 단단히 지키려고 저마다 곤봉에 죽창 같은 것을 들고 나간다. 물론 나 자신도 그 중 하나다(喜田貞吉, 252쪽).

이는 경찰의 보증까지 붙은 유언비어를 듣고, 자연발생적으로 자경단이 조직되었음을 보여주는 자경단 결성 방식의 그 첫 번째다. 편의상 제1의 방식이라고 하자.

이와는 좀 다른 제2의 방식도 있었다. 도쿄시 우시고메구 주산카초(牛込区 十三ヶ町)에 살고 있던 요코이 하루노(横井春野)는 다음과 같이 회상했다.

> 대지진이 계속되고 불난리가 났기 때문에, 화재를 당하지 않은 사람들도 전전긍긍하며 극도로 흥분해 있었다. 우시고메, 요쓰야, 고이시카와 방면 사람들은 '오늘밤쯤 북새통에 도둑이 횡행할지 모른다', '방화가 있지나 않을까' 하며 걱정했다. 어느 집이나 다 가족이 전부 집 밖으로 나와 피난하고 있었다. 이런 식으로 도적이 날뛰는 것이나 방화나 다 상상하기 어려운 것이 아니었다. 그래서 예기치 않게 자원자들이 마을 입구에 나가 경계 보초를 서는 임무를 맡았다. 초회(町會)나 청년단이 결성되어 있던 마을에서는 그 간부들이 야경을 서도록 권장했지만, 그러한 기관이 아예 없었던 곳에서는 아무 공고 같은 것이 없었기 때문에 자발적으로 이러한 조직과 임무가 생겨나게 되었던 것이었다.
>
> 1일 밤은 단순히 야경을 설 뿐이었지만, 2일 아침이 되자 ○○○○(불령선인)의 행동에 관한 여러 가지 유언비어가 세를 더해갔다. 이 이후에는 각 마을에서 초내 입구에 임시 검문소를 만들게 되었다. 지나가는 이들을 검문하고 의심이 가는 이들은 잡으려는 것이었다(横井春野, 119~120쪽).

이는 야경단으로 출발했던 것이 조선인 폭동 소문을 듣고서 앞서 말한 제1의 자경단 구성 방식으로 변해간 제2의 자경단 성립 방식이다.

제3의 방식은, 관동대지진 발생 수년 전에 경찰의 하청 조직으로서 초회와 마을 단위로 결성된 '안전 조합'이나 '안보 조합'과 같은 단체가 자경단을 구성하게 된 경우다. 도쿄시 시나가와 경찰서 관내의 예를 보자.

다이쇼10년(1921년) 1월, 당시 시나가와 경찰서의 서장이던 후쿠시마 슌사쿠(福島俊作) 씨의 발안에 의해, 전(前) 시나가와시, 오사키(大崎), 오이(大井)의 각 마을 내 조나이카이(町內会)를[23] 중심으로 하여 안전 조합이 조직되었다. 초회와 중첩하여 조직한 후, 그 회장을 조합장으로 하고, 초나이카이를 각 가정의 위치를 기초로 하여 몇 부로 나눈 다음, 여기에 각 부장을 두고 부원 간 매일 당번을 정해 교대하는 방식으로 하여 수시로 부 내에서 발생하는 범죄, 재해, 각종 위험 등 일상에서 발행하는 경계 사항을 경찰과 연락하여 보안·방비하는 관민 공동 작업이었다 …… 이 제도는 비용을 요하지는 않았지만, 대부분을 초회가 부담하고 있었다. 가장 위력을 발휘했던 때는 다이쇼 12년의 대지진 속에서 치안 부재 상태에 빠져있을 때였다. 경비 체제가 정연하게 그 자리에서 만들어질 수 있었다(相川常松, 35~36쪽).

마을을 단위로 하여 보안 조합이 만들어진 경우는 이와 좀 다른 점을 보이고 있는데, 사이타마현 가미네무라(神根村, 현 가와사키시(川崎市))의 "가미네무라 보안 조합 규약"을 예로 들어보자.

이 규약을 제정한 연도는 불분명하지만, 전술한 예와 비슷한 무렵일 것이다. "규약"은 보안 조합의 목적으로서, "조합원의 자기방위 정신에 근거해 경찰관과 협력하여 마을 내 안녕을 유지하고 범죄를 미연에 방지할 것을 그 목적으로 한다"고 규정하고 있다. 조합장은 무라의 촌장, 부장은 구장, 구장 대리, 소방 조직 리더, 재향군인회 회장, 청년단장으로 충당하는 것으로 되어있다.

요약하자면, 보안 조합의 간부는 마을 내 유력자들이다. 조합원의 준수 사항으로는 범죄와 그에 따른 피해에 대한 신고, 경관의 임검까지의 범

23) 반상회와 유사한 각 초(町) 내 마을 자치 조직—역자주.

죄 관련 증거품 보존, 범인의 인상착의 및 행선지에 대한 경관에의 즉각 보고, 경관의 범인 체포에의 협력이 들어있다. 새로 정해진 규약과 개정 규약은 관할 경찰서에 신고하지 않으면 안 된다(川口市, 300~303쪽). 사이타마현 내 오와다초(大和田町, 현 니자시(新座市))의 보안 조합 규약도 이와 거의 같은 내용으로(니자시 교육위원회 시사편찬실, 162~166쪽), 경찰이 작성해 놓은 양식에 근거하여 각 마을에서 보안 조합 규칙을 작성한 것으로 보인다.

이 보안 조합이 어느 정도 널리 설치되었던 것인지는 알 수 없지만, 1923년 4월 30일에 지바현의 아다치(安達) 경찰부장이 이 현의 소방조장 회의에서 발표한 바에 따르면, 조합원수는 18만 수천 명에 달했다고 한다(『경찰협회잡지』 제275호, 1923년 5월, 76쪽).

경찰서가 보안 조합, 안전 조합을 조직하는 데 나선 원인은 치안 당국에 있어 불안한 상황이 전개되고 있었기 때문이다. 1918년 쌀 소요에서는 파출소와 경찰서가 공격을 받았다. 이를 계기로 노동 운동, 농민 운동, 사회주의 운동 등 각종 사회 운동이 일어났다. 앞서 말한 바와 같이 재일조선인 운동도 발전하고 있었다. 대외적으로는 1917년에 러시아 혁명의 충격도 있었다. 이러한 상황하에서 경찰 관계자는 "국민 경찰" 또는 "경찰의 민중화, 민중의 경찰화"를 슬로건으로 내걸어 지역의 유력자들을 매개로 하여, 민중을 경찰의 편으로 끌어넣으려 했던 것이다.

지바현에서는 1923년 1월부터 매년 봄·가을 두 차례씩 5일간에 걸쳐 "국민경찰의 날"을 정하고, 1922년부터 1923년에 걸쳐 현 내 각지에서 경찰 전람회를 개최하면서 경찰에 대해 선전해, 민중을 경찰의 지지자로 만들려고 하였다(지바현경찰사 편찬위원회, 818~828쪽). 그 구체적 성과가 보안 조합의 확대로 나타났다. 이러한 양식의 자경단 성립에 대해서는 오비나타 스미오(大日向純夫)와 히구치 유이치(樋口雄一)의 연구로 명확해졌다.[24]

제4의 자경단 결성 방식은 내무성 - 현 - 군 - 각 마을의 경로를 통하거나, 경찰서로부터의 지령에 의해 만든 형식이다. 이에 대해서는 3장에서 설명했으므로 여기서는 설명을 생략한다.

자경단을 구성한 사회층

자경단을 구성한 이들은 어떤 사회 계층이었을까. 제3의 방식으로 결성된 자경단에서는, 지도층은 각 마을의 유력자로 그들을 통해 민중을 경찰 측으로 편입시켰다고 보여진다. 그 유력자들의 사회 경제적 실태는 어떠한 것이었는가.

대지진 직후인 9월 하순이 되자, 자경단으로 동원되었던 민중의 불만이 신문의 투서란과 기사에 나타났다. 9월 30일자 「도쿄 니치니치신문」에 게재된 투서, "민폐 끼치는 자경단"은 자경단 결성 과정에서부터 주도를 담당했던 이들은 가진 자, 부유한 자였다는 사실을 드러내고 있다.

동 번지의 주민 간에 자경단 조직에 대한 찬반을 놓고 상담회를 연다고 했다. 가보고는 놀랐다. 상담회라는 건 이름뿐, 실은 소수의 집주인들과 부자들로, 그들이 이미 앞장서서 전부 다 결정되어져 있었다.

24) 大日向純夫, 「1차 세계 대전 후의 민중 통합: 데모크라시의 조류와 "민중의 경찰화"」(민중사연구회, 『민중사 연구』 제16호, 1978년); 『천황제 경찰과 민중』(일본평론사, 1987년); 이와나미 신서 『경찰의 사회사』(이와나미, 1993년); 樋口雄一, 「자경단 성립과 재일 조선인」(재일조선인 운동사 연구회, 『재일조선인사 연구』 제14호, 1984년).

9월 21일자 「호치신문」에 "자경단"이라는 제목의 투서가 게재되었다. 이는 자경단을 주도한 지주들과 집주인들에 대한 "세 들어 사는 계급"의 어려움을 기록한 글이다.

이 근처에서 섞여 눌러앉아 살고 있는 일부 자산 계급, 그 대부분은 지주라든지 집주인이라든지 하는 사람들입니다만, 그들이 나서서 야간 보초 설 곳으로 나오라고 집집마다 강제로 끌어내는 겁니다 …… 매일 놀고먹기만 하는 자산가 계급이 그리 필요도 못 느끼는 야경에 우리 세 들어 사는 사람들을 자산계급자들 집 지키기에 혹사시키는 것 같은, 말하자면 집 지키는 개 취급을 당하는 건 생각보다 견디기 힘듭니다.

같은 달 23일자 「도쿄 니치니치신문」에는 "야밤의 고충"이라는 제목의 투서가 게재되었다.

지진과 화재가 에도를 덮치기 전부터 나는 하급 목수로 재해민 이상의 비참한 생활을 하고 있었다 …… 제국의 수도 부흥을 위해서라며, 위에서는 12시간 이상도 그 이상도 일하라고 한다 …… 그런데 집에 돌아오면, 3시간이고 4시간이고 자경단인가 뭔가 하면서 야간 보초를 서지 않으면 안 된다 …… 어떻게든 좋으니 빨리 야경은 이제 됐다고 해주길 바란다. 아니, 그만 됐다고, 안 해도 이젠 됐으니, 그것 때문에 낮에 하는 일에 지장을 받고 그날 그날 일해서 벌어먹어야 하는 사람들이 제대로 벌이를 못하는 일이 더 이상 없도록, 야경이 정말 필요하다고 하면서 팔짱끼고 빈둥거리기만 하는 건물 주인들, 땅주인들이 뭔가 방법을 좀 생각해주길 제발 부탁한다.

사이타마현 이루마군 도코로자와마치(所沢町, 현 도코로자와시(所沢市))에서도 보안 조합에 대한 세입자들의 불평이 터져 나왔다. 11월 6일자 「도쿄 니치니치신문」 사이타마판에 따르면, 그 배경은 다음과 같다.

도코로자와에서는 지진 후 10월이 되자 각 마을과 구에서 소위 말하는 어르신네들(旦那衆)이라는 양반들이 보안 조합을 조직하여, 집이나 땅을 빌려서 살고 있는 이들을 자기들 마음대로 조합원으로 만들어 가입을 시키고, 매일 밤 8시부터 다음 날 새벽 5시까지 여섯 명씩 각 구에서 강제로 소집해서는 자기들의 마을을 순회시키고 있으니, 아무리 보아도 그런 조치에 대해 다들 억지로 참고 있는 꼴로……

이 같은 사례를 통해 분명해졌듯이, 자경단의 주도권을 쥐고 있던 것은 집주인, 땅주인들이고, 그들이 세 들어 사는 계층을 조직하게 했던 것이다.

그러나 이러한 사례는 주택지의 경우므로, 어디에서나 다 그러하였다고는 말할 수 없다.

"무코지마(向島) 쪽에 있던 (노동자가) 오류백 명 정도 되는 어느 공장에서 노동조합 때문에 억눌려있던 조합의 간부들이 공장 근처에는 자기들 집도 있고, 또 그 지역과 공장을 지킨다는 핑계로 자본가와 한통속이 되어 자경단을 편성했다"는 증언도 있다(戸沢仁三郎, 14쪽). 즉, 공장지대에서는 노사가 하나가 되어 자경단을 조직하기도 했던 것 같다.

엣추야 리이치(越中谷利一, 1901~1970)의 "관동대지진 추억담"에는 "군대가 총을 빌려주고 마을의 어르신네들이 술을 돌렸는데 한 마리도 못 잡아 죽이면 정말 면목이 없다"고 하는 마을 자경단원들의 말이 기록되어 있다(관동대지진 50주년 조선인희생자 조사·추도실행위원회, 284쪽). 농촌에서는 지주층이 소작민과 빈농층을 자경단으로 조직했다는 것인지도 모르겠다.

자경단의 수

자경단은 꽤 많이 설립되었다. 1923년 10월 하순 현재, 관동지방 자경단의 수는 [표 4-1]에서 보듯이 합계가 모두 3689에 달했다.

[표 4-1] 간토(관동) 지방 자경단의 수

부 또는 현	자경단의 수
도쿄 부	1,593
사이타마 현	300
가나가와 현	603
지바 현	366
이바라키 현	336
군마 현	469
도치기 현	19
합계	3,689

출전: 吉川光貞, 43쪽. 계산이 안 맞지만 그대로 게재함.

그러나 자경단은 관동지방에만 있었던 것은 아니다. 9월 5일자 「가호쿠신보」에 따르면, 센다이 경찰서장은 "자위책을 강구해야 할 필요가 있는 만큼, 4일 오후 8시부터 모든 시내 자경단 간부를 본서로 소집해 재해 예방에 관해 긴급 협의회를 열었다"고 한다.

또한 9월 6일자 「이와테(岩手) 마이니치신문」은 조선인 "일당이 어제 폭탄을 휴대하고 동북 지방으로 들어온 흔적이 있어 각 현의 경찰부는 갑자기 긴장해 각 경찰서에 명령을 전달하고, 그 중에는 지방의 재향군인회, 청년 단체가 임시로 자경단을 조직해 관청과 제휴하여 경계하는 등 물정 심히 흉흉해진 면 있어"라고 보도했다. 동북지방 외에도 자경단은 생겨났다. 따라서 그 총수를 다 짐작하기는 어렵다.

2. 자경단의 사상

'불령선인'상

일본인이 조선인 폭동에 관한 유언비어를 접하자마자 극히 빠른 시간 내에 거대한 수의 자경단을 만든 이유는 무엇일까. 정부가 유언비어에 신빙성을 더하도록 보증을 붙이는 역할을 했다는 사실을 감안한다 하더라도 충분히 설명이 되지 않는다. 일본 민중 사이에 유언비어에 휘둘릴만한 어떤 의식이 뿌리박혀 있었다고 밖에는 생각할 수 없다. 결론부터 말하자면, 그것은 일본인 대다수의 마음에 이미 새겨져 있던 "독립을 위해 음모를 꾀하는 두려워해야 할 대상 불령선인"이라는 이미지였다고 생각된다.

조선인을 사랑했던 문학자 나카니시 이노스케(中西伊之助, 1890~1958)는 『부인공론(婦人公論)』 1923년 11·12월 합병호에 기고한 논설 "조선인을 위한 변"에서 다음과 같은 신문 비판을 전개했다.

조선과 일본에서 발행되는 일간 신문에 등장하는 조선인에 관한 기사를 한번 보십시오. 거기에는 어떤 것들이 보도되어 있습니까? 저는 견문이 좁아서인지 조선 국토의 수려함, 그 예술의 아름다움, 백성들의 우아한 정서에 대해 소개하고 보도한 기사를 아직 한 번도 본적이 없다고 감히 말할 수 있습니다. 그리고 폭탄, 단총, 습격, 살상 등 각종 전율할만한 문자들만 나열해서, 소위 불령선인 …… 요즘은 불평선인이라는 명칭으로 바꾼 신문도 있습니다만 …… 의 불령 행동에 대해 보도하고 있습니다. 그것도 신문기자 특유의 뭔가 일어나기를 바라는 듯한 과장된 필체로.

만일 아직 옛 조선에 대해 또는 지금의 조선 및 조선인에 대해 전혀 지식이 없는 이들이나, 특히 감정이 섬세한 부인들과 같은 이들이 날이면 날마다 나는 이런 기사를 읽는다면, 조선이란 과연 산적이 사는 나라이며, 조선인이란 맹호의 일종인 듯이 여길 수밖에 없지 않을까 생각됩니다. 조선인은 이렇게 생각 없는 저널리즘의 희생물이 되어, 일본인의 의식 가운데 어두운 공포의 환영으로 새겨져있는 것입니다 …… 저는 감히 묻습니다. 이번 선인 폭동의 유언비어란 이런 일본인의 잠재의식의 자연스런 발로가 아니었는가, 그리고 어두운 환영에 대한 이유 없는 공포가 아니었는가 하고(금병동, 1996b, 267쪽. 강조점은 원문).

나카니시의 말처럼, 공연히 일본인의 공포를 부채질하는 기사가 신문에 자주 등장하곤 했다. 예를 들면 "시내 각처에 출몰해 음모를 꾀하는 불령선인단, 모두 상하이 임시 정부의 거두들. 우리 경찰 스파이를 교살함(「도쿄 아사히신문」 1921년 3월 3일자)", "또 의열단, 끈질긴 불령선인, 지붕 밑 폭탄과 불온 문서 등 발견 압수(같은 신문, 1923년 4월 25일자)"와 같은 경우다.

그러나 무서운 "불령선인"이라는 이미지를 사람들 마음에 정착시킨 것은 신문만이 아니다. 앞서 말한 바와 같이 경찰은 재일조선인의 행동을 엄중히 단속했다. 이것이 일본 민중에게 조선인은 두려운 존재라는 인상을 정착시켰을 것이다. 그 구체적인 예가 "불조심"이라는 제목이 붙은 한 신문 투서에 드러나 있다.

> 내가 모 광산에 있을 때 조선인 한 사람이 인삼을 팔러 왔었는데, 그 사람은 단 하나도 못 팔았을 뿐만 아니라 그날 밤 산에서 하룻밤 묵는 것조차 허락되지 않아, 고위급 사원이 엄중히 감시하는 가운데 산기슭까지 추방당했다.
> 인삼 장수는 산기슭에서 약 12킬로미터나 되는 밤길을 더듬어 내려와 겨우 어느 인가에서 머무를 수 있었다 …… 이 광산은 산 안쪽에 있었는데, 조선인 노동자가 오면 가장 먼저 눈을 번득이는 것은 어리석은 경찰들이다. 그리고 곧바로 블랙리스트에 그들의 이름이 올라간다(「도쿄 아사히신문」 1921년 3월 22일자).

조선인으로 보이면 경계하고 블랙리스트에 올리는 경찰들의 행동이 광산 경영자나 주위의 주민들에게 조선인에게서 인삼도 사지 않고 머무르지도 못하게 하는 식의 태도를 갖게 한 것은 아닐까.

박열도 『후테이 센진(太い鮮人)』 창간호(1922년)에서, 1921년 10월쯤 혼고 고마이레(本郷 駒込)에서 친구들과 방을 빌렸는데 그 하숙집의 친절한 노파에게 경찰관이 와서는, "저놈들은 늘상 나쁜 짓만 꾀하고 있는

불령선인들 아냐? 일본인으로서 불령선인을 돌봐주는 건 수상한 일이 아닌가"하고 노파를 협박했다고 한다(재심 준비회, 813쪽). 경찰관은 이렇게 불령선인상을 일본인들 마음속에 심어주는 역할을 했다.

그러다면 "불령"이란 무엇인가. 신무라 이즈루(新村出) 편 『고지엔(広辞苑)』(岩波書店)에 의하면 "① 불평을 품고 순종적이지 않은 것, ② 제멋대로 행동하고 발칙한 것, 뻔뻔한 것"이라 되어있다. 그러나 이런 정의로는 조선인에게 "불령"이라는 말을 붙이게 된 역사적 설명이 되지 않는다. 이 당시의 신문을 보면, 조선인의 독립운동에 대해 대개 "음모"라는 딱지가 붙여진다. 예를 들면 "조선 독립운동의 음모"라고 부르는 경우다(「요미우리신문」1919년 11월 28일자 사설 제목). 내용부터 말하자면 "음모"와 "불령"은 서로 관련되어 있으며, 일본 국가의 가치관을 나타내는 말이다. "불령선인들의 독립 음모의 전말. 암살·방화·강도짓을 제멋대로 행해"라는 식의 헤드라인(같은 신문, 1920년 8월 18일자)은 일본 국가의 가치관을 전형적으로 드러내고 있다. 즉, 조선인의 독립운동은 일본 국가에 대한 반역이라는 악행이므로, 독립운동이란 "음모"이고, "음모"를 하는 조선인은 "불령"한 것이다. 결국, 조선에 대한 식민지 지배는 부정할 수도 비판할 수도 없는 성역(聖域)이라는 것이다.

이 성역을 넘어서려는 움직임이 시작은 되어있었다. 민예 연구가 야나기 무네요시(柳宗悦, 1889~1961)는 국가를 넘어선 보편적인 가치관에 입각하여 3·1운동을 옹호했다.

나는 늘 만약 일본인이 조선인의 입장에 있었다면 어떻게 할까를 생각해본다. 애국의 뜻을 표방해 충신인 양 임하고 있는 이 나라 국민은 당신들보다 더 높이 반역의 깃발을 휘날릴 것임에 틀림없다. 우리의 도덕이란 전부터 이러한 행위를 칭송하는 입장에 서있는 것이다. 우리는 당신들이 하는 자신의 나라를 위한 의분의 행위를 비난하는 것에 모순을 느낄 수밖에 없을 것이다. 진리는 보편적 진리라 해야겠지만 때에 따라서는 한 가지 행동에 두 가지 이름이 붙게 되어, 어떤 때는 '충절'이라고도 부르고, 어떤 때는 '불령'이라고도 부르는 것이다(柳宗悅, 24쪽).

야나기는 일본국가의 이해를 기준으로 삼아 한쪽을 충절이라 칭하고, 다른 한쪽을 불령이라 부르기를 거부하고, 일본 국가로부터 불령이라 불리는 행위가 민족 자결이라고 하는, 국가를 넘어선 보편적 가치를 위한 것이라며 긍정했던 것이다.

박열과 가네코 후미코도 『후테이 센진』 창간호에서 그 간행 취지를 다음과 같이 기록했다.

일본 사회에서 지독하게 오해받고 있는 "불령선인"이란 과연 터무니없이 암살, 파괴, 음모를 꾀하는 자들인가, 그렇지 않으면 끝까지 자유의 이념에 불타고 있는 인간들인가를, 우리를 비롯해 그들과 유사한 처지에 있는 많은 일본의 노동자들에게 고함과 동시에 …… 는 『후테이 센진』을 창간하다(재심 준비회, 813쪽).

즉, 박열과 가네코 후미코는 일본인 노동자도 포함되어 있는 이 "불령선인"이라는 이미지를 타파하고, 일본인 노동자와 그들의 해방을 위해, 국가를 넘어서서 조선인과 손잡을 것을 기대하며 『후테이 센진』을 간행했던 것이다.

당시 국가를 넘어선 사상은 도회지에서 떨어진 농촌 청년들 사이에서도 싹트고 있었다. 사이타마현 오사토군 요토무라(大里郡 用土村)의 청년단 문예부가 1924년 3월에 발행한 『DAMPO』 3호에 게재된 모리오(杜夫)의 「소위 선인 사건」이 그 예다. 요토무라는 1923년 9월 5일에 자경단이 경찰분서를 습격해 조선인 한 사람을 학살했던 요리이 사건 당시, 피고 12 명을 배출했던 마을이다. 이 사건에 대한 반성으로부터 이와 같은 논설이 쓰이게 되었다. 이 논설은 조선인 학살사건의 근본적 원인으로, "과거 우리나라의 조선 통치 방침에 불안한 면이 있었다는 사실을 민중 스스로가 너무도 잘 모르고 있었다"는 사실과, 조선인으로 보이면 바로 불령한 자 또는 이단자와 같이 여겨, 평소부터 모욕적이고 냉소적인 태도로 "민족적 편견"을 갖고 있었다는 점, 이 두 가지를 들었다. 또한 이 논설은 언젠가는 식민지가 폐지될 날이 올 것까지도 내다보고 있다. 즉, "한때는 세계의 공론으로 민족 동화를 외쳤으나, 지금은 민족 자결이 거듭 제창되고 있다. 일선(日鮮) 문제도 앞으로 근본적으로 해결되어야만 할 시기가 올 것임에 틀림없다. 그리고 그 시기는 몇 년 후가 될 지, 몇 십 년 후가 될 지 예측할 수 없다". 이러한 면에서, 그 당면 과제로서 "민족적인 모멸관을 근본적으로 떨쳐버리지 않으면 안 된다. 그리고 인류 평등이라는 관념 아래 사랑과 친근감을 가지고 그들을 대하지 않으면 안 된다"는 것을 제기했다(관동대지진 60주년 조선인희생자 조사·추도실행위원회, 446쪽).

　모리오는 『DAMPO』 같은 호에 게재한 논설 「인류애와 그 장애」에서 "현대의 국가 조직이야말로 인류애 사상을 발현하는 데 있어서의 장애물이다"라고 지적했다. 그는 국가와 국가에 의한 식민지 지배를 역사적 산물로 상대화시킴으로써 국가를 넘어선 시점을 가지고 있었다. 그렇기 때문에 더더욱 조선인 학살사건을 일으킨 일본과 일본인을 철저히 비판할 수 있었던 것이다.

　그러나 이와 같은 생각은 당시 막 싹트기 시작한 소수의 생각에 지나지 않았다. 대부분의 일본 민중은 국가의 틀을 넘어서서 인간을 볼 수 있는 눈을 가지고 있지 않았다. 1923년 9월 2일 오후 나라시노 기병연대가 가메이도역에 와서 열차에 타고 있던 조선인들을 끌어내려 총검으로 찔러 죽이자, 일본인 피난민은 "나라의 적! 조선인은 전부 죽여 버려!"하며 외쳤다(越中谷利一, 285쪽).

9월 4일 사이타마현의 혼조 경찰서에서 자경단에 의한 조선인 대량학살이 행해진 다음날, 한 인물이 그 경찰서 순사 아라이 겐지로에게 "늘상 칼을 차고도 어린애들이나 위협했지, 이런 국가가 위급한 상황에는 사람하나 못 죽이지 않나. 우리는 평소 비료로 쓸 똥이나 퍼 나르고 있어도, 어젯밤에는 16명이나 해치웠다"하며 큰소리쳤다(관동대지진 60주년 조선인 희생자 조사·추도실행위원회, 102쪽). 이는 "긴급 상황이 닥치면 의롭고 용감하게 헌신하여 하늘과도 땅과도 같은 무궁한 천황의 영광을 위해 힘쓸 것"이라는 교육칙어의 정신에 나오는 말 그 자체인 것이다.[25]

같은 해 10월 23일 우라와 지방재판소의 구마가야 조선인 학살사건을 다루는 법정에서도 한 피고는 "당시는 질서가 흐트러져 있어, 국가를 위하는 일이라 여겨" 저지른 일라고 진술했다(「도쿄 니치니치신문」 1923년 11월 15일자 소보판).

11월 28일, 일본인 행상 약장수 및 그 가족 일행을 학살했던 후쿠다무라 사건을 심의 중이던 지바 지방재판소 법정에서도 한 피고가, "제가 실제로 상대의 목을 베었음에도 불구하고 예심에서 세 번이나 그 사실을 부인했

---

25) 메이지 시대(明治, 1868~1911) 일본에 있어서의 교육에 대한 기본 방침으로, 메이지 천황이 1890년에 공포하고 이어서 전국 교육 기관에 배포되어 종교적인 성격을 띠고 암송·봉독할 것이 강요됨. 가족국가관 및 충군애국을 궁극적인 국민 교육의 목표로 삼음으로써 메이지 시대 이후 전시하를 걸쳐 일본 천황제의 정신적 지주가 됨 ─ 역자주.

던 이유는, 섭정궁 전하(후의 쇼와 천황―역자주)께서는 현미를 드시고 계시는 이때에 불령선인들 때문에 국가가 우려되어 걱정한 나머지 그만 일을 저지르고만 것이었는데, 그 이유로 감옥에 가게 되어 화가 났기에 부인했던 것입니다"라고 진술했다(「도쿄 니치니치신문」 1923년 11월 29일자 소보판). 즉, 국가를 위해 저지른 일이니 학살도 면죄되어야 한다는 식의 사고방식이다. 그러나 이는 소수의 피고만이 가졌던 생각이 아니었다. 조선인을 학살한 자경단원의 검거 및 재판에 항의했던 관동자경동맹의 사상 또한 이와 일맥상통하였다.

관동자경동맹의 사상과 운동

자경단원 검거에 대해 항의하는 관동자경동맹이 언제 성립되었는지는 정확히 알 수 없다. 동맹의 결성에 대해 가장 먼저 보도한 것은 1923년 10월 17일자 「호치신문」 석간인 것으로 보아, 이즈음에 성립되었던 것 같다. 명칭도 신문에 따라 관동자경동맹, 관동자경단동맹, 관동자경동맹회 등 제각각으로 기록되어 있어, 어느 것이 정식 명칭인지 알 수 없다. 여기서는 편의상 관동자경동맹이라 부르기로 한다.

동맹의 발기인은 신시대협회(新時代協会)의 기쿠치 요시로(菊池義郎, 1890~1990) 외 32명, 노동공제회의 나카니시 유도(中西雄洞), 자유법조단(自由法曹団)의 노다 스에키치(野田季吉) 외 12명, 조난쇼(城南荘)의 기쿠치 료이치(菊池良一) 외 몇 명, 만주철도 조사과의 아야카와 다케지(綾川武治, 1891~1966) 외 8명이다(「도쿄 니치니치신문」 1923년 10월 22일자 석간).

다음은 관동자경동맹이 작성하여 내무대신과 사법대신 앞으로 따져

묻기 위해 보낸 글이다.

> 우리는 당국에 대해 다음 사항을 짚고 넘어가길 원한다.
> 1. 유언비어에 대하여 당국은 책임을 지지 않은 채 민중에게만 전가하려는 이유.
> 2. 당국이 눈앞에서 벌어지고 있던 자경단 폭행을 방임한 채, 나중에서야 그 죄를 묻고자 하는 이유.
> 3. 자경단의 죄악만을 천하에 드러내고, 수많은 경관의 폭행은 비밀에 부치려는 이유.
>
> 우리는 당국에 대해 다음 사항을 요구한다.
> 1. 자경단의 과실에 의한 상해죄는 전면 면죄할 것.
> 2. 자경단원의 과실에 의한 살인죄는 전부 예외적인 은전(恩典)을 적용해 판결할 것.
> 3. 자경단원 중 공로자들을 표창하고, 특히 경비를 위해 목숨을 잃은 자들의 유족에 대해 적절한 위로의 방법을 강구할 것.
> (「도쿄 니치니치신문」 1923년 10월 22일자 석간)

이 문장은 유언비어를 흘린 경찰관의 책임은 묻지 않은 채, 자경단에게 만 그 책임을 지우는 것에 대해 항의하며 자경단원의 형벌을 감면할 것을 요구한 것이다.

동맹의 성격은 힐문장보다도 그 전문(前文)에 더 잘 나타나 있다. 전문 은 자경단원에 대한 검거가 현재 진행 중임을 지적한 후, "모 방면으로부터 선인이 습격해 올 염려가 있다. 남자는 무장하고 여자는 피난하라. 선인으 로 보이면 죽여도 괜찮다. 주의자로 판단되면 폭행해도 좋다. 그들은 흉기 를 가지고 있는데다 살인, 강도, 능욕, 방화, 우물에 독을 넣는 등 갖가지 악행을 저지르고 있다"는 소문을 퍼뜨린 것은 "목까지 단추가 달려있는 제 복을 입은 ○○(경찰) 관리였음에 틀림없다"라고 지적했다. 이것은 정확한 지적이다. 그러나 이어지는 그 다음 문장에는 문제가 많다.

사실 이 때, 많은 선인과 불령일본인에 의한 살인, 방화, 그 외 온갖 나쁜 짓은 가는 곳마다 행해져, 저급하고 우매한 일부 주의자 중에는 누추한 빈민들의 집에 불을 지르고 기뻐하는 자들마저 있었다. 이에 우리 자경단원들은 애국 봉공의 일념으로 9월 2일 오후 2시부터 일제히 검을 들고 경비에 나선 것이었다(「호치신문」 1923년 10월 22일자 석간).

이 전문은 경관이 유언비어를 퍼뜨렸다는 사실을 규탄하면서도 다른 한편으로는 조선인과 사회주의자의 폭동을 사실화해버림으로써, 자경단의 행동을 애국 봉공 정신의 발로로서 긍정했던 것이다. 거기에는 학살당한 조선인에 대한 아픈 마음은커녕, 자경단원의 조선인 학살을 "나라를 위해서는 훗날 사형을 당하게 될 지도 모를 일까지도 뒤돌아보지 않고 행했던 숭고한 희생정신의 발로"였다고 긍정하고 있다(앞의 「호치신문」). 즉, 관동자경동맹의 행동원리는 국가주의였다.

11월 5일 관동자경동맹은 도쿄 혼고 도키와에서 회합을 열어 대지진 당시 자경단이 취했던 행동에 대한 당국의 조치와 관련하여 사법대신과 내무대신을 상대로 질문할 것을 결의하고, 그 이틀 후 정도부터 시내 초·중학교에서 연설회를 개최해 민중과 함께 관저로 밀어닥쳐 힐문할 계획이라고 6일자 「도쿄 아사히신문」이 보도했다. 주목할 점은, 이 기사에 따르면 침략주의적인 우익단체 흑룡회(고쿠류카이, 黑龍会)의 대표도 이 회합에 참여하고 있다는 사실이다.

흑룡회 지도자인 우치다 료헤이(内田良平, 1874~1937)는 9월에 「지진 전후의 경륜(経綸)에 대하여: 사회주의자 불령선인의 흉행 일반」을 써, 국민이 자경단을 조직한 것은 조선인의 폭행을 방임할 수 없었기 때문임에도 불구하고, "점차 질서와 안녕이 회복되자 당국은 마치 손바닥을 뒤집듯이 사회주의자와 선인들의 폭행 사실을 은폐한 채, 우리 국민을 상식에서 벗어난 사람인 양 평하여 성명을 발표하기에 이른 데 대해, 나로서는 도저히 그 이유를 헤아리기가 어렵다"라며 정부를 규탄했다(강덕상·금병동, 218쪽).

즉, 흑룡회는 조선인 폭동을 사실로 인정하고 자경단을 옹호했다는 점에서, 관동자경동맹과 같은 견해를 가지고 있었다. 11월 18일 밤에는 우익단체인 대화회(다이가카이, 大化会)의 이와타 후미오(岩田富美夫)가 참가해 자경동맹 스물 몇 명이 군권 절대주의 헌법학자 우에스기 신키치(上杉慎吉, 1878~1929)의 집에서 모여 만찬회를 가졌다(「호치신문」 1923년 11월 20일자 석간). 우에스기는 10월 13일자 「고쿠민신문」에 경찰관이 유언비어를 퍼뜨린 데 대한 책임을 규탄하는 담화를 발표했었다. 그러나 우에스기는 학살된 조선인에 대한 마음의 고통은 표명하고 있지 않다. 이 점에서 자경동맹과 공통점이 있었던 것은 아닐까.

11월 25일자 「도쿄 아사히신문」에 따르면, 같은 달 24일에 사이타마현 구마가야마치의 마을 유지들이 주최한 관동자경단연합회 강연회가, 같은 마을 구마모리자(熊盛座) 강당에서 열렸다. 관동자경단연합회란 관동자경동맹을 가리키는 것일 것이다. 같은 날짜 「도쿄 니치니치신문」 사이타마판에 의하면, 이 집회의 이름은 "자경단 구호(救護), 국가주의 진흥연설회"였다고 한다. 자경단 활동을 국가를 위한 것이었다고 주장함으로써, 처벌에 반대하고자 하는 취지였을 것이다. 이 집회에는 사복 차림을 한 경관들이 방청객으로 변해 눈을 번뜩이고 있었다. 앞서 말한 「도쿄 아사히신문」에 따르면, 다음과 같은 결의를 한 후 우에스기 신키치도 강연을 하였다.

1. 대지진 후에 일어난 살상 사건에 대해서는 관민 모두가 그 책임을 져야 할 것임에도 불구하고, 유독 자경단에게만 그 책임을 지우려는 것은 부당하다고 본다.

2. 이첩문을 내고 무방비로 선인들을 여럿의 손을 거쳐 운송함으로써 현민 다수가
큰일을 저지르도록 야기시켰다고 하는 관청의 책임에 대해 묻는다.

12월 12일자 「도쿄 니치니치신문」 사이타마판은, 혼조와 진보하라에
서도 자경단의 진의를 민중에게 피력할 필요가 있다고 하는 논객들이 혼조
조반자(常磐座)에서 "국가 정신 함양, 자경단 응원"을 기치로 하는 연설회
를 계획하고, 우에스기 신키치 및 그 외 명사들에게 출연해 달라고 교섭
중이라고 보도했다.

구마가야 집회와 혼조·진보하라에서의 집회 계획은 내무성 경보국에
경계심을 불러일으켰다. 12월 14일자 「도쿄 니치니치신문」 사이타마판에
따르면, 내무성 경보국은 이러한 움직임에 대해 "성가시다고 여기면서 현
내 경찰부에 엄명을 내려, 자경단의 행동 및 단원 각 개인들의 거동에까지
세세히 주의를 기울이게 했고, 일전의 구마가야 대회에서는 물론, 혼조의
연설회에서는 더욱더 눈을 번득이며 수많은 사복 경관들을 파견해 벌레
하나도 빠져나올 틈 없이 경계를 펴게 하는 한편, 혹시라도 안녕 질서를
흩뜨릴만한 거동이 나오지 않을까 특별히 주의를 기울였다"고 한다.

실제로 혼조의 집회가 열렸는지, 관동자경동맹의 간부들이 원했던 내
무대신, 사법대신과의 면회가 실현되었는지 등 관동자경동맹의 이후의 움
직임은 분명하지 않다. 그러나 경찰을 습격해 조선인을 학살한 경우는 별
도로 치더라도, 조선인을 학살한 피고 대부분이 집행유예가 되고 실형 판결
을 언도받은 피고 또한 항소, 상고를 통해 대부분 집행유예로 바뀌어졌다는
사실로 볼 때, 관동자경동맹의 요구는 거의 다 실현되었다고 볼 수 있을
것이다.

관동자경동맹이 흑룡회와 대화회 등과 같은 우익 단체들의 참가로 인해, 그 운동 과정 중에 국가주의적 지향을 한층 더 강화시켰던 탓인지 동맹은 이후 분열되었다. 11월 26일자 「도쿄 니치니치신문」 석간에 의하면 관동자경동맹 내 자유법조단, 신시대협회, 노동공제회 이 세 단체는 운동자금과 관련해 내분이 생기게 되었는데, 이 단체들이 조조지(增上寺) 사원에서 개최된 조선인 희생자 추도회에 참가했다는 점이 흑룡회와 같은 다른 단체들의 감정을 거슬러 동맹과 뜻을 달리 하는 게 아닌가 하여 소외당하고 있던 터였다. 그러던 참에, 이 세 단체는 각각 동맹에서 떨어져 나와 동맹의 입장과는 반대로 자경단의 폭행을 인도상의 문제로 상정하여야 한다며, 조선인 대표들과 제휴하여 후세 다쓰지, 기쿠치 요시로, 하라 소베(原惣兵衛) 등이 중심이 되어 내선동지연맹의 조직에 착수했다고 한다.

관동자경동맹은 당국의 유언비어 유포에 대한 책임을 고발함으로써 조선인을 학살한 자경단이 받을 형량을 감면해 줄 것을 요구했지만, 학살된 조선인에 대한 민중의 책임은 무시하였으므로, 조선인 학살을 문제시하는 자들이 자경동맹으로부터 떨어져 나오는 것도 당연한 일이었다.

재판을 받은 자경단 피고와 마을 민중의 표정: 사이타마현의 경우

관동자경동맹은 지식인의 운동이었으며, 흑룡회와 대화회의 참가로 사상 단체적 성격을 한층 더해갔던 것 같다. 조선인 학살사건에 연루되어 검거됨으로써 피고가 된 일반 자경단원들과 그 지방의 민중들은 이 사건을 어떻게 생각하고 있었던 것일까. 사료가 다른 지방보다 더 풍부한 사이타마현을 사례로 이 점에 대해 밝혀보자.

우라와 지방재판소에서 열린 사이타마현 조선인 학살사건 공판은

10월 22일 구마가야 사건 공판으로부터 시작되었다. "일종의 향토 희생자들의 앞날을 걱정하던 친지·관계자들은 짚신, 각반, 도시락을 지참한 차림으로 아직 날도 새기 전에 재판소로 몰려들었다(「도쿄 니치니치신문」 1923년 10월 22일자 석간)". 그들을 희생자로 보는 견해는 "유언비어에 휩쓸려, 혹은 위로부터 보내진 이첩문에 대해 흥분한 결과, 마을을 위해, 동네를 위해 자경에 힘쓰겠다는 의도에서 출발한 흉행"이라는 점에서 나오게 된 것이다(같은 날짜 「도쿄 니치니치신문」).

"일종의 향토 희생자"라고 하는 관점에서, 피고에 대한 마을 전체의 지원 체제가 만들어졌다. 진보하라 사건의 피고에 대해서는 "수감 중 차입물 비용 일체 및 변호나 그 외 모든 다른 필요한 경비를 회의에서 결의하여 마을 예산에서 내주기로 하고", 또 "구마가야, 혼조에서도 각각 마을의 유력자들이 분주히 움직여, 마을 내 각 개인으로부터 기부 받아 그 비용을 일절 면하게 했으며", 요리이 사건의 피고 13명 중 12명의 피고가 속했던 요도무라에서는 그 촌장이 자경단 결성을 군청이 지령했었다는 사실을 들어 내무대신에게 힐문장을 낸 후, "재판 비용부터 피고의 가계생활비"까지 보조하기로 했다. 일본인을 살해한 메누마 사건의 피고에 대해서도, 메누마에서는 "촌민의 기부로 충당"하기로 했다. 이상을 보도한 10월 24일자 「도쿄 니치니치신문」 사이타마판은, "총수 114명의 피고 모두가 각각 그들의 마을이 책임지고 있는 피고라는 생각이 있다"고 평했다.

피고들도 자신을 희생자로 여겼다. 11월 6일에는 혼조 사건과 진보하라 사건의 피고에 대한 검사 구형이 이루어졌다. 이후 휴게로 들어갔는데, 피고들은 법정 바깥으로 달려 나갔고, "이는 모두 다 '마을을 위해, 동네를 위해'라는 생각에서 했던 행위였는데 이런 구형을 받게 되는 것이 부당하다고 느끼는 자신들의 기분을 상대를 가리지 않고 호소하고자 했기 때문인 듯 싶다"(「도쿄 니치니치신문」 1923년 11월 7일자 사이타마판).

피고의 희생자 의식의 배경에는 조선인을 학살한 자들 중 극히 일부만 검거되어 피고가 되었다는 사실도 있을 것이다. 앞서 말한 바와 같이, 임시 지진구호 사무국 경비부 사법위원회는 "검거의 범위를 (범행이) 현저한 자들"만으로 한정하는 방침을 정해두고 있었다. 사이타마현 법조계도 사이타마현에서 "이번에 기소된 110여 명은 실제 그 일부에 지나지 않는다"고 보고 있었다(「도쿄 니치니치신문」 1923년 10월 22일자 석간).

우라와 지방재판소 네모토(根本) 검사도 "본 사건의 피고는 110여 명이지만, 그 외에도 다수 검거되지 않은 자들도 있다"고 했다(「도쿄 니치니치신문」 1923년 11월 7일자 사이타마판). 그만큼 검거되어 피고가 된 자들의 희생자 의식은 더해갔을 것이다. 요리이 사건에서 주모자로 보여져 다른 두 피고와 함께 실형을 언도 받았던 요도무라의 시바사키 구라노스케(芝崎庫之助)는 수년 후 그의 회고 중 "지금 다시 재판한다면 죄다 뒤집어서 보여주는 것도 가능하지만, 어쨌든지 간에 누가 뭘 어떻게 했다고 할 수도 없고 해서, 어쨌든 누군가가 희생양이 되지 않으면 끝나지 않는다 하니, 우리 세 사람이 그 희생을 감수한다 하는 식이었던 겁니다"라 진술하고 있다(관동대지진 60주년 조선인희생자 조사·추도실행위원회, 126쪽. 강조점—인용자).

마을 전체가 피고를 지원하게 된 한 가지 원인으로는, 조선인 학살에 참가하고도 검거되지 않았던 자들이 꺼림직하게 생각했기 때문인지도 모른다. 검사도 판사도 피고들이 관청이 퍼뜨린 유언비어에 따라 조선인을 죽였다는 사정을 다 알고 있었으니, 내심 피고를 희생자로 보고 있었는지도 모른다.

네모토 검사는 11월 6일, 혼조 사건, 진보하라 사건의 피고들에게 구형을 함에 있어, "사회에의 영향과 법의 위신상 결코 가볍게 처단하는 것은 불가능하겠지만, 각 피고도 받은 형의 전부를 복역하지 않아도 될 좋은 방법이 있을테니"라며 형을 확정한 후에 감형이 있을 것에 대해 시사했다(「도쿄 니치니치신문」 1923년 11월 7일자 사이타마판).

우에스기 신키치는 우라와 지방재판소에서 재판을 방청했던 이로부터 들은 이야기로, "재판관은 피고인 자네들에게 죄(벌)를 부여하는 것은 어쩔 수 없는 일이지만, 내년이면 동궁전하의 경사26)가 있어 이에 많은 사면이 있을 테니 자네들의 죄도 경감될 것이라고 말했다"고 하였다(「자경단 문제: 내무대신의 처결을 촉구함」, 『이하라키』 1923년 11월 12일자). 검사도 형사도, 피고를 "일종의 '희생자'로 보고 있으니, 이런 식으로 피고를 달래는 발언을 했던 것으로 보인다.

한편 학살된 조선인에 대해 마음 아프게 느끼고 있다고는 생각할 수 없는 웃음소리가 재판관 측에서도 피고 측에서도 나오게 되었다. 한 예로, 10월 22일 구마가야 사건 법정에서 재판장은 피고가 사용했던 두 척에 가까운 일본도를 보이며 "야경을 위해서는 이거 좀 큰 거 아닌가"하며 웃자, 피고도 웃으며 "그 밖에 별로 좋은 게 없어서요 …… 유코쿠지 사원에 가니 누가 먼저라고 할 것도 없이 '해치워' 하길래, 쓰러져 있던 선인을 찔러버렸습니다"라고 했다(「도쿄 니치니치신문」 1923년 10월 22일자 석간). 또 6척이나 되는 곤봉으로 조선인을 구타했던 피고에 대해서는 "재판장이 '자네는 가장 나이 많은 자가 되어 어찌 그리 무분별 했나' 하고 야유하자, '매일 밤 4홉씩

26) 후의 쇼와 천황인 황태자의 결혼을 가르킴―역자주.

술을 들이켜 대다보니 그냥……'이라며 꽉 찬 재판장을 웃음바다로 만들었다"는 경우도 있었다(「도쿄 니치니치신문」 1923년 10월 22일자 석간).

10월 25일의 혼조 사건 법정에서도 한 피고가 빌려온 목검으로 조선인을 구타한 사실을 진술하면서 "그런다고 목검이 부러진다는 건 아무리 생각해도 좀 이상한데"라고 하자 재판장은 "나만큼 팔뚝 힘이 좋구만 그려"하고 농담했다. 또 다른 피고는 "군중 속에 서서 '해치워, 해치워'하고 선동했을 뿐입니다"하자 재판장은 "그런 작은 목소리로 선동한 건 아니었겠지"하며 장난기 어리게 응수했다(「도쿄 니치니치신문」 1923년 10월 26일자).

벌을 내리는 쪽은 일본인 피고를 일종의 희생자로 보며 신경을 써주면서, 죽은 조선인들에 대해서는 가슴 아파하는 모습은 보이지 않는다. 피고쪽도 자신들이 빼앗은 조선인의 생명에 대한 아픔은 전혀 보이지 않는다. 일본인이 수많은 조선인을 무참히 죽였던 원인이 명백히 드러난 법정의 모습이었다.

조선인을 학살한 자경단원은 당국에 의한 유언비어 내지는 정부에 의해 보증 권위까지 붙여졌던 그 유언비어에 놀아났다는 의미에서는 피해자요, 희생자다. 그러나 조선인을 학살한 가해자이기도 하다. 가장 저변에 있는 희생자가 조선인이라는 사실은 말할 나위도 없다. 그 조선인을 자기의 시야 안에 두고 자신의 위치를 생각할 수 있을만한 사상적인 준비 자세는, 극소수를 제외하고는 일반적으로, 자경단원이나 그 주위 사람들 간에 보이지 않았다. 그와 같은 자경단 대중 가운데, 조선인을 학살한 자경단의 행위를 국가를 위한 정당한 행위로서 자리매김하고 이들을 처벌하는 국가에 대해 항의하고자 하는 관동자경동맹과 같은 운동이 만들어지게 되었던 것이다.

지진 후 수개월이 지나서야 겨우 재개된 학교 수업 중에는, 지진과 화재로 인한 어린이들의 트라우마 극복이 주요 과제 중 하나로 떠올랐을 뿐만 아니라, 재해 복구를 위한 사회의 단결을 위한 분위기를 자아낸다는 목적으로, 학교 교육을 적극 활용하였다. 이에, 미술 및 작문 수업 등을 통해 어린이들의 지진 및 재해 복구 경험을 표현하게 하기도 하였는데, 그들이 가장 강한 인상을 받은 지진 당시 겪은 사건 중에는 화재 및 지진 등 자연재해뿐만 아니라, 동네 어른들에 의해 조직된 자경단이 조선인을 색출하기 위해 감당한 치안 유지 활동이나 조선인 박해의 광경 등도 포함되어 있었다. 이 그림들은 어린이들의 지진 경험담을 담은 그림을 모아 만든 초등학생들의 화첩 및 그 제작 배경에 대한 설명, 그리고 어린이의 눈에 비친 마을 어른들이 조직한 자경단에 의해 통행자가 검문당하고 있는 광경으로, 이와 같은 어린이들에 의한 지진 당시의 기억과 기록은 도쿄도 부흥기념관에 다수 소장되어 있다. Jinhee Lee, *The Massacre of Koreans through Paintings: The Great Kanto-Earthquake 80th Anniversary Special Exhibition* (도쿄고려박물관, 2003) 발췌.

5장

일본 국가와 학살된 조선인을 둘러싼
추도·항의 운동

이상에서 말한 바와 같이, 관동대지진 당시의 조선인 학살에 있어서 누구보다도 책임이 컸던 일본 국가는, 그 책임을 은폐하기 위해 조선인 폭동을 날조하기도 하고 학살 책임을 전부 자경단에게 전가시키는 공작을 수행했다. 그러나 재일조선인과 일본인 노동자, 민주주의적인 지식인들은 조선인 희생자에 대한 추도 및 학살에 대한 항의 운동을 전개하였다. 특히 재일조선인은 사건에 대한 조사와 항의에 힘썼다. 하지만 일본 국가는 이에 대해 한편으로는 철저히 탄압을 가하고, 또 한편으로는 조선인 친일파를 통하여 회유·분열 정책을 실시했다. 이 역시 조선인 학살의 책임 위에 추가된 또 하나의 일본 국가의 범죄인 것이다.

따라서 이 장에서는 재일조선인과 일본인의 항의 및 추도 사업, 그리고 이에 대한 일본 국가의 탄압과 '일선 융화' 노선에 따른 조선인 운동의 분열 정책 등을, 사건 후 약 1년간의 시기에 한정하여 밝혀보고자 한다. 재일조선인 희생자 조사는 중요한 문제이므로, 장을 달리하여 6장에서 설명하기로 한다.

1. 일본인의 항의와 반성이 반영된 추도 운동

개관

도쿄에서 항의와 추도의 집회를 가졌던 일본인들은 민주주의를 지향하는 지식인, 크리스천, 그리고 노동자들이었다. 도쿄 이외에 사이타마현이나 지바현과 같은 학살 지역에서는, 앞장에서 설명한 바와 같이 조선인을 학살하여 기소된 피고에 대해 각각의 지역 단체가 재판을 위한 응원 활동까지 전개하는 등 복잡한 양상을 띠고 있었다. 그러나 그 가운데는 학살을 후회하는 민중이 참여한 추도 모임도 몇몇 눈에 띈다.

사회주의자는 추도에 관한 일을 거의 감당할 수 없었다. 국가 권력에 의해 너무나 철저히 탄압받고 있었기 때문이다. 지진이 일어난 9월 1일 밤부터 경시청 관내 각 경찰서에서 사회주의자들을 검거했을 뿐만 아니라 오사카에 통지하여 그곳에서도 사회주의자들을 검거하여, 그 총 수는 60여 명에 달하였다(「호치신문」 1923년 9월 15일자 석간). 경찰이 습격 대상으로 삼았던 사회주의 단체는 20여 개가 있었지만, 검거에는 "전부 군대의 힘을 빌어" 난폭함의 극치를 달하여 "60여 명 검거자 중 부상당하지 않은 자는 아무도 없을 정도였다고 한다"(「오사카 마이니치신문」 1923년 10월 12일자). 그들이 전원 석방된 것은 10월 7, 8일경이었다(「고쿠민신문」 1923년 10월 12일자).

도쿄에서 석방된 사회주의자들 중 각 지방의 고향으로 돌아간 자들은 거기서 경찰과 청년단의 엄중한 감시를 받았다(「요로즈초호(万朝報)」 1923년 10월 19일자; 「오사카 아사히신문」 1923년 10월 12일자 석간). 도쿄에서 오사카로 건너간 사회주의자도 많았지만 그들은 오사카에서도 검거당하였다(「오사카 마이니치신문」 1923년 10월 29일자).

또 치안 당국은, 조선인 학살사건은 커녕 일본인을 학살한 사건에 관해서도 사회주의자와 노동 운동이 결속하지 못하도록 철저한 탄압을 가했다. 9월 4일 밤부터 5일 새벽에 걸쳐 가메이도 경찰서와 군대가 함께 일본인 노동자 10명을 살해했던 가메이도 사건에 관한 진상 보고 연설회가 일본노동총동맹 간사이(関西) 동맹회와 관영(官業)사업 노동총동맹 간사이 동맹회의 합동 주최로, 1923년 11월 20일 오후 6시부터 오사카 중앙공회당(大阪 中央公会堂)에서 열렸다. 오사카 시내의 경찰서 경관들은 이날 이른 아침 다들 자고 있을 시간에 사회주의자 40여 명을 덮쳐 검거해버렸다(「오사카 아사히신문」 1923년 11월 20일자 석간). 이러한 상황에서 사회주의자가 조선인 학살에 대한 항의에 관여하는 것은 지극히 곤란한 일이었다.

요시노 사쿠조 등의 학자와 크리스천의 움직임

1923년 10월 20일, '23일회'를 대표하여 요시노 사쿠조와 호리에 기이치(堀江帰一, 1876~1927)는 야마모토 곤베에 수상, 고토 신페이(後藤新平, 1867~1929) 내무대신, 히라누마 기이치로(平沼騏一郎, 1867~1952) 법무대신, 오카다 다다히코(岡田忠彦, 1878~1958) 경보국장에게 다음과 같은 "결의"를 제출했다.

결의
1. 선인의 음모 및 선인과 주의자(좌익 사상가)의 공모 유무 사실에 대한 조사 결과를 공표할 것.
2. 위의 사실과 관계없이 선인 살상이라는 불상사를 불러일으킨 유언비어에 대해

그 출처를 철저히 규명하고 책임 소지를 밝힐 것.

3. 유언비어를 단속하지 않아 민심이 격화되어 일어나게 된 폭행을 방임한 것에 대한 당국의 책임을 명확히 할 것.

4. 조선인 사상자 수, 피해 장소, 피해 상황을 가능한 한 자세히 공표할 것.

5. 현재 보호 중인 선인에 대해서는 가능한 한 그들의 희망에 따라 귀국할 수 있도록 편의를 조치해 줄 것. 특히 부상자에 대해서는 그에 상당하는 보상을 지불하여 유감이 남지 않도록 할 것.

6. 선인을 살상한 범죄에 대해서는 엄정하게 법을 적용해 처리할 것.

7. 속히 본 사건에 대한 언론 통제를 해제할 것.

(「주오신문」 1923년 10월 22일자)

'23일회'란 주로 대학 교수들이 중심이 된 모임으로, 첫 모임은 1923년 9월 23일 제국호텔에서 열렸다. 이 모임의 목적은 9월 24일자 「주오신문」에 따르면, 지진에 따른 지식인 실업자들을 구제하기 위해 야마모토 수상에게 건의 사항을 제출하는 것이라고는 하지만, 그것만을 위한 회합은 아니었다. 요시노 사쿠조의 일기에 따르면, 같은 해 10월 1일에 개최된 '23일회'는 "오스기 사건[27]에 있어 3개 조항을 건의할 것을 결의"했다고 한다(吉野作造, 1996, 327쪽). 이 점으로부터 보아, 이 모임은 지진과 함께 일어난 각종 문제점에 대해 정부를 대상으로 그들의 의견을 건의할 것을 그들의 또 하나의 목적으로 했다고 할 수 있다.

요시노는 10월 8일 '23일회'에 조선인 학살사건에 관한 안건을 제출했

27) 관동대지진 직후 계엄령하에서 아마카스(甘粕) 헌병 대위 등이 무정부주의자 오스기 사카에(大杉榮, 1885~1923)와 그의 부인 이토 노에(伊藤野枝) 및 그 조카를 헌병대 본부로 연행해 교살한 사건. 이후 군법회의에서 아마카스는 징역 10년을 선고받았으나, 3년 만에 출감하여 만주로 건너가 만주국의 주요 정부 간부로 활약
— 역자주.

다고 그의 일기에 적고 있다(吉野作造, 328쪽). 그 결과, 앞서 말한 정부에 대한 '결의'를 제출하게 되었던 것이다. 위의 '결의'는 조선인 폭동 유언비어에 관한 사실 규명, 유언비어 유포에 있어서의 국가 책임의 판명, 조선인 피해 상황의 공표, 살아남은 조선인에 대한 배려, 가해자에 대한 엄벌, 언론 통제의 폐지를 정부에 요구한 것이지만, 이 모임의 찬동을 얻기 위해 요시노는 정부가 해야 할 최소한의 책임을 이행할 것을 요구했던 것으로 보인다.

한편, 요시노는 개인적으로 「호치신문」 10월 21일자 석간에 '결의'에서보다 수준 높은 의견을 발표했다. 요시노는 여기에서 민중이 유언비어를 믿었던 원인으로 다음의 세 가지를 들었다.

> 민중은 유언비어를 어찌하여 믿었던가. 첫째, 돌발적 사건으로 혼란한 가운데 흥분한 상태였다는 점. 둘째, 혼란한 때에 민중의 신뢰의 대상이 되었던 경찰과 군대가 유언비어를 타파하지 않고 오히려 앞장서서 유포시켰다는 점. 셋째, 일반 국민은 지금까지 총독부와 정부가 조선 통치를 성공적으로 하고 있다고 듣고 있었음에도 불구하고, 실제로 그것을 믿지 않고 있었다는 점이다. 이번 사건으로 인해 나타난 국민의 마음속에 잠재하고 있는 조선 통치는 실패라는 생각, 따라서 선인의 불평을 인정하고, 불평이 있으니 혼란을 틈타 무언가 할 것이라 믿고 있던 국민의 심리에 대해서는, 통치 당국자들이 깊이 스스로 반성하고 되돌아보아야 한다.

위와 같이, 요시노는 이 담화를 통해 군과 경찰이 유언비어에 신빙성을 부여했다는 책임과 조선 총독부의 정치적 책임에 대해 명언하였다. 또한 학살된 조선인의 유족에 대한 "충분한 손해 배상 또는 위자료의 공여"를 정부와 민간 구호 단체에 제기했다. 요시노는 "이는 정책적 의미에서가 아닌, 국민의 도의의 발로로 마땅히 해야 할 일"이라고 했다. 그는 유족에 대한 배상이 조선인을 식민지 지배의 틀 속에 넣어버리기 위한 '일선인 융화' 정책상 행해질 것을 우려했던 것으로 보인다. 또 희생자를 위한 "위로탑을 건립해, 이로써 그들의 영혼을 위로하고 아울러 국민 반성을 위해 이바지하도록 하는 것이 좋다"고 제안하였다.

이 사건에 관해서는 유언비어를 퍼뜨린 국가 책임을 제일 먼저 묻지 않으면 안 되겠지만, 당국이 흘린 유언비어를 믿고 조선인 학살의 직접적인 하수인이 된 민중도 그 책임을 지지 않으면 안 된다. 이 민중의 책임을 거론한 추도회도 개최되었다. 1924년 9월 5일, 장소는 도쿄시 간다구 미토시로초(美土代町) 도쿄기독교청년회관에서 열린 추도회가 그것인데, 모임의 명칭은 '지진 1주년 참사 지선인(支鮮人) 기도회'였다. 발기인은 이시다 도모지(石田友治), 오카자키 요시타카(岡崎義孝), 가가와 도요히코(賀川豊彦), 마루야마 덴타로(丸山伝太郎), 마스토미 세이스케(益富政助), 고자키 히로미치(小崎弘道)였다. 취지는 "기독교도로서의 입장에서 지진 당시 지선인(중국인·조선인)에게 가해진 참해에 대해 일반 국민을 대신하여 그 죄값을 지고 명복을 비는" 일이었다. 참가했던 한현상(韓晛相)은 "당시 동포 다수가 참혹하게 학살당하는 것을 보게 된 것은 유감스러운 일이었다. 세계 1등국이라 자칭해오면서 여전히 이런 행위를 자행한다는 것은 일본 국민의 치욕일 수밖에 없다"고 했다(강덕상·금병동, 606쪽).

재일조선인과 제휴한 일본인 노동자의 항의 및 추도 집회

1924년 2월 10일부터 일본노동총동맹 제2회 전국대회가 도쿄시 시바공원 협조회관(協調会館)에서 열렸다. 도쿄조선노동동맹회의 이헌(李憲)이 "부자유스러운 일본어로 축사함과 더불어 지진 당시 선인학살 사건에 대한 내지인 노동조합의 의분을 불러일으켰는데, 결국 이것이 내선 노동자 간의

제휴가 된다"고 말했다(「야마토(やまと)신문」 1924년 2월 11일자). 그의 호소는 "언어는 자유롭지 않아도, 무언가 감동과 동정을 야기시키는 것이 있어 갈채를 받았다"(「요미우리신문」 1924년 2월 11일자). 대회는 이에 응하여, 다음날 11일에 가메이도 사건과 함께 조선인 학살사건에 대해서도 정부를 탄핵하기로 만장일치로 가결하였다(「미야코신문」 1924년 2월 12일자;「요미우리신문」 같은 날짜;「니로쿠(二六)신보」 같은 날짜 석간;「동아일보」 1924년 2월 13일자). 이어서 3월 16일, 도쿄 조시가야(雜司が谷)에 있는 일화(日華)청년회관에서 관동대지진 때 학살된 일본인, 조선인, 중국인 희생자를 위한 추도회가 열렸다. 주최자는 도쿄조선노동동맹회, 일본노동총동맹, 기계연합, 자유노동동맹, 출판종업원조합, 인쇄공조합 신우회, 신문인쇄공조합 정진회, 자유인사(自由人社), 전선동맹 등 주로 노동 단체들이었다.

추도회 개최 당일은 모두에게 기계연합의 우노 신지로(宇野信二郎)가, "우리 노동자는 국제적 연대의 관점에서 서로 단결하고, 공론보다는 한 가지라도 실천하는 데 진력"한다고 말했다. 백무(白武)가 전국으로부터 보내온 비통하기 짝이 없는 조의(弔意) 전보를 몇 십 통 읽고 나서 각 노동조합의 조사를 낭독하는 순서로 옮겨가려고 하던 찰나, 스가모 경찰서장이 해산을 명령했고 회중은 이 명령에 대해 항의하였는데, 그 결과 백무와 일본인 9명이 검거되었다(「니로쿠신보」 1924년 3월 17일자 석간;「고쿠민신문」 같은 날짜). 조선총독부 도쿄출장원의『재경 조선인 개황』(1924년 5월)에 따르면, 이 집회에 조선인은 학생을 포함하여 약 150명, 중국인 30명, 일본인 200명이 참가했다고 한다(朴慶植, 1975a, 145~146쪽).

2월 26일자 「니로쿠신보」 석간에는, 도쿄조선노동동맹회의 이헌이 관동대지진 당시의 일본인, 조선인, 중국인 학살 희생자의 추도회를 열고 싶다는 취지를 각 노동 단체, 사상 단체에 자문을 구하고 찬동을 얻었다는 내용이 보도되어 있다. 이 점으로부터 보아 일화청년회관의 항의 집회는 조선인 측의 발기로 열리게 된 것이라 여겨진다.

그렇다면 위에서 말한 조선인 학살사건에 대한 일본인 노동자의 항의 운동은 두 경우 모두 조선인 측의 호소가 있은 후 처음 발생했다는 것이 된다. 일본인 노동조합에 연대를 지향하고자 하는 움직임이 싹텄다는 것은 역사적으로 중요한 진전이긴 하지만, 이러한 점으로 보아서는 아직 그 주체 성이 약했던 것으로 보인다.

관동노동총동맹은 지진 1주년 순회 추도를 준비했다. 곧 "행렬하는 것에 대해서는 치안 경찰에게서 허가를 받을 수 없으므로, 삼삼오오 추도의 공물과 꽃을 가지고 시내 공장 종업원들이 순국(殉難)한 장소를 비롯해 혼조, 후카가와(深川), 아사쿠사 등의 일본인 및 선인노동자 횡사자를 낸 장소를 찾아 정중히 추도하며 걸을 계획"이라고 했다(「호치신문」 1924년 8월 29일자 석간). 이러한 움직임이 실현되었는지 어떤지는 확인할 수 없다. 그러나 이 계획으로부터 일본인 노동자에게 정치적 제약의 틀에 대해 끝까지 항의하려는 의지가 있었다는 점이 인정된다.

곧 해산당하고만 사회주의자의 항의 및 추도 소(小)집회

도쿄시 고지마치구 유라쿠초(有楽町)에 이와사키 오뎅집(岩崎おでんや) 이라 불리는 작은 요리점이 있다. 주인인 이와사키 젠에몬(岩崎善衛門)은 사회주의자들의 물적 정신적 지지자로, 그의 가게는 사회주의자와 그 외

지식인들의 아지트였기 때문에 "사회주의 오뎅"이라는 통칭을 갖고 있었다. 가네코 후미코도 1921년 중순경부터 그 다음해에 걸쳐 약 십 개월 정도 여기에서 일했었다(山田昭次, 1996, 385쪽; 재심 준비회, 76쪽).

이 가게를 회장으로 삼아 1924년 9월 1일에 '원망의 기념회'를 개최할 계획이 세워졌다. 취지는 관동대지진 때 학살당한 사회주의자와 조선인을 추도하는 것이다. 발기인은 가게 주인인 이와사키, 후지타 나미토(藤田浪人), 서상원(徐相元), 최규종(崔圭宗)이고, 사회주의자인 사카이 도시히코와 변호사인 야마자키 게사야(山崎今朝弥) 등도 찬동했다(「주가이(中外) 상업 신보」1924년 8월 23일자). "그 안내장에는 눈물을 흘리고 있는 해골이 그려져있고, 'ㅇㅇ헌병, 경관, 자경단원은 입장 거절'"과 같은 것들이 쓰여 있었다(「도쿄 니치니치신문」1924년 8월 25일자, 「잡기장」란).

당일은 경시청과 히비야 경찰서에서 몇 명이나 나와 아침부터 이와사키 오뎅집에 몰려들었다. 초대받은 사카이 도시히코와 야마자키 게사야는 경찰로부터 자택 근신 명령을 받고 말았다. 그랬는데도 사람들은 모여와 "노동합시다, 학살은 그만 둡시다"라든지 "지진보다 헌병이 더 무서워"라고 쓰인 전단지를 오며가며 붙이고 다녔다. 그러나 오후 4시에는 개회와 동시에 해산당하고 말았다(「호치신문」1924년 9월 1일자 석간).

경찰은 사회주의자에 대해서는 이처럼 사사로운 항의나 추도의 집회조차 열지 못하게 금지시켰던 것이다.

사이타마현에서의 일본인의 추도회와 추도비 건립

도쿄 이외의 지역에서도 조선인 학살을 후회하는 추도가 행해졌다. 우선 사이타마현의 상황을 살펴보자.

사이타마현의 오사토군 요도무라는 요리이 경찰분서에 있던 조선인 엿장수 구학영을 살해한 자경단의 주도자들을 탄생시킨 마을이다. 1923년 11월 1일, 이 마을의 렌코지(連光寺)사원에서 구씨를 위한 추도회가 개최되었다. 그를 살해하고 기소되었던 피고 13명은 "초연히 말석에 늘어서서 엄숙히 분향하고, 이성을 잃었던 그 때의 일을 회상하며 한결같이 사죄하는 모습"이었다. 이 자리에는 요도무라와 이웃 마을인 하나조노무라를 비롯한 다른 마을의 촌장들, 요리이 경찰분서장, 그리고 그 외의 유력자들이 참가했다(「도쿄 니치니치신문」 1924년 9월 7일자 사이타마 판).

다수의 조선인이 학살된 오사토군의 구마가야마치에서는 사건 1주년인 1924년 9월 5일, 구마가야 다이니혼마치구(第二本町区)의 유지들 주최로 조선인이 학살된 거리에서 신사의 종교지도자인 신관(神官)에 의한 목욕재계의 의식을 올리고, 그 후 오하라 묘지에서 조선인의 영혼을 추도했다(「도쿄 니치니치신문」 1924년 9월 7일자 사이타마판).

그러나 구마가야의 상황은 복잡했다. 1장에서 언급한 바와 같이, 조선인의 묘에 유코쿠지 사원의 주지가 쓴 "□ 비업횡사선인 각영위 추사 돈생 보제(□非業横死鮮人 各靈位 追祀 頓生 菩提)"라 새겨진 탑루에 대해 마을의 자치단체사무소에서 불평을 해 즉시 철회하려 했었는데, 이에 앞서 누군가가 탑루를 미리 뽑아버리는 사건이 발생했다. 이는 신문 기사의 날짜로 보아 1923년 11월 초순의 일로 보인다.

그런데 다음해 8월 14일 「도쿄 니치니치신문」 기자가 오하라 묘지를 방문해보니, "선인횡사자의 묘"라고 적혀져 있던 묘패는 알만한 곳으로부터 주의가 내려와, "천진재조난 사망각영 추시공간[양]지탑의, 시주 무명 초지자(荐震災遭難 死亡各靈 追祀 供艱[養]之塔矣, 施主 無名 蕉志者)"로

誰が手向けたか
夏菊の花一輪
四十餘名の靈が眠る
盂蘭盆の鮮人の墓

「도쿄 니치니치신문」 사이타마판 1924년 8월 15일자.

고쳐져 있었다. 이 무명 초지자란 누구일까.

　이를 보도한 8월 15일자 「도쿄 니치니치신문」 사이타마 판에는 조선인의 묘 앞에 무릎을 꿇고 앉아있는 한 남자의 뒷모습 사진이 게재되어, "선인으로 보이는 한 청년이 엄숙히 그 영혼을 추도하고 있었다"라고 보도되어 있다(186쪽 참조).

　위의 사진에 찍힌 한 남자가 묘패를 세웠던 "무명 초지자"이자, 현재 오하라 묘지에 건립되어 있는 "공양탑" 건립을 위해 뒤에서 힘쓰며 원동력을 제공했던 한 모씨 일는지도 모른다. 1923년 10월 19일 혼조무라에서는, 조선인이 학살되었던 혼조 경찰서 근처의 안요인(安陽院) 사원에서 고다마군 불교회 주최로 진보하라 및 혼조에서 학살된 조선인을 위한 추도회가 개최되었다.

　그러나 "때가 때인 만큼 군민의 평판을 두려워하여, 표면상으로는 같은 군 출신으로 도쿄에서 횡사한 46명을 애도하는 것으로 해두었다". "각 종파의 승려 100명을 비롯해 각 마을의 자치단체장, 초등학교 교장, 재향군인분회장, 그 외 군 내 유력자 등 절 안이 꽉 찰 정도로 모인 사람들은 아무런 말은 안 해도, 마음속으로는 학살 당시의 환영을 떠올리며 마음 아파하고 있는 얼굴"이었다. 하지만 또 한편으로는 "사원 내 마당을 채울 정도로 몰려온 혼조 마을 주민들은 대열에서 벗어나서는 뭔가 헐뜯고 있는 자도 있어, 묘한 분위기를 자아내고 있었다"(「도쿄 니치니치신문」 1923년 10월 21일자 사이타마판). 혼조도 구마가야와 마찬가지로 추도하는 자, 그리고 이에 반대하는 자가 있어 복잡한 정황을 나타내고 있었다.

1장에서 말한 바와 같이, 혼조에서는 1924년 9월 1일에 혼조 신문기자단과 다이헤이샤 연예부에 의해 나가미네 묘지에 "선인의 묘"가 건립되었다. 9월 2일자 「도쿄 니치니치신문」 사이타마 판은 이어서 4일에 안요인 사원에서 각 사원 주지들이 모두 모여 혼조 관민이 참석한 가운데 추도회를 열 계획이라 보도했다. 아마도 그 추도회는 행해졌을 것이다.

이 비문 건립의 중심인물로서 진력을 다했던 이는 군마신문사 혼조 지국장이었던 바바 야스키치(馬場安吉)였다. 그는 "조선인을 죽여서는 안 된다"고 목숨 걸고 격앙된 민중을 설득했었다(관동대지진 60주년 조선인 희생자 조사·추도실행위원회, 324, 427~429쪽).

군마현에서의 일본인에 의한 추도회 및 추도비 건립

군마현 군마군 구라가노마치(현 다카사키 시내)에서는 9월 4일 군중이 순사주재소로 몰려들어 그곳에 구류되어 있던 토목건축 노동자로 보이는 조선인 한 사람을 약탈하고 살해했다(「조모신문」 1923년 12월 22일자). 「도쿄 니치니치신문」 군마판은 1924년 3월 21일자에, 이 마을에서 학살된 조선인을 위해 "추선비(追善碑)를 건립할 계획으로 기부금을 권유 중"이라 보도했다. 그 결과는 분명하지 않지만, 조선인 학살에 대해 마음 아파했던 주민들의 움직임이 있었던 것 같다.

1924년 6월 22일에 후지오카마치 조도지 사원 묘지에서 17명의 조선인 희생자를 위한 추도비가 건립되었다. 다노군 교육회 편『군마현 다노군지(誌)』(군사간행위원회, 1973)에는 후지오카 사건 당시 "다행히도 마루 밑에 몸을 숨긴 채 20일간 거의 밥도 못 먹고 기적적으로 피신했던 자가 있어, 그는 희생자들의 영을 달래야 한다며 발원(發願)했다. 이후 후지오카마치 유지들의 발기와 도움으로 이루어진 것이 현재 세워져 있는 석비인 것이다" 라고 기록하고 있다(454쪽). 조선인 동화론자인 홍애표가 어떻게 관련되었 는지는 알 수 없다. 같은 해 9월 3일자 「도쿄 니치니치신문」 군마판은 같은 달 5일 후지오카에서 조선인 희생자 추도회가 집행될 것이라고 보도했다.

지바현에서의 일본인 추도회

1923년 9월 4일과 5일에 히가시카쓰시카군 호텐무라 자경단은 호쿠소(北総) 철도공사에 종사하던 조선인 13명 외의 조선인 3명을 학살했다(吉川光貞, 81 쪽). 그 결과로 기소되었던 호텐무라의 피고 8명은 호텐무라와 쓰카다무라(塚田村) 두 마을의 유지들과 의논하고, 또 4명의 일연종(日蓮宗)사원 주지들과 연합해, 같은 해 11월 9일에 호텐무라 후지와라의 시치멘도(七面堂)에서 조선 인 16명을 위한 추도회를 열었다. 추도회에는 두 마을의 유지 50여 명, 호쿠소 철도의 전 종업원이던 조선인들의 상사 박길봉(朴吉鳳)을 비롯해 동료 조선 인 13명이 참가했다(「도쿄 니치니치신문」 1923년 11월 11일자 보소판).

지바현 가토리군(香取郡) 사와라초(佐原町, 현 시와라시)에서는, 같은 마을에 살던 조선인 의사가 '불령선인' 50명을 이끌고 도쿄로부터 돌아온다고 하는 유언비어가 9월 3일 퍼졌고, 그 소문으로 인해 이 마을에 살고 있던 조선인 3명이 군중에게 포위당해 1명은 맞아죽고, 1명은 정신을 잃고 실신하고, 또 1명은 겨우 사와라 경찰서로 도망쳤다(吉川光貞, 85쪽). 이후 다음해 1월 10일, 이 마을 재향군인분회와 소방조의 발기로 시모와케(下分)의 야쿠오인(藥王院) 사원에서 학살된 조선인 추도회가 열렸다(「도쿄 니치니치신문」 1924년 1월 12일자 소보판; 「가토리(香取)신문」 1924년 1월 15일자).

후나바시에서는 1장에서 말한 바와 같이, 1924년 9월 1일에 후나바시 불교연합회가 '법계 무연탑'을 세웠다.

가토리군 나메카와초(滑川町, 현 시모후사(下総町)마치)에서는 사루야마(猿山)의 소방조원들이 사루야마의 가장 싼 한 여관에 머물고 있던 조선인 엿장수 3명을 사와라 경찰서로 보내고자 나메카와역으로 연행해 왔는데, 조선인 1명이 역주변의 살기등등한 군중을 보고 겁에 질려서 역으로 들어오고 있던 기관차로 달려들어 그만 죽고 말았다. 다른 2명은 도망했지만 군중과 열차의 승객에게 추적당해 살해당했다(吉川光貞, 83~84쪽).

가토리군 역사교육자협의회 편·간 『가토리 민중사 연구(香取民衆史研究)』 6권(1993년 1월)에는, 나메카와역에서 학살당한 조선인의 묘석이 시모후사마치에 있는 사루야마의 야쿠시도(藥師堂)에 건립되었고, 거기에는 "내선인의 묘 시주 요쓰야 기카와(內鮮人之墓 施主 四谷 木川)"라고 새겨져 있다고 기록되어 있다. 아마도 사건 직후 이 지역 주민들에 의해 건립된 묘석으로 보인다. 필자는 2001년 8월 30일에 야쿠시도의 묘지를 조사해 보았지만, 이 묘석은 발견할 수 없었다. 묘석이 붕괴된 것일까.

2. 재일조선인의 항의 추도회와 '일선 융화' 추도회

항의와 '일선 융화'가 대항해 싸우던 추도회

1923년 10월 28일 조선인 희생자 추도회가 도쿄 시바에 있는 조조지(增土寺) 사원 본당에서 열렸다. 이 추도회의 성격은 복잡했다. 주최 측은 소설가 정연규(鄭然圭), 불교조선협회, 민중불교단이었다(「요미우리신문」 1923년 10월 24일자; 「지지(時事)신보」 1923년 10월 23일자 석간).

정씨는 10월 20일 조선인 학살사건 기사 해금과 사법성 발표가 있은 직후, "죽임을 당한 선인 수의 자릿수가 틀리지 않습니까? 오로지 자경단만 흉악하다 해놓으면, 군대와 경찰관에게는 정말 조금의 잘못도 없었다는 것입니까?"하며 정부의 학살 실태에 대한 은폐 조치를 날카롭게 비판했다. 10월 20일 조선인 학살사건 기사 해금에 따라 신문에 게재되게 된 조선인 피학살자 총수는, 21일자 「요미우리신문」에는 300명, 같은 날짜 「도쿄 니치니치신문」은 432명, 20일자 「호치신문」 석간은 도쿄부가 약 60명, 부근의 현이 459명으로 총 합계가 519명으로 되어있었다. 발표된 피학살자 수의 자릿수가 틀렸다는 정씨의 비판은 옳았다. 정씨 자신도 세타가야에서 자동차에 창, 언월도,[28] 낫, 톱, 일본도를 가진 자경단의 습격을 받았는데, 일행 6명 가운데 정씨만 유독 쇠몽둥이로 맞았고 나머지 5명도 거의 반은 죽은 꼴이 되었고, 그는 그 후 40일간 요도바시(淀橋) 경찰서에 구류되어 있었다(「호치신문」 1923년 10월 21일자 석간). 그가 철저히 비판하는 것도 당연하다.

---

28) 薙刀, 끝이 휘어진 긴 칼—역자주.

조선총독부 경무국 도쿄출장원의 『재경 조선인 개황』(1924년 5월)에 의하면, 정씨는 경시청이 작성한 요시찰인 리스트에 을(乙)호로 찍혀 있었다(朴慶植, 1975a, 142쪽). 「요시찰 조선인 시찰 내규」(1916년 제정)에 따르면, 요시찰인 갑(甲)호란 "배일사상의 신념이 강한 자, 또는 배일사상 소유자 중 힘 있는 자", 또는 그러한 의심이 가면서 "특별히 엄밀한 시찰을 요한다고 판단되는 자"다. 요컨대 이는 경시청의 입장에서 볼 때 가장 위험한 조선인이라고 인정되는 자다. '배일사상'을 갖고 있긴 하지만 갑호에 미치지 않는 조선인은 을(乙)호로 판정된다(朴慶植, 위의 책, 23쪽). 이 추도회에서 정씨가 읽을 예정이었던 추도사에서는, 조선인 학살 희생자를 "이유 없이 참살되었으면서도 애도조차 해줄 수 없는 우리의 동포"로 규정한 항의의 의지를 표명하는 것이었다(「호치신문」 1923년 10월 28일자 석간).

이 추도회의 주최 단체 중 하나인 불교조선협회는 내무성 경보국 안보과에 의한 『조선인 개황』 제3집(1920년 6월)에 따르면, 1919년 6월에 창립된 "조선인에 관해 내지인이 경영하는 단체"다(朴慶植, 위의 책, 115~116쪽). 조선총독부 경무국 도쿄출장원이 발행한 앞의 책에서는 이 모임을 "내선 융화를 위해 상당한 효과를 올려온 단체"라 평가하고 있다(朴慶植, 위의 책, 146쪽). 즉, 이 단체는 불교를 이용하여 '일선융화', 즉 조선인의 동화(同化)를 목표로 한 일본인의 단체였던 것이다.

불교조선협회의 이사이며 본 추도회 주최 측의 대표이던 벤쿄 시오(権尾辨匡)의 추도사는 다음과 같았다.

인류는 서로 간의 협력과 사랑에 의한 진실 명행(明行)으로만 영원히 살아가야 하는 법, 그 외 모든 것은 물거품이고 몽환이라. 특히 일체 죄악은 본인의 무명(無明, 사바

세계)에서 나온 것으로, 암귀, 아집, 망상일 수밖에 없는 법. 지금이라도 각성하고 깨닫는다면, 일대 공생의 진천지를 열게 되리. 만일 그 영혼 각성치 아니하면, 그 고통은 영겁의 고통이 되리니(「주가이일보」 1923년 11월 2일자).

이 추도사는 조선인을 학살한 일본인에 대해 인류의 상호애를 연설하고 있는 것이 아니라, 일본인에 의해 학살된 조선인 사망자에 대해 일체의 죄악은 본인에게서 기인한 것이니 상애, 공생의 뜻을 갖지 못하는 한 그들의 영혼은 영원한 고통에서 벗어날 수 없다는 것이 그 취지다. 이를 뒤집으면, 바로 '일선융화'의 본질이 된다. 민중불교회의 성격은 알지 못하나, 이상의 점으로만 보아도 그 주최자들의 성격은 복잡하다는 것을 알 수 있다.

내빈도 조선총독부 대리인 아리요시 주이치 정무총감, 내무, 외무, 대장, 운신, 문부 각 대신들의 대리들이 참석하고 있는 한편, 일본 국가에 비판적인 조선인 인권 옹호 문제로 분투했던 변호사 후세 다쓰지도 참가하고 있다. 추도사는 약 10통에 달했지만, 주최자 중 한 사람인 정씨에게 그의 조문을 낭독하지 못하게 한 채 분향의 순서로 넘어가, 정씨는 이에 분노하여 항의했고, 그런 연후에야 그의 조문을 낭독하는 사건이 일어났다(「지지신보」 1923년 10월 28일자).

당일 날 추도회의 사회를 맡고 있던 벤쿄 시오는 "김군만이 선인의 대표라고 생각했던 것은 바쁜 가운데 벌어진 실수다"라는 뜻을 밝히며 정씨를 달랬다(「요미우리신문」 1923년 10월 29일자). 그러나 한현상은 "처음부터 이 추도회는 조선인 측에서는 정연규 씨가 관계해왔고, 추도식에서도 조선인 대표로 그가 조문을 낭독하기로 예정되어 있었다. 그러나 조문 내용이 좀 과격하다는 이유로 조선인 대표인 김모 씨 혼자만 추도문을 낭독하도록 했다"고 진술하고 있다(「재일 한민족 운동사」 37, 「한국신문」 1962년 2월 1일자). 시오의 조문 내용은 정씨의 조문과는 달랐고, 내빈으로 누가 왔는지를 보아서도 이 추도회의 주류는 '일선융화'를 위한 것이었다고 할 수 있다. 이 점으로부터 볼 때, 한씨의 견해가 옳은 것으로 판단된다.

1923년 11월 8일자 「주가이일보」에 따르면, 정씨는 그 후 수차례나 불교조선협회의 요코이(橫井) 주사와 면회하여 추도회에서 조문 낭독에 정씨를 빼놓는 사실은 절대적으로 잘못된 일임을 이해시킨 후, 그와 더불어 경시청 내선과(內鮮課)를 찾아가 학살당한 조선인의 유골을 불교조선협회에 인도해 줄 것을 요구했다. 그러나 내선과는 아직 행방불명인 것도 있고, 유족이 아니면 유골을 건네줄 수 없다며 거부했다. 정씨는 이 일에 대해서는 일단 뒤로 미루고, 탑루를 세우러 다녔다고 한다"는 내용이 보도되어 있다.

정씨는 "동포의 뼈를 찾아"라는 제목의 순례 기록을 11월 28일부터 12월 15일에 걸쳐 「호치신문」에 8회 연속 게재했다. 정씨와 요코이가 찾았던 장소는 「주가이일보」의 기사와는 좀 다른 가메이도 경찰서와 고마쓰가와 다리 부근의 아라카와 방수로였다. 정씨는 가메이도 경찰서의 학살 현장지에 아직도 백골이 산재해 있는 모습을 기록하고 있다. 고마쓰가와 다리에는 일본인 노파로부터 조선인 사체를 태우는 상황에 대해 전해들을 수 있었다. 노파의 말은 이러한 것이었다.

음, 별로 차에 싣고 오는 일은 없었어요. 거기 있는 그 굵은 밧줄로 목을 묶어서는 어디에서인지, 얼마나 먼 곳에서인지 개나 뭐처럼 막 끌고 와서는 …… 예, 물론 철사 같은 걸로 목을 묶어서 저 둑 위로 끌고 와서 거기서 아래로 발로 차 떨어뜨리고는 석유를 부어 이틀 밤낮으로 계속해서 태웠어요. 그러니 그 냄새도 냄새이거니와, 도대체 밥이나 먹는 게 가능했겠어요 …… 네, 맞아요. 참, 어르신들(순사를 가리킴)이 주로 와서 태웠습니다만, 그건 완전히, 저래도 인간인가 싶은 생각이 들 정도였어요. 불을 끌 때 쓰는 쇠갈고리 같은 걸로 사람을 찍어서 불 속에 집어 처넣었으니까 말이죠(「호치신문」 1923년 12월 15일자; 금병동, 1996c, 296~297쪽).

　정씨는 이러한 그의 글을 통해 당국에 대한 분노를 표현했고, 여기에는 '일선융화'의 노선에는 도저히 합류해 들어갈 수 없는 무언가가 그에게 있었다는 사실이 드러나 있다.

조선인의 항의 추도회

1923년 11월 17일 고베시 가미쓰쓰이(神戸市上筒井) 종점 관서학원(関西学院)에서 고베 재류 조선인들이 주최한 조선인 희생자 추도회가 열렸다(「동아일보」 1923년 12월 1일자).

　같은 해 12월 28일 도쿄부 조시가야의 일화청년회에서도 조선인에 의한 추도회가 열렸다. 28일자 「동아일보」의 사설 "참사 동포의 추도회, 무엇으로 그 한을 위로하나"에 보도된 바에 따르면, 이 추도회의 주최자는 도쿄 조선유학생학우회를 비롯한 20여 개의 단체였다.

　회장에서는 수십 개의 조기 아래 1000여 명의 조선인이 모여 일제히 추도가를 부르고, 비통하기 짝이 없는 추도문을 낭독한 뒤, 조선 각지에서 보내온 30여 통의 조문 전보를 공개했고, 수십 명이 눈물로 각자의 소감을 발표했다. 이후에 마지막으로는 추도가를 부르고 식을 마쳤다. 여기에는 후세 다쓰지, 일본 노동총동맹의 기무라 사카리(木村盛), 노동운동사의 우에노 가즈오(上野一雄)도 참가하고 있었다(「동아일보」 1924년 1월 6일자).

　1924년 9월 13일에 도쿄부 시모토쓰카(下戸塚) 스코트홀에서 "피○○(학살) 조선동포기념추도회"가 개최되었다. 주최자는 도쿄 조선기독교청년회, 도쿄 조선유학생학우회, 여자학흥회, 천도교청년회, 불교청년회, 무산자청년회, 북성회, 흑우회, 조선노동동맹, 조선노동공생회의 열 개 단체였다(「호리쓰신문」 1924년 9월 25일자). 사상적 경향으로 볼 때, 민족주의자, 무정부주의자, 사회주의자의 통일 전선이었다고 할 수 있는 이 추도회는, 원래 사건 1주년 기념일인 9월 1일에 개최할 예정이었지만, "위로부터의 주의"가 있어 13일로 연기되었다(「도쿄 니치니치신문」 1924년 9월 12일자).

추도회 장소에는 재경(도쿄) 조선인 남녀 학생 800여 명이 모였다. 회장에 붙어있던 전단지에는 "피학살" 뭐라고 쓰여진 부분이 있었는데, 그 "학"이라는 글자 위에는 "위의 알만하신 분들 눈에 거슬린다는 이유로" 전부 종이를 덧붙여서 글자를 가려야만 했다. 안광천(安光泉)의 추도문 낭독 후, 이근무(李根茂)가 조선인 학살에 대한 '진상 보고'에 들어갔고, "피복 제조 공장 자리에서29) ○○(학살)된 우리 동포의 수는 3200"이라고 말하려는 순간, 위로부터 중지할 것을 명령받았다. 여학생 박순천(朴順天)이 "우리는 뭔가의 수단을 통해 복수하지 않으면 안 된다"고 외치자, 또 중지 명령을 받았다. 이헌이 단상에 서서 "선인○○(학살)의 불법성을 힐책하며 '천장, 이천장 추도문이 무슨 소용이 있는가. 우리는 동포의 영령에 답할만한 무언가를 해야 하지 않겠는가'하며 분노를 토하자" 도쓰카(戶塚) 경찰분서장은 해산을 명했고, 200여 명의 경관대가 장내로 몰려 들어와 참가자를 회장 밖으로 밀어냈다(「요미우리신문」 1924년 9월 14일자).

이 때 벌어진 탄압상은, 조선인 학살의 실태를 규명하는 일도, 일본 국가

---

29) 피복 상적(被服廠跡). 도쿄 스미다구(墨田区)에 있던 구 일본 육군의 피복 공장 자리로, 지진 당시 많은 지진 재해민들이 불을 피해 피난왔던 장소―역자주.

에 대해 항의하는 일도 일체 허락하지 않겠다고 하는 일본 국가의 의지를 노골적으로 보여준 것이었다. 일화청년회관의 추도회에서는 조선인 학살에 대한 항의 표명은 하지 않았으므로 무사히 집회가 끝났지만, 스코트홀에서의 추도회는 항의의 뜻을 분명히 표명했기에 탄압을 받았던 것으로 보인다.

'일선융화' 노선의 추도회

1924년 8월 31일 시바 조조지 사원에서 '조선불교대회'의 주최로 "외국인 · 조선인 대지진 순난자 1주년 추도법회"가 열렸다. '조선불교대회'란 이원석(李元錫)이 조선 병합에 영합했던 전 관료 친일파 관료 이완용(李完用)과 그 외 조선인 · 일본인을 조직하여 설립한 것이었다. 이원석은 1924년 2월에 도쿄에 온 후, 기요우라 게이고(清浦奎吾, 1850~1942) 수상과 시부사와 에이치(渋沢栄一, 1840~1931)를 비롯한 여러 정부 · 민간의 명사들과 불교관계자들을 순방해, "동아 민족의 친화 제휴를 기하고자 하면, 우선 불교를 그 융화의 기초로 삼아야 하고, 특히 내선인 융화를 도모하는 데는 마땅히 일본과 조선이 공유하고 있는 불교를 기조"로 해야 한다며 그들의 원조를 구해, 6월에 가토 다카아키(加藤高明, 1860~1926) 내각이 성립하자 가토 수상과 문부 대신의 찬동까지 얻게 되었다(강덕상 · 금병동 603쪽).

이 추도회에는 도쿠가와(德川) 후작인 가스야(粕屋) 중의원 의장, 도쿄부지사, 그리고 그 외 명사들과 각국의 외교관들이 참석했다. 이원석은 추도회 조문에서 다음과 같이 연설했다.

불경에 이르기를, "원한을 원한으로 보복하면 그 원한 그칠 줄 모르고, 원한을 덕으로 갚으면 그보다 더 좋은 일은 없나니"라고 하였는데, 하물며 재해 후 곧바로 오해도 사라지고, 관민할 것 없이 일본과 조선의 동포가 뜻을 모아 조난자의 참화를 추도하고자, 오늘 1주년을 기해 추도회를 열어 모두의 영령을 기리기 위해 대관 명사 다 친히 모여 헌화 분향하는 성의를 보이오니, 모든 영령은 저승 행차하소서 (강덕상·금병동 603~605쪽).

요컨대, 이 조사는 이제 조선인에 대한 오해도 풀리고 조야의 일본인, 조선인이 일치하여 추도하고 1주년을 맞아 대관, 명사가 다 모여 추도하고 있으니 학살 당한 조선인들은 원망을 버리고 성불하라는 것이었다. 그야말로 '일선융화'의 조문이었다. 이 추도회에는 육군군악대의 연주도 행해졌다(「고쿠민신문」 1924년 9월 1일자). 일본 국가와 조선인 친일파의 '일선융화' 노선이 결탁한 결과는 이러한 자리에서도 노골적으로 드러났다.

그 외에 '일선융화' 노선의 추도회도 자주 행해졌다. 1923년 12월 25일자 「요미우리신문」은 "무참히 횡사당한 선인에 대한 동정을 표하기 위해 내선 동락을 목적으로 하는 충애회(주아이카이, 忠愛会)"와 상애회가 공동으로 27일 고이시카와구 에도가와(江戸川) 이시키리바시 다리(石切橋)의 류오부치 연못(龍生池)에서 조난당한 조선인의 위령제를 거행하기로 했다고 보도했다. 이 추도회를 보도했던 같은 해 12월 28일자 「미야코신문」에는 "충애회의 히다 가게유키(肥田景之) 씨"라는 말이 나온다. 이것으로 볼 때, 히다는 충애회의 대표이고 충애회는 '일선융화'를 목적으로 한 일본인 단체다. 당일 이 추도회에는 "조선총독부 대리, 미노베(美濃部) 조선은행 총재, 동양척식은행 총재 대리, 대신 대리들이 내빈으로 참석했고, 주최측 및 내선인 수천 명이 참석했다"(「미야코신문」 1923년 12월 28일자).

1924년 9월 14일, 상애회 주최, 경성일보사, 일선기업 주식회사, 마이니치 신보사의 후원으로 도쿄시 니혼바시구 닌교초(日本橋区 人形町) 거리에 있는 일선(日鮮)회관 5층에서 "이재 귀유(罹災歸幽) 선인 1주년 추도 제"가 열려, 일본인과 조선인 300여 명이 모였다. 히다가 인사말을 했다고 하니, 충애회도 이에 관련하고 있었던 것 같다. 이 추도회에는 조선총독부 내무국장과 경무국장을 역임했던 아카이케 아쓰시도 상애회 명예회원으로서 참가하고 있다(「호리쓰신문」 1924년 9월 25일자).

상애회는 도쿄 이외에도 손을 뻗치고자 했다. 상애회의 박홍조(朴鴻祚)는 1924년 7월 31일, 이 해 가을에 구마가야와 혼조에서 대대적으로 추도회를 열고 싶다며 사이타마현 사회과에 알선해주기를 간청했다. 그는 현으로부터 소개장을 받아 구마가야, 혼조 당국을 방문할 계획이었다(「도쿄 니치니치신문」 1924년 8월 1일자 사이타마판). 그러나 구마가야 당국은 이제 와서 그런 불상사를 기억하게 하고 싶지 않다며 아무런 준비도 하지 않았다(「도쿄 니치니치신문」 1924년 8월 21일자 사이타마판). 결국 상애회의 계획은 이 지역에서 받아들여지지 않아 성공하지 못했을 것이다.

요코하마에서는 학살된 조선인의 추도를 둘러싸고, 조선인의 자주적 움직임과 '일선융화'의 조류가 복잡하게 섞여서 전개되고 있었다. 대지진 1주년째인 1924년 9월 1일, 요코하마시 호리노우치초(堀の內町)의 무로지(室生寺)에서 조선인 희생자 추도회가 열렸다. 이 추도회의 성격에 대해서는 「도쿄 니치니치신문」과 「요코하마 무역신보」에서 견해를 달리하고 있어, 두 기사를 모두 소개한 후 그 성격을 판단하고자 한다.

본 추도회의 주최에 대해 8월 30일자 「요코하마 무역신보」는 "본 현에 살고 있는 조선인 및 내지인 유지들에 의해 조직된 가나가와현 조선인 법요회가 주최"한다고 보도했다. 9월 2일자 「도쿄 니치니치신문」 요코하마 요코스카(橫須賀)판과 가나가와판은 "현 내 재주 조선인단 주최"라고 전하며, 그 추도회 성립 경위에 대해 다음과 같이 보도했다.

> 불의의 천재지변은 다행히 면했어도, 유언비어로 인해 화를 당해 불쌍한 타향 귀신이
> 되어버린 불운의 영령들을 위로하고자, 이성칠 씨 등은 한 달 전부터 그 준비에 분주히
> 움직이기 시작해 소지지(總持寺) 사원까지 갔건만, 한마디로 거절당하고 말아 여기
> 저기 사원을 다녀보았으나, 흔쾌히 받아주는 곳이 한 군데도 없어, 한 때는 어쩔할
> 바 모르고 있었는데, 가나가와현 대지진 법요회가 이 말을 듣고 받아들여서……

이씨는 지진 후 참살당한 조선인을 그들이 입고 있던 옷으로써 판별해, 사체를 농가에서 빌린 리어카로 주워모아 공동화장터에서 태우게 했다. 뼈는 수습할 수가 없어, 위패를 만들어 안고 걸었다(坂井敏樹, 51쪽). 네즈 마사시의 인터뷰 조사에 의하면, 이성칠은 이 위패를 납입하고 9월 1일에 법사를 드리고 싶다고 가나가와현 내의 사원들을 샅샅이 찾아다니며 부탁 하고 다녔지만 거절당했는데, 무로지 사원의 주지 사에키 씨가 승낙해 이씨 의 소망이 실현되었다고 한다(네즈마사시, 196쪽). 이상으로 보아 「도쿄 니치니치신문」의 기사가 옳다고 생각된다. 단, 네즈의 인터뷰 조사에는 가나가와현 대지진 법요회는 등장하지 않는다. 적어도 사에키 씨는 이 법 요회에 있어서 지도적인 인물이었던 것 같다.

추도회 당일의 모습을 살펴보자면, 9월 2일자 『요코하마 무역신보』는 "조선인 고학생 대표자 일반 선인의 분향"이 있었다고 보도했는데, 여기에 는 이씨의 이름은 등장하지 않는다. 앞서 말한 「도쿄 니치니치신문」은 "이 총 대표를 비롯한 선인들의 비통한 추도문 낭독이 있었다"고 보도했다. 즉, 「도쿄 니치니치신문」은 이씨가 주체성을 갖고 행동하고 있다는 사실을 보도하고 있다.

그러나 위에서 말한 「요코하마 무역신보」의 기사에 따르면, 추도회에는 지사 대리, 시장 대리, 무라오 해군고관, 고토부키 경찰서장 등 고위직 이들도 출석하고 있다. 무라오가 '일선융화'론자라는 사실은 1장에서 이미 밝혔지만, 이러한 높은 자리 인물들이 참석하고 있었던 사실로 보면, 이성칠의 움직임까지 '일선융화' 노선에 편입시키려고 했던 정부의 의도가 있었던 것이 아닌가 생각된다. 사실, 이씨는 1926년 2월 25일에 현의 지사를 회장으로 창립한 가나가와현 내선협회의 평의원으로 취임했었다(宗田千惠, 71쪽).

한편 1925년 9월 5일, 요코하마시의 도베(戶部)에서 개최되었던 재요코하마 조선합동노동회 주최 대지진 조선인희생자 추도회는, 추도를 명목으로 하여 "배일(排日)을 의미하는 불온 연설회를 개최했으므로, 개회 5분만에 곧 해산 명령이 떨어져, 김천해(金天海)를 비롯한 세 명의 조선인이 검거되었다"(「요코하마 무역신보」 1925년 9월 6일자). 가나가와현에서도 '일선융화' 노선에 포함시킬 수 있는 조선인들은 포함시키고, 저항하는 자들에게는 노골적인 탄압을 가한다고 하는 것이 조선인에 의한 학살 조선인 추도회에 대한 정부 방침이었던 것이다.

3. 맺음말

이상에서 밝힌 바와 같이, 일본인 사회주의자에 대한 탄압이 극히 심했던 당시로서는, 조선인 학살에 대한 항의와 추도 집회를 행한 일본인이라고 하면 일부의 지식인, 크리스천, 그리고 노동자에 지나지 않았다. 일본인 노동자들의 항의와 추도 활동은 도쿄 조선노동동맹회의 이헌 등의 호소가 있고 나서야 비로소 시작되었다. 일본인 노동자들에게 있어서 국가의 틀을 넘어서 조선인 노동자들과의 연대의 의지가 생겨났다는 것은 중요하지만, 이런 점에서 볼 때 그들의 모습은 아직 약한 것이었다고 보여진다.

사이타마, 지바 등지에서는 조선인 학살을 후회하는 일본인들이 추도회를 주최하거나 그러한 자리에 참가하고 있었다. 그러나 이에 반발하는 일본인들도 많았던 것 같다.

조선인에 의한 추도회는 당연히 전개되고 있었다. 당국은 조선인 학살의 실태를 밝히거나 이에 항의하는 추도회에 대해서는 노골적인 탄압을 가했고, 조선인의 활동을 회유할 수 있다고 여길 경우는 '일선융화'의 노선으로 그들을 끌어들이고자 했다. 또 상애회는 '일선융화'를 노린 추도회를 개최해 조선인 대량 학살이 있었던 사이타마현에까지 그들의 활동을 넓혀 가려 했다. '일선융화'론자인 홍애표는 후지오카 사건 관련한 조선인 희생자를 위한 추도비 건립에 관여했다.

이러한 '일선융화' 노선의 배후에는 정부가 있었다. 일본 국가는 조선인에 의한 조선인 희생자의 추도 의지에 대해 탄압과 회유로 임하였던 것이다.

6장

학살된 조선인 수를 둘러싼 제반 조사의 검토

관동대지진 당시 학살된 조선인의 수를 논할 때 반드시 거론되는 것은 1923년 12월 5일자 상하이 대한민국임시정부의 기관지인 「독립신문」에 게재되었던 "본사 피학살 교일(僑日)동포 특파조사원 제1신"에 보도되었던 조사 보고다(이하 '제1신'으로 약칭). 이 조사에 따르면, 학살된 조선인의 총수는 6661명이다. 그러나 이것이 어떻게 행해진 조사인지, 다른 조사들과 비교해 볼 때 어느 정도 신빙성이 있는지 등에 관해 면밀하게 검토한 연구는 없고, 조사된 것이라고는 겨우 가나가와현 조선인 학살자 수에 대한 가지무라 히데키(梶村秀樹)의 연구가 있을 뿐이다. 신빙성을 검토하기 위해서는 우선 그 조사과정을 분명히 할 필요가 있을 것이다. 또한 이 조사보고를 오늘날까지 행해진 각 지역에서의 연구 성과와 함께 대조하여 볼 필요가 있다.

　한편, 위의 '제1신'과 큰 대조를 보이는 것이 사법성의 『지진 후 형사사범 및 관련 사항 조사서(震災後に於ける刑事事犯及之に関連する事項調査書)』(이하 '사법성 조사'로 약칭)에 기재되어 있는 학살된 조선인의 수이다. 이에 관해서도 역시 그 신빙성을 검토할 필요가 있다. 이 장에서는 이와 같은 점들을 검토해보자.

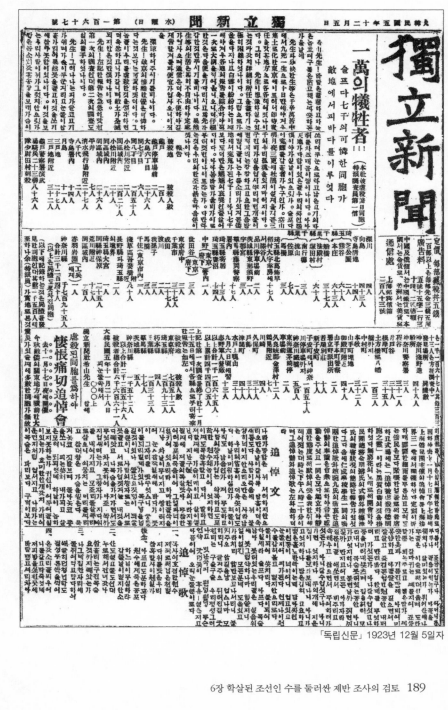

「독립신문」1923년 12월 5일자

1. 학살된 조선인 수에 대해 조선인이 실시한 두 가지 조사보고

관동대지진 후 조선인이 조사한 조선인 학살 수 보고서에는 두 가지가 있다. 하나는 앞서 말한 「독립신문」에 게재된 '제1신'에 기록된 조사보고다. 또 하나는 이보다 앞선 1923년 10월까지의 조사결과인 재일본 관동지방 이재조선동포위문반의 조사보고다.

첫 번째는 이후 한국에서 간행된 애국동지후원회 편 『한국독립운동사』에 수록되어 있다. 그 일본어 번역이 미스즈쇼보(みすず書房)에서 1963년 간행된 강덕상·금병동 편 『현대사자료 6. 관동대지진과 조선인』에 소개되어 일본에서도 알려지게 되었다. 그러나 간행 준비 당시 손으로 베끼는 과정에서 생긴 착오인지, 「독립신문」에 게재된 '제1신'은 자구(字句)에 잘못된 부분이 있다. 사료로 쓰고자 할 경우는 그 원본이 된 「독립신문」에 게재된 '제1신'을 사용해야 할 것이다.

강덕상(姜德相)은 이 보고서를 "김승학(金承學) 조사"라고 부른다. 그 근거는 강덕상 씨가 "독립신문 사장 김승학이 비밀리에 도쿄에 들어와 그의 동지들을 규합해 희생자 조사에 나섰던 것"이라고 보는 데 있다(강덕상, 154쪽). 그러나 이 보고서 원본의 끝부분에는 다음과 같이 적혀 있다.

> 대한민국 5년 11월 8일
> 　　피눈물 속에
> 　　○○○ 올림
> 독립신문사 희산 선생 앞

받는 이로 되어 있는 희산이란 김승학의 호다. 즉, 이 보고서는 특파된 조사원으로부터 독립신문사 사장 김승학에게 띄웠던 것이다. 조사를 담당했던 이는 특파조사원이고, 김승학은 보고서의 수취인이었다.

「독립신문」에 발표되었던 이 보고서에는 특파조사원의 이름이 지워져 있지만, 이는 한세복이라고 본다. 김승학의 회고록인 「망명객행적록」에는 다음과 같이 쓰여 있다.

신문사에서는 왜경의 지진시에 한인을 대학살한 사건이 내외에 전파되므로 명고옥(名古屋) 잡지사에 있는 한세복(韓世復) 군을 동경등지에 특파하여 학살된 진상을 조사하였다(독립기념관 한국독립운동사연구소, 431~432쪽).

그런데 한씨 한 사람이 단기간 내에 관동 일대에 걸쳐 조선인 학살조사를 하는 것은 불가능한 일이다. 한씨는 조선인 학살조사를 행했던 재일본 관동지방 이재조선동포 위문반에 관여하면서 그 조사 결과를 김승학에게 보낸 것이 아닌가 생각된다.

1924년 1월 6일자 「동아일보」에 "이재조선인 위문반 보고회"라는 제목으로 다음과 같은 기사가 게재되었다.

일본에 거류하는 조선인 측 17단체의 발기로, 지진 당시 무참히 죽임을 당한 이재동포의 추도회를 도쿄에서 개최한다 함은 이미 보도한 바 있는데, 이 추도회를 전후하여 이재동포 여러 가지 상황을 조사하는 위문반의 경과보고회와 뒤를 이어 일본에 있는 도쿄조선인대회도 개최하였으나, 그 자세한 내용은 발표할 자유가 없으므로 대강만 보도하건대, 지나간 12월 25일 오후 1시부터 도쿄부 조시가야 일화청년회관에서 재일본 관동지방 이재조선동포 위문반 경과보고회를 개최하고, 위문반이 활동한 경과와 회계에 관한 보고와 조선인학살사건에 관한 조사 보고 등을 마친 뒤에 즉시 계속하여 재일본 도쿄조선인대회를 개최하고
　　　▲ 1923년 (작년) 11월 말일까지 조사된 피살 동포의 수효와

▲ 조선인의 폭행 여부와 유언비어의 출처와

▲ 유언비어의 전파자와

▲ 유언비어를 내게 된 동기

등에 관하여 성명한 바가 있었더라.

이같이, 위의 보고회에서 1923년 11월 말까지의 학살자 수를 조사한 결과가 보고되었던 것이다. 한편, 같은 해 12월 5일자 「독립신문」에 게재된 한씨의 '제1신'에 게재되어 있는 피살 조선인에 대한 1차 조사를 중단한 날짜는 11월 25일이다. 그리고 이 '제1신'의 날짜는 같은 달 28일로 되어 있다. 이러한 점에서 볼 때, 한씨는 일화청년회관에서 보고된 재일본 관동지방 이재조선동포위문반의 11월 말까지의 조사보고와 같은 결과를 조사가 멈춘 직후 김승학에게 보냈다고 생각된다.

이 보고서에는 "선생님! 이 보고는 매우 급히 마친 제1차 조사로, 제2차 조사에도 이미 착수했습니다"라고 써있다. 그러나 조선총독부 경무국 도쿄출장원 『재경 조선인 개황』(1924년 5월)에는 12월 25일 "당일로 위문반을 해산하고, 이후 재도쿄 조선인대회로써 일체의 사업을 계승하기로 결의함 …… 그러나 이후 조선인대회의 볼 행동으로 보이는 것은 없었고"라고 기록되어 있다(朴慶植, 1975a, 147쪽).

이 점으로 보아 2차 조사는 실제로 행해지지 않았던 것 같다. 그렇다면 「독립신문」에 게재된 '제1신'에서 보고된 조선인 피학살자 수 조사보고는 실질적으로는 위문반의 최종 조사보고였다고 볼 수 있을 것이다. 그러므로 여기서는 이를 "재일본 관동지방 이재조선동포 위문반 최종조사보고"라고 부르기로 한다. 이를 정리한 것이 [표 6-1]이다.

[표 6-1] 재일본 관동지방 이재조선동포위문반에 의한 조선인 피학살자 수 최종 조사보고

살해당한 곳		피살자수	원본에 기재된 주석 내용
도쿄부	가메이도	100	사체 발견이 불가능한 수
	가메이도 정차장 앞	2	
	오지마(大島) 6가	26	
	오지마 7가	6	
	오지마 8가	150	
	고마쓰가와 부근	2	
	같은 구역(区域) 내	220	
	고마쓰가와 부근	20	
	같은 구역 내	1	
	같은 구역 내	26	
	히라이(平井)	7	
	시미즈(清水)비행장 부근(원문대로)	27	
	하치요(八千代)(원문대로)	2	
	데라지마(寺島) 경찰서 내	14	
	쓰키시마(月島)	11	
	미토치(三戸地) (원문대로, 三号地의 오기—역자주)	27	
	미토치 부근(원문대로)	32	
	가메이도경찰서 연무장 기병23연 대 소위 다무라가 찔러죽임	86	
	후카가와	4	
	무코지마	43	
	데라지마 세이치(清地)(우케지 清地)	14	
	시나가와 정차장 앞	2	
	나카노(中野) 관내	1	
	세타가야	1	
	후추(府中)	2	
	센주	1	
	아즈마바시(吾妻橋)다리 부근	80	
	아라카와 부근	17	
	같은 구역 내	100	
	아키바네 이와부치(赤羽岩淵) (공병(工兵)에 의함)	1	
	시바 공원(1)	2	
	도쿄부 내	752	앞의 1차 조사를 종료한 11월 25일, 각 부·현(府県)으로부터 받은 보고
합계		1,781	
사이타마현	구마가야	60	사체 발견이 불가능한 수
	혼조	63	
	기타카쓰시카(北葛飾)[군] 와세다무라 고보(早稲田村 幸房) 에서 漆谷人(원문대로)(2)	17	

	요리이(3)	13	
	메누마(4)	14	
	나가노현과의 경계	2	
	오미야	1	
	진보하라	25	
	사이타마현 내	293	앞의 1차 조사를 종료한 11월 25일, 각 부·현(府県)으로부터 받은 보고
	합계	488	
지바현	후나바시	37	사체 발견이 불가능한 수
	호텐무라, 쓰카다무라	60	
	미나미교토쿠	3	
	나가레야마	1	
	사와라	7	
	마바시(馬橋)	3	
	지바시(千葉市)	37	
	나리타	27	
	나미카와(波川)(누메가와 滑川)	2	
	아비코	3	
	마바시	3	
	9월 6일경 나라시노 군대진영 내	13	사체가 발견된 수
	지바현 내	133	앞의 1차 조사를 종료한 11월 25일, 각 부·현(府県)으로부터 받은 보고
	합계	329	
도치기현	히가시나스노(東那須野)(5)	1	사체 발견이 불가능한 수
	우쓰노미야(宇都宮)	3	
	도치기현 내	4	앞의 1차 조사를 종료한 11월 25일, 각 부·현(府県)으로부터 받은 보고
	합계	8	
군마현	후지오카 경찰서 내	17	사체 발견이 불가능한 수
	군마현 내	17	앞의 1차 조사를 종료한 11월 25일, 각 부·현(府県)으로부터 받은 보고
	합계	34	
이바라키현	이바라키현 내	5	앞의 1차 조사를 종료한 11월 25일, 각 부·현(府県)으로부터 받은 보고
	합계	5	
가나가와현	가나가와현 아사노(浅野)조선소	48	사체를 발견한 수
	가나가와 경찰서	3	
	호도야(程谷)(호도가야 保土ヶ谷)	31	
	이도야(井戸谷)(이도가야 井戸ヶ谷)	30	
	네기시초(根岸町)	35	
	히지카타바시(土方橋)부터 하치만바시(八幡橋)까지	103	
	나카무라초(中村町)	2	
	혼모쿠(本牧)	32	
	야마테초(山手町) 매립지	1	

고텐초 부근(御殿町)	40	
야마테 혼마치(本町)경찰서 다테노(立野) 파출소	2	
와카야 별장(若屋別莊)	10	
신코야스초(新子安町)	10	
고야스초(子安町)부터 가나가와 정류장까지	150	
가나가와 철교(원문대로)	500	
도카이도(東海道) 가야사키(茅崎) 정류장 앞	2	
구라키(久良岐)군 가나자와무라(金沢村)	12	
쓰루미 부근	7	
가와사키	4	
구보초(久保町)	30	
도베	30	
쓰마초(津間町)센겐초(浅間町)	40	
미토(水戸)(원문대로) 一가모야마(鴨山)(원문대로)	30	
(이상 소계)	(1,152)	
가나가와현 내	1,795	사체 발견이 불가능한 수
가나가와현 내	1,052	앞의 1차 조사를 종료한 11월 25일, 각 부·현(府県)으로부터 받은 보고
합계	3,999	
총계(6)	6,661	

출전: 1924년(1923년의 오자—역자주) 12월 5일자 「독립신문」에 게재된 "본사 피학살 교일(僑日) 동포 특파 조사원 제1신"에 의함. 확인할 수 없는 지명에는 "원문대로"라고 기록했다. 그 외의 [ ]안 지명은 저자가 정정한 지명임.

주: (1) 원문은 "사이타마 현 시바공원"이라 기재되어 있지만, 도쿄부 시바 공원의 오기로 보아 사이타마 현란으로부터 도쿄부란으로 옮김.

(2) 조선인이 학살된 것은 와세다 무라가 아니라, 도쿄부 미나미카쓰시카군 미즈모토 무라(水元村)의 자경단이 군대나 경찰로 보내기 위해 조선인을 와세다 무라 고보에 모아두었다가 데리고 나가서 미즈모토무라 사루가마타에서 살해함(관동대지진 60주년 조선인희생자 조사·추도 실행위원회, 48쪽). 漆谷人은 경상북도 칠곡군 출신의 조선인을 의미하는 것으로 보임.

(3) 요리이에서 학살당한 조선인은 한 명임.

(4) 메누마에서는 일본인이 한 명 살해되었지만 조선인은 살해되지 않았음.

(5) 원문은 "이바라키현 히가시나스노"라고 기재되어 있지만, 도치기현의 오식이므로 도치기현 란으로 옮김.

(6) 합계는 다시 계산하면 6644명이 되지만, 원문의 합계 그대로 함.

요시노 사쿠조는 가이조샤(改造社)의 『다이쇼 대지진화재지』에 기고할 예정으로 집필했었지만 발금 처분을 받았던 그의 원고 「조선인 학살 사건」에 위문반 조사의 결과를 기록했다. 이는, 전후 강덕상·금병동 편·해설의 『현대사자료 6. 관동대지진과 조선인』에 수록되어 최초로 공개되게 되었다(단, 이 사료집은 네즈 마사시의 필사본에 의거했기 때문에 요시노의 원고와는 다른 점이 몇 군데 있음). 요시노는 그의 논문에서 "이는 조선 이재동포 위문반의 일원으로부터 들었던 내용으로, 조사는 다이쇼 12년 (1923년) 10월 말까지의 결과며, 이후에 나오게 된 결과는 포함되어 있지 않다는 점에 주의하지 않으면 안 된다"고 단언하고 있다. 아마도 요시노는 그와 교류가 있던 재일본 도쿄조선기독교 청년회 총무인 최승만(崔承萬)으로부터 들은 것이 아닌가 싶다. 최씨는 위문반의 일원이었다.

최승만은 전후 『신동아』 1970년 2~3월호에 집필한 논문 「관동대지진 속의 한국인」을 통해 위문반의 조사표를 발표했다. 자세한 부분을 제외하고는 요시노가 듣고 기록했던 것과 같은 내용이므로, 역시 1923년 10월 말까지의 조사 결과일 것이다. 그 후, 최씨는 논문의 제목을 고치고 보충한 「일본 관동 지진 당시 우리 동포의 고난」에도 이 조사표를 게재했다. 이는 『극웅필경(極熊筆耕) 최승만 문집』에 게재한 조사표와는 지명과 피학살자 수가 다른 부분도 약간 있다. 이는 오식이라 생각된다.

최씨가 발표한 위문반 조사에 따르면, 학살자 수는 총 2613명이다([표 6-2]). 단, 그의 기록에 의하면 위문반은 실제 학살자들의 수를 5000명이라 확정하였다. 이유는 다음과 같다.

이 때 도쿄와 요코하마 및 그 부근에는 약 3만여 명의 우리나라 사람들이 있었다(오사카 지방에는 약 6~7만 명이 살고 있었다고 한다). 그 당시 일본인들의 흥분 상태,

특히 군대, 자경단, 청년단, 재향군인들이 조선인이라는 사실을 알기라도 하면, 이유를 불문하고 닥치는 대로 죽였다는 사실로 보아, 우리가 대충 그 짧은 시일 안에 조사했던 2613명 이외에도 수천여 명 이상의 사람들이 살해당했을 것으로 생각한다. 그 때 도쿄와 요코하마 부근에 살고 있던 3만여 명 중 지진 후 각처에 수용되어 있었던 생존자 7580여 명을 제외하면, 2만 2420명이 된다. 확실한 조사는 불가능하므로 적게 잡아 4분의 1만으로 추산해도 5600여 명이 되니, 이재동포 위문반은 학살된 수를 5천 정도라는 데 의견을 모았다(최승만, 99쪽).

[표 6-2] 재일본 관동지방 이재동포위문반이 조사한 학살된 조선인 수의 중간 조사보고 (최승만 기재 수와 요시노 사쿠조의 기재 수)

살해당한 곳		최승만 기재 피살자 수(1)	요시노 사쿠조 기재 피살자 수(2)
요코하마 방면	가나가와현 하시모토초(橋本町) 아사노조선소 앞 광장	48 또는 80	48
	가나가와 경찰서 내 순사가 찔러죽임	3	3
	호도가야초	31 또는 50	31
	이도가야초	약 3	약 30
	네기시초	35	35
	히지카타바시와 하치만바시 사이	103	103
	나카무라초	2	2
	야마테초 매립지	1	1
	고덴초 부근	40	약 40
	야마모토 〈데모토(手本)〉 초 경찰서 다테노파출소 〈앞〉	2	2
	와카야별장 부근	약 10	약 10
	신코야스초	약 10	10
	고야스초와 가나가와역 사이	159	159
	가나가와 철교(원문대로)	약 500	약 500
	가야사키초	2	2
	구라키군 가나자와무라	12	12
	쓰루미초	7 또는 326	7
	가와사키초	4	4
	구보초	30	약 30
	도베	30	30
	센겐초 및 아사마야마(浅間山)	40	40
	도야마(戸山), 가모야마(원문대로)	30	30
소계		약 1129 또는 1499	약 1129

사이타마현	가와구치	33	33
	오미야	2	2
	구마가야	61	61
	혼조	80	80
	와세다무라	17	17
	진보하라	24	24
	요리이	14 또는 35	14
	나가사와(長澤)(메누마)	14	14
	소계	245 또는 266	251
군마현	후지오카	18	18
	소계	18	18
지바현	나라시노 군영(軍營) 창고	12	12
	후나바시	38 또는 69	38
	호텐무라	64	64
	지바시	2	2
	나가레야마	1	1
	미나미교토쿠	2	2
	마바시	7	7
	다나카무라	1	1
	사와라	7	7
	누메가와	2	2
	나리타	2	2
	와가마고	3	3
나가노현	소계	141 또는 172	141
	가루이자와(軽井沢) 부근	2	2
이바라키현	소계	2	2
	쓰쿠바 혼마치(筑波本町)	43	43
	쓰치우라(土浦)	1	1
도치기현	소계	44	44
	우쓰노미야	3	3
도쿄 부근	히가시나스노	1	1
	소계	4	4
	쓰키시마	33	33
	가메이도 경찰서	87 또는 320	87
	고마쓰가와초	46	46
	데라지마 우케지	22	22
	데라지마 경찰서 내	13	13
	무코지마	35	35
	데라지마테(寺島手)〈히라(平)〉이(井)역	7	7
	스사키(須崎)비행장 부근	26	26

니혼바시 〈요쓰기바시〉	5	5
후카가와니시초(深川西町)	11	11
오시아게(押上)	50	50
혼조구 1가(초명 누락)	4	4
오지마 7가	4	4
오지마 3가 활동사진관 내	26	26
오지마 8가	150	150
고마쓰가와 신마치(小松川新町)	7	7
아사쿠사공원 내	3 또는 200	3
가메이도역 앞	2	2
후추	3	3
세타가야 산겐쟈야(三軒茶屋)	2	2
신주쿠역 내	2	2
요쓰야 미쓰케(四谷見附)	2	2
아즈마바시	80	80
우에노공원 내	12	12
센주	11	11
오시(王子)	81	81
아카바네 아라카와(赤羽荒川)(3)	300	300
소계	1024 또는 1454	1024
합계	2613(4)	2613(5)

주: (1) 최승만, 95~99쪽.

(2) 요시노 사쿠조, 「조선인 학살사건」(도쿄대학 메이지 신문잡지문고 소장 요시노 문고 중 요시노 원고집, 『압박과 학살(圧迫と虐殺)』 중에 있음).

(3) 원래 표에서는 "아카바네 아라카와"는 "사이타마현 방면"에 들어있지만, 이는 실수이므로 본 표에서는 "도쿄 부근"으로 옮김.

(4) 다시 계산하면 2607여 명 또는 3459여 명이 됨.

(5) 다시 계산하면 2613여 명이 됨.

범례: ① 〈 〉내 문자는 요시노 사쿠조 기재표에 있는 글자로, 최승만 기재표에는 없는 것임.

② ( )는 필자의 보충 주석.

부표: 가나가와현 내 조선인 사체 매장지 및 수.

1. 구보산 화장터 천여 명(요코하마 부근 피살자).

2. 아오키초 미사와(靑木町 三沢) 공동묘지 200명(가나가 부근 피살자).

3. 가나자와무라(미상).

4. 가야사키무라 구 도카이도(東海道) 선로 화장.

5. 쓰루미초, 소지지(総持寺) 사원의 산 내 매장.

6. 가와사키초 현장 또는 다른 곳에 매장(또는 가지고 귀국).

위문반의 성립과 그 조사 과정에 대한 회상 기록으로는, 최승만의 「관동대지진 속의 한국인」과 「일본 관동 지진 당시 우리 동포의 고난」, 그리고 도쿄 조선유학생학우회 총무였던 이철(李鐵)의 「이루 다 말할 수 없는 당시의 참상」(김병직 편저, 『관동지진 백색테러의 진상(関東震災白色テロルの真相)』조선민주문화단체총연맹, 1947; 강덕상·금병동, 327~328쪽)이 있다. 또한 한현상이 전해들은 내용의 기록도 남아있다. 한씨는 당시 박열·가네코 후미코 사건에 연루되어 1923년 10월 2일부터 다음해 6월 4일까지 체포·구류되어 있었다(山田昭次, 1996, 153쪽). 따라서 위문반의 움직임을 직접적으로 알고 있었던 것은 아니고, 출옥 후 관계자로부터 들은 것이었다. 그가 쓴 "관동지진을 기하여"(「민슈(民主)신문」1960년 9월 14일자)에 따르면, 기록 내용의 일부는 최승만과 한위건(韓偉健)에게서 들었다고 한다. 그러나 한현상은 앞서 언급한 최씨와 이씨보다도 더 자세히 기록하고 있다. 아마도 내용을 청취하고서 당시 바로 기록해 두었던 것 같다.

최씨의 회상에 따르면, 사건 조사를 위한 조직의 결성에 대해 처음 거론했던 장소는 도쿄의 조선기독교청년회관이 타고 남은 자리였다고 한다. 하지만 최는 이것이 언제쯤이었는지는 기억하지 못한다고 한다(최승만, 50쪽). 한씨는 10월 초 천도교청년회에서 조선인희생자조사회를 결성했다고 기록하고 있다(「재일한국 민족운동사」34; 「민슈 신문」1962년 1월 18일자). 10월 3일자 「도쿄 니치니치신문」은 다음과 같이 위문반 설립에 대해 보도하고 있는데, 이로보아 10월 초에 창설되었던 것 같다.

재경(도쿄) 조선인 학생 및 유지들이 공동으로, 고이시카와구 오쓰카 시타마치(大塚下町) 190번지에 위치한 천도교회 내에 '지진조선 동포위안반'을 설치해, 이동제

(李東濟) 등을 그 위원으로 하여 조선 - 도쿄 간의 편지왕래를 중개하고 동포의 구호에 최선을 다하고 있다.

한씨에 따르면 이는, 9월 7일 서울에서 결성된 '재일동포 조난사정 조사 · 위문회'에 참가했던 도쿄 조선유학생학우회 간부인 한위건과 이동제 등이 9월 하순이나 10월 초순경에 도쿄로 돌아와서 조직 · 결성한 것이었다. 중심 단체는 도쿄조선유학생학우회이고, 여기에 재일본 도쿄조선기독교 청년회와 재일천도교청년회 등의 단체가 참여했다. 발기인은 학우회, 기독교 청년회, 천도교 청년회의 지도자들이었고, 경찰로부터의 탄압이 예상되었으므로 여기에 대처해 변호사 후세 다쓰지를 고문격으로 발기인에 추가하였다(한현상, 앞의 자료).

그러나 압력은 단체의 성립 초기부터 가해지기 시작했다. 한씨에 따르면, 이 그룹은 "재일동포피학살 진상조사회"라고 했지만, 결성 직후에 경시청이 학살이라는 단어가 불온하다는 이유로 허가하지 않겠다고 압력을 가해, 발기인회는 그 타협안으로서 "재일조선동포 위문회"라는 명칭으로 고쳐 성립을 허가받았다고 한다(한현상, 앞의 자료). 최씨의 기억에 따르면, 경성일보 사장 아베 미쓰이에(安部充家, 1862~1936)를 통해 당국과 절충한 결과, "위문반"이라는 이름이라면 허가하겠다고 했다는 것이었다(최승만, 50쪽). 요컨대 경시청이 학살 조사를 하지 못하게 하겠다고 했기 때문에 조선인 측은 조직의 목적을 얼버무려 이름을 위문반이라고 했다는 것이다.

하지만 이 모임의 정식 명칭은 확실하지 않다. 앞서 말한 대로 한현상과 최승만이 각각 그 기억하고 있는 이름이 조금씩 다르다. 1923년 11월

11일자 「동아일보」는 그들을 "재동경 이재동포 위문반"이라 칭하며 그들의 재일조선인을 위한 위문 활동을 보도했다. 이미 소개한 바와 같이, 이 신문은 다음해 1월 6일자에서는 "재일본 관동지방 이재조선동포 위문반"이라 부르고 있다. 이것이 그 정식 명칭이고, 그 외의 이름은 아마도 그 약칭이 아닌가 싶다.

한씨가 쓴 "재일한국 민족운동사" 35(「민주신문」 1962년 1월 20일자)에 따르면, "조사원들은 10월 중순(?) 이후 약 한 달 간 도쿄, 요코하마를 비롯해 지진과 화재가 있었던 관동일대를 실제로 찾아가 이 잡듯이 검증·조사하고, 그를 뒷받침할 증거를 굳히기 위해 끈질기게 작업을 계속해갔다".

조사는 극도로 곤란했다.

치안 당국의 방침이 너무도 엄중했기 때문에, 일본 관공서와 신문 언론 기관까지도 이에 부응해 협력을 거부한 채 일부러 조사를 방해했다. 그래도 학살이 있었다고 의심 가는 장소는 하나도 남기지 않고 이 잡듯이 뒤져 현지 검증 조사를 계속 해냈다고 한다. 하지만, 혼조의 옛 군용피복공장 자리와 같이 몇 만 명의 일본인과 함께 타죽었던 곳 등은 도저히 그 정확한 것(숫자)에 대해 알 수가 없었다.

그리고 집단적으로 학살했던 장소는 이미 하수인들을 통해 손을 써서 증거를 남기지 않도록 조심스럽게 처리해두었기 때문에, 도저히 그 진상 및 피해자 수, 또한 그들이 동포였는가 아닌가 조차도 알 수가 없었다. 그래도 죽은 이들의 유골과 동포 동지의 감으로써 피해자를 집계한 경우도 있다고 한다(한현상, "관동지진을 기하여" ②, 「민주신문」 1960년 9월 14일자).

한씨가 천도교 간부 이근무와 함께 사이타마현 지역을 조사했었던 이철에게서 이야기를 듣고 기록한 자료에는 당시의 곤란한 조사 상황에 대해 다음과 같이 소개하고 있다.

그가 혼조에 도착했을 때, 도쿄로부터 미행해온 경시청 내선과 형사 두 명, 혼조 경찰서 형사 두 명이 따라왔다고 한다. 그 동네의 한 여관에 머무르고 있을 때는 형사들이 그가 화장실 가는 것조차 따라오는 식이어서, 일체 외부와의 접촉은 단절되었다.

그는 우선 혼조 경찰서에 가서 서장을 만나려고 했으나 마침 자리에 없었으므로, 서장 바로 아래 직급의 담당자를 만나 그의 조사 목적을 알리고 협력을 부탁했지만, 위로부터의 명령에 따라 협력은커녕 절대 금지시키겠다는 고압적인 자세로 나왔다. 그래서 이씨는 집요하게 절충을 계속해가며, "일본이 법치 국가인 이상, 현재 살해당한 수많은 불행한 조선인들에 대해 자신은 적어도 그들의 묘소라도 찾고 싶다"라 말하며, 인도적인 차원에서 설득하고자 했다. 결국 협력은 얻지 못했지만 묵인하는 것으로 이야기가 맺어졌다. 그러나 매장한 묘지는 알 수 없었다. 그래서 하는 수 없이 여관에서 일하는 여자를 매수해 묘지가 있는 장소를 찾아낼 수 있었다.

묘지는 마을에 있던 한 사원의 경내에 있었으므로 결국은 현장에 가 볼 수 있었는데, 묘라는 것은 이름뿐 하수인들에 의해 아무렇게나 사체에 흙을 덮어씌워둔 꼴로, 시체가 묘 주변에서 뒹굴고 있었다고 한다. 그야말로 조난 당시 참상이 눈에 선하게 보이는 듯 해, 그도 모르는 사이에 눈을 가려버리고 말았다고 한다("재일한국 민족운동사" 35).

위문반의 조사는 이 같은 당국의 증거 은폐 정책과 정치적 방해로 인해 극도로 곤란했던 것이다.

2. 일본 국가의 조선인 유해 은폐 정책

위문반이 조사 중 부딪혔던 어려움 가운데 하나는 정부에 의한 조선인 학살 증거, 특히, 유해 인멸 정책이었다. 한현상은 이 점에 대해 다음과 같이 기록했다.

아무리 조사위원이 철저히 조사했다고 해도 지진 후 이미 두 달이나 지났고, '선인 소동'이 전혀 사실 무근인 (정부가 만들어낸) 유언비어 때문에 일어난 사건이라는 실태가 밝혀짐에 따라, 틀림없이 명을 달리한 동포들의 사체를 은폐하고 (정부 명령으로) 그 증거들을 인멸시켜 버렸을 것이기 때문에, 좀처럼 그 실제적인 피해자 수를 정확히 밝히는 것은 불가능했다.

예를 들면 가메이도 경찰서의 경우, 300명 이상의 동포가 죽임을 당했기 때문에, 죽이고 나서 즉시 석유를 뿌려 사체를 태워서 일본인 유해와 함께 매장해버렸다. 그 외 도쿄를 비롯한 타지방에서도 이런 방식으로 유해를 치워버렸던 것이다(앞의 자료).

1923년 11월 6일 경시총감은 다음과 같이 보고했다. 위문반은 위문 활동과 더불어 조선인 살해 사건에 대해 조사하고 있지만, "최근에는 이를 중지하고 새로이 선인 유골을 전부 거두어 유족에게 돌려줄 계획을 세웠다". 최종적인 목적은, 유골을 서울로 보내 큰 합장식을 거행하고 민심을 자극해서 일대 소동을 일으키려는 것 같다. 그 준비로서, 살해 내용과 당국의 조치에 대한 격문을 작성하고, 열국의 동정을 얻으려 하거나, 상하이 경유로 러시아의 후원을 얻기도 하고, 만국 노동자 회의에 호소하기도 하는 등 오직 인심을 자극할 일을 도모하고 있는 "상황이므로, 해당 관청은 그들이 유골을 거두고자 하는 신청이 들어오면 이를 거절하여"라고 쓰여 있다(강덕상·금병동, 326쪽). 앞 장에서도 말한 바와 같이, 정연규는 10월 말부터 11월 초에 걸쳐 경시청 내선과에 조선인 유골의 인도를 요구했지만 거절당했다.

조선인 학살이 일어난 각 지역에서의 증거 인멸 정책은 철저했다. 혼조 경찰서 순사 아라이 겐지로는 조선인 사체를 태우는 데 있어서 "수를 알 수 없도록 하라"고 "위"로부터 명령을 받았다(관동대지진 60주년 조선인희생자 조사·추도실행위원회, 100쪽).

　도쿄부 미나미카쓰시카군 아즈마초(현 스미다구 야히로(墨田区 八広))와 혼다 무라(本田村, 현 가쓰시카구 히가시요쓰기(東四ッ木)) 사이에 있는 아라카와 방수로의 구 요쓰기바시(四ッ木橋) 다리의 하천 부지에 묻혀있던 조선인 사체에 대한 경찰의 은폐공작 또한 철저했다. 9월 1일이나 2일 여기서 먼저 자경단이 조선인을 학살했고, 뒤이어 군대가 또 조선인을 대량으로 학살한 뒤, 그 사체들을 이곳에 묻었다. 그런데 9월 4일 밤부터 5일 새벽에 걸쳐, 가메이도 경찰서와 군대에 의해 살해된 일본인 노동자 열 명의 사체가 이곳 요쓰기바시 부근, 그러니까 조선인 사체가 묻혔던 같은 장소에 묻혀지게 되어, 유해를 수거하는 문제가 생기게 되었다. 이로써 조선인들의 사체를 숨기려고 한 경찰 측은 당황하게 되었다.

　가메이도 사건의 희생자가 된 노동자들의 유족 3명과 변호사 후세 다쓰지가 10월 14일 가메이도 경찰서에서 유골 인수 교섭을 진행했었는데, 그 당시 고모리(小森) 가메이도 경찰서장은 "사체는 아라카와 방수로 제방에서 화재로 죽은 이들과 ○○(선인)들 사체 100여 구를 함께 화장했기 때문에, 무엇이 누구의 유골인지 알 수가 없다"고 답변했다(「호치신문」 1923년 10월 14일자 석간). 고모리는 무엇이 누구의 유골인지 알 수 없다는 이유로 "외국인의 것도 있기 때문"이라고 대답했다고도 전해진다(「요미우리신문」 1923년 10월 15일자).

　11월 12일에 노동총연맹 중앙위원회는 다음날 정오 유족의 가족이 총동맹의 대표와 자유법조단의 변호사와 가메이도 사건의 희생자 유골을 파내어 인수하기로 결정했다. 그러나 같은 장소에 묻혀 있던 조선인 유골은 그대로 두고 일단 일본인 유골만을 인수하기로 결정했다. 왜냐하면 조선인의 유골 인수에는 먼저 조선총독부의 이해를 필요로 하였으므로, 후세 다쓰지는 총독부 도쿄출장소가 사체를 인수할 때 함께 입회해 줄 것을 요구했지만 입회 신청을 거부당했기 때문이었다(「고쿠민신문」 1923년 11월 13일자).

11월 13일, 후세 다쓰지와 일본 노동총연맹의 간부인 난카쓰(미나미카쓰시카의 약칭―역자주) 노동회 회원, 가메이도 사건의 유족들이 경찰관 입회하에 요쓰기바시 다리 근처 하천 부지에 묻혀 있는 유골을 파내고자 나섰다. 조선인 대표도 두 명 동행하였다(「도쿄 니치니치신문」 1923년 11월 14일자). 11월 12일자 「호치신문」 석간에 따르면, 이 유골 인수단에는 정연규도 참가하고 있었다. 당일, 조선인 대표 두 명 중 한 사람으로 참가하였을 것이다.

그런데 경시청은 입회를 거부하면서, "뼈는 모두 파내서 가메이도 경찰서에서 보존하고 있으니 거기 가서 인수하는 것이 좋겠다"고 했다 한다(「호치신문」 1923년 11월 14일자). 또 일설에 따르면, 일행은 가메이도 경찰서에 고모리 서장의 입회를 요구하려고 방문했었는데, 고모리는 "유골은 어젯밤에 이미 파내어 서에 안치하고 있으니, 서에서 인수해 주시오"라고 했다고도 전한다(「고쿠민신문」 1923년 11월 14일자). 일행이 요쓰기바시 근처의 현장에 도착하자, 그곳에는 헌병 몇 명, 데라지마 경찰서 제복을 입은 경관 스무 명에, 사복 경관까지 섞여 서서 제방을 경계하고 있었다. 사체를 묻어 둔 장소에는 유골이 더 이상 묻혀있지 않다는 이유로 접근하는 것조차 허락되지 않아, 일행은 30분 정도 후에 철수했다(「호치신문」 1923년 11월 14일자).

그런데 이날로는 아직 모든 사체를 전부 다 가지고 갈 수는 없었던 모양이다. 요쓰기바시 근처의 이 현장에는 14일 오후 1시부터 가메이도 경찰서와 데라지마 경찰서 경관 60명이 경계선을 치고 있는 가운데, 인부로 변장한 경관 19명이 사체 파내기를 감행하고 있었다(「고쿠민신문」 1923년 11월 15일자). 유족들의 조사에 따르면, 사체 처리에 관계했던 고마쓰가와 자치단체 사무소 직원은 "아라카와 방수로 매장 현장에는 일본인 사체는 하나도 없었고 전부 선인들 것뿐"이었다고 증언했다(「도쿄 니치니치신문」 1923년 11월 20일자).

11월 19일자 「게이조(京城) 일보」 석간에 따르면, 경시청의 시로카미(白上) 관방주사는 파낸 유골을 데라지마 공동묘지에 매장하고 그곳에 일본인·조선인 순난자 비를 건립해 합장하고자 하였고, 조선총독부는 일본인들 것과는 별도로 쓰루미 소지지 사원에 매장하기를 바라는 의견이 유력했기 때문에 의견 일치를 보지 못했다고 한다(금병동, 1996, 183쪽). 이후의 동향은 분명하지 않고, 오늘날은 유골이 어디에 매장되어 있는지 알려져 있지 않다.

어쨌든 이 사건은, 가메이도 사건 희생자의 유해 발굴 계획을 계기로 요쓰기바시에서 학살된 조선인 사체 문제가 부상되게 되어, 학살 사실이 드러나는 것을 두려워한 경찰이 가메이도 사건 희생자의 유족 및 관계자들의 유해 발굴 시도를 억누른 사건이었다. 조선인 학살 수를 오늘날까지도 명확히 알 수 없는 근본적 원인은 이러한 정부의 학살된 조선인의 사체 은닉 정책에 있는 것이다.

육친의 유골을 찾으러 나섰지만, 시체를 제대로 묻어줄 수조차 없었던 한 조선인의 한을 11월 23일자 「주가이일보」는 다음과 같이 전했다.

> 지진 당시 인위적으로 만들어진 각종 편견과 착오로 학살된 수백 명의 선인들의 유족에 대해 정부는 어떠한 위로의 방법을 강구하고 있는지 그것은 알 방도가 없다. 하지만 그들 선인 유족으로서 뼈아픈 고통을 절감할 수밖에 없는 것은, 이미 학살된

것에 대해서는 운이 없었다고 치고 참고 넘기기 어려운 원한도 그냥 넘어간다 해도, 도저히 접어두려 해도 접어둘 수 없는 것은 적어도 유골만이라도 찾아 제대로 묻어주고 싶은데 그것조차도 할 수 없다는 데 있다.

물론 많은 유족 가운데는 어떻게 해서든 찾을 수 있는 데까지 찾아 최소한의 도리를 하고자 노심초사하는 이들도 있지만, 대부분은 행여 누를 끼칠까 두려워하여 접어두려 해도 접어둘 수 없는 상태에서 분해하며 비분의 눈물만을 흘리고 있는 상태다 …… 이와 관련해 떠오르는 한 가지는, 오늘날까지 각파의 불교도들이 당시 지진이 일어난 곳에서 열심히 사체를 처리하고 추도회를 거행해오긴 했지만, 아직 그 학살당했던 선인들의 유해는 어찌 되었는지 들어본 적도 없어, 이에 대해서는 꽤 유감으로 생각한다 …… 며칠 전만 해도 조조지 사원에서 재해 때 사망한 선인의 추도회가 특별히 열렸다고 하는데, 그런 움직임은 오히려 정책적으로 치러졌다는 느낌을 줄 뿐이다. 어쨌든 유족으로서는 애써 불운에 사라진 동포의 뼈가 그리워진다. 해골 다루기를 전문으로 담당하고 있는 내지의 불교도들이 우리의 절망에 대해 뭔가 해줄 수 있는 일은 없는가 하고 오사카에 사는 모 선인이 말했다(강조점은 원문).

이 조선인은 유골을 건네주지 않는 일본 국가에 대해 항의하고 있다. 동시에, 일본인 불교도들이 학살당한 조선인들의 유골이 인도되지 않고 있는 데 대한 유족들의 아픔을 눈치 채지 못하고 있다는 점에 대해 지적하고 또 호소하고 있다. 그가 조조지 사원의 추도회가 정책적인 것에 지나지 않는다고 본 것은 날카로운 직관이다. 그것은 일본인 불교도가 일본 국가 측에 서 있었지, 조선인 희생자들의 측에는 서 있지 않다고 느꼈기 때문이 아닐까.

일본 국가는 유족을 이와 같이 한탄하게 만듦으로써 자기 보존을 위해 조선인 희생자 유골을 은닉하는 정책을 관철시켰다. 사법성 조사에 의한 조선인 학살 수는 겨우 230여 명이다([표 6-3] 참고). 아무리 생각해 보아도 학살 수가 이렇게 적을 수는 없다. 학살당한 조선인의 유해를 은닉하고 학살자 수를 적어 보이게 하려 한 정부 정책이 표출된 것이다.

[표 6-3] 사법성 조사에 따른 관동대지진 당시 학살된 조선인 수

학살지		학살 수
도쿄부	미나미카쓰시카군 아즈마초	7
	미나미카쓰시카군 아즈마초 우케지	3
	미나미카쓰시카군 가메이도마치	1
	미나미카쓰시카군 데라지마마치	8
	미나미카쓰시카군 스미다마치	1
	미나미카쓰시카군 미나미아야세무라	8
	미나미아다치(南足立)군 하나하타무라(花畑村)	5
	미나미아다치군 센주마치	1
	에바라(荏原郡)군 세타가야마치	1
	기타토요시마군(北豊島郡) 스가모마치	1
	기타타마군 치토세무라(北多摩郡 千歳村)	16
	[시바구] 미시마마치	1
	소계	53
가나가와현	다치바나군(橘樹郡) 다지마초(田島町)	1
	[다치바나군] 쓰루미마치	1
	소계	2
지바현	가토리군 누메가와마치	2
	히가시카쓰시카군 나카야마무라	16
	히가시카쓰시카군 아비코마치	3
	히가시카쓰시카군 우라야스마치(浦安町)	2
	히가시카쓰시카군 마바시무라	6
	히가시카쓰시카군 마바시무라 신사쿠치(新作地)	1
	히가시카쓰시카군 후나바시마치 경찰서 부근	약 10
	히가시카쓰시카군 후나바시마치 고코노카이치(九日市)	41
	히가시카쓰시카군 나가레야마마치	1
	지바시	2
	소계	약 84
사이타마현	고다마군 혼조마치	약 38
	고다마군 진보하라무라	약 11
	오사토군 구마가야마치	약 15
	오사토군 요리이마치	1
	기타아다치군 가타야나기무라	1
	소계	약 66
군마현	다노군 후지오카마치	16
	소계	16

도치기현	시모쓰가군(下都賀郡) 이시바시역	2
	시모쓰가군 마마다(間間田)역	4
	시모쓰가군 고가네이(小金井)역	2
	나스군(那須郡) 히가시나스노(東那須野)역	1
	소계	9
합계		약 230

출전: 사법성 「지진 후 형사범 및 관련 사항 조사서」 중 "제4장 선인 살상 사범"(강덕상·금병동, 428~432쪽)에 근거하여 작성. 이 조사서 중 살인의 경우만을 본 표에 올리고, 상해죄의 경우 및 살인 미수는 생략. 단 도쿄부 기타타마군 치토세무라의 경우는 살인과 살인 미수의 수가 합해져있어 구별이 불가능하므로 합계 숫자 그대로 기록. [ ]는 저자주.

3. 조선인 학살 수에 대한 조사보고의 지역별 검토

다음으로 위에서 말한 조선인 학살 수에 대한 제반 조사의 신빙성을 조사, 주로 조사연구 결과가 누적되어 있는 지역들을 중심으로 살펴 검토해보기로 하자.

1) 도쿄부 미나미카쓰시카군에서 학살된 조선인 수

미나미카쓰시카군이 점하고 있는 위치

도쿄부 미나미카쓰시카군의 조선인 학살 상황에 대해서는 "관동대지진 당시 학살된 조선인의 유골을 발굴해 추도하는 모임"이 면밀히 조사했던 지역이고, 회고와 청취 기록 등 사료 또한 풍부하다. 그러므로 이 경우를 먼저 사례로 하여 위에서 언급한 각 조사에 대해 그 신빙성을 검증해보기로 하자.

미나미카쓰시카군, 특히 아라카와 방수로의 서쪽 지역은 도쿄부 중, 조선인 학살이 가장 많았던 지역이다. [표 6-4]의 위문반에 의한 도쿄부에서의 최종 조사보고에 따르면, 미나미카쓰시카군에서 학살된 수는 674명이고, 도쿄부의 총 학살 수인 1761명 중 37.8%를 점하고 있다. '아라카와 부근'과 '도쿄부'의 항목에 있는 학살 수에도 미나미카쓰시카군에서의 학살자 수가 포함되어 있을지 모른다. 그렇다면 미나미카쓰시카군의 학살자 수는 더더욱 증가하게 된다.

다음의 [표 6-5] 사법성에 의한 도쿄부 조사에 따르면, 미나미카쓰시카군의 학살자 수는 28명으로, 도쿄부의 총 학살자 수 53명 중 52.8%에 해당한다. 이 조사에서는 미나미카쓰시카군의 학살자 수는 적지만, 그래도 도쿄부 중에는 미나미카쓰시카군의 학살 수가 차지하는 비중은 여전히 높다. 미나미카쓰시카군에서의 학살자 수가 이렇게 많았던 이유를 다음에서 검증하도록 하겠다.

미나미카쓰시카군 서부 지역에 조선인 학살 수가 많았던 원인으로는 두 가지를 생각할 수 있다. 첫째는 당시 이 지역에서는 아라카와 방수로 굴착공사가 진행 중이었고, 또 1차 세계대전 호경기로 농촌 지역이던 서부 지대의 공업화가 급속히 진전한 결과, 이를 충당하기 위한 노동자가 많이 유입되었고 조선인들 또한 이곳에 많이 모여 있었기 때문이다. 둘째로, 미나미카쓰시카군은 화재가 있었던 후카가와, 혼조 공업 지대의 일본인들과 조선인들이 지바 방면을 향해 피난하는 경로에 해당했기 때문으로 생각된다(山田昭次, 1987a, 189쪽).

[표 6-4] 재일본 관동지방 이재 조선동포위문반 최종 조사보고에 따른 도쿄부 구·군 별 조선인 학살 수

학살지		학살수
미나미카쓰시카군	가메이도	100
	가메이도정류장 앞	2
	가메이도 경찰서 연무장	86
	오지마 6가	26
	오지마 7가	6
	오지마 8가	150
	고마쓰가와 강 부근	269
	히라이	7
	데라지마경찰서 내	14
	데라지마 우케지	14
	소계	674
혼조구	무코지마	43
후카가와구	후카가와	4
아사쿠사구	아즈마바시 부근	80
교바시구	쓰키시마	11
시바구	시바 공원	2
기타토요시마군	아카바네 이와부치	1
미나미아다치군	센주	1
기타타마군	후추	2
도요다마(豊多摩)군	나카노 관내	1
에바라군	시나가와 정류장 앞	2
	세타가야	3
	소계	5
아라카와 부근		117
구·군 불분명	시미즈 비행장 부근	27
	하치요	2
	미토이케(三戸池)	27
	미토이케 부근	32
	소계	88
도쿄부 내		752
합계		1,781

출전: [표 6-1]과 같음.
비고: 원본의 표에서 "고마쓰가와 부근"과 "동 구역 내"는 "고마쓰가와 부근"으로 일괄하여 기록하였고, "아라카와 부근"과 "동 구역 내" 또한 "아라카와 부근"으로 일괄함.

[표 6-5] 사법성 조사에 따른 도쿄부의 구·군별 조선인 학살수

학살 지점		학살수
미나미카쓰시카군	아즈마초	7
	아즈마초 우케치	3
	가메이도	1
	데라지마마치	8
	스미다마치	1
	미나미아야세무라	8
	소계	28
미나미아다치군	하나하타무라	5
	센주마치	1
	소계	6
에바라군	세타가야마치	1
기타토요시마군	스가모마치	1
기타타마군	지토세무라	16
시바구	미시마마치	1
합계		53

출전: [표 6-3]과 같음. 원표에 있는 살인 미수와 상해 사례는 제외. 단, 지토세무라의 경우, 살인과 살인 미수의 경우가 합산되어 기재되어 있어 구별이 불가능하므로 그 합산된 숫자대로 기록.

미나미카쓰시카 군의 조선인 학살 사료의 지역별 제시

여기서는 이와 같은 특징을 갖고 있는 미나미카쓰시카군의 조선인 학살 상황을 볼 수 있는 주요 사료를 지역별로 배열하여 제시해보겠다.

(1) 가메이도 부근

이하의 증언은 가메이도에 있어서 조선인 학살의 주역은 군대였다는 사실, 또한 조선인 여성에 대한 성적 학대도 수반한 학살마저 행해졌다는 사실을 보여준다.

가메이도 역에서 행해진 군대에 의한 조선인 학살 ①

내가 속해 있던 나라시노 기병 연대가 출동한 것은 9월 2일 정오가 좀 안 되어서였던 것 같다 …… 가메이도에 도착한 것은 오후 2시경이었는데, 이재민이 홍수처럼 넘쳐

흐르고 있었다. 연대는 행동을 시작하기에 앞서, 열차검문이라는 것을 행했다. 장교가 칼을 뽑아 들고 열차 안팎을 조사하며 돌아다녔다. 모든 열차는 초만원으로, 심지어 기관차에 쌓여져 있던 석탄 위에까지 사람들이 파리떼처럼 타고 있었는데, 그 가운데 섞여 있던 조선인들은 모두 질질 끌어내려졌다. 그리고 곧 서슬 퍼런 칼날과 총검에 의해 하나하나 쓰러져갔다(越中谷利一, 284~285쪽).

가메이도 역에서 행해진 군대에 의한 조선인 학살 ②

기병대 제 13연대의 한 중위는 9월 3일 오후 4시경, 가메이도 역 구내에서 한 조선인을 자경단으로부터 건네받고는 부하를 시켜 그를 찔러 죽였다(원문 요약. 「관동 계엄 사령부 상보」 제3권, 松尾章一, 162쪽).

가메이도 고노하시(五ノ橋)에서의 조선인 학살

누가 가메이도 고노하시 다리에 조선인 부인의 참사체가 있으니 보러오라고 했다 …… 그리 멀지 않은 곳이고 해서 가보았다 …… 참살당해 있던 것은 서른을 좀 넘은 정도의 조선인 부인으로, 그 성기에는 죽창이 꽂혀 있었다. 게다가 임산부였다. 차마 똑바로 쳐다 볼 수가 없어서 얼른 돌아왔다(湊七郎, 31쪽).

전호암(全虎岩)의 가메이도 경찰서에서의 체험

ⅰ) 저는 9월 3일 4시경 가메이도 경찰서에 가서 보호해 달라고 요청하고 거기서 6일 오전 5시경까지 있었습니다…….

ⅲ) 제가 도착한 3일 밤은 별다른 일 없이 들어가서 잤습니다. 그러나 4일 아침부터 선인이 많이 들어오게 되어 116명 정도가 되었습니다…….

ⅳ) 4일 아침 6시쯤 화장실 가는 길 입구 쪽을 병사가 지키고 서있었는데, 거기에는 7~8명의 사체와 반쯤 죽어있는 선인에 거적이 씌워져 있었습니다. 그리고 그 옆 연무장에는 선인 300여 명이 피투성이가 되어 묶여져 있었습니다…….

ⅴ) 4일 밤 어두워지고 나서는 탕탕탕하는 총소리가 밤새도록 들렸습니다. 그 총소리는 제가 있던 2층의 아래쪽에서 들려왔습니다. 즉, 병대가 지키고 서있던 7~8명의 사체가 있던 그 자리입니다. 그날 밤은 오로지 총소리 뿐, 사람 떠드는 소리 같은 것은 전혀 들리지 않았습니다…….

vii) 서서 지키고 있던 그 순사들은 어젯밤 또 일본인 7~8명, 선인까지 합치면 16명을 죽였다 …… 고 합니다(1923년 10월 16일, 자유법조단 작성 가메이도 사건에 관한 전호암 청취서, 가메이도 사건 건비(建碑)기념회, 234~235쪽).

나환산(羅丸山)의 가메이도 경찰서에서의 체험

나는 86명의 조선인을 총과 검으로 죽이는 것을 이 두 눈으로 봤다. 9월 2일 밤부터 9월 3일 오전까지 가메이도 경찰서 연무장에 수용되어 있던 조선인은 300명 쯤이었다. 이 날 오후 1시경, 기병 1개 중대가 와서는 이 경찰서를 감시하고 있었다. 그 때부터 다무라(田村)라고 하는 소위의 지휘에 따라 군인들이 모두 연무장에 들어오더니, 세 사람씩 불러내서는 연무장 입구에서 총살하기 시작했다. 그러자 지휘자는 총성이 들리면 인근 지역 주민들이 공포감을 가질 터이니, 총 대신 칼로 죽여 버리라고 명령했다. 그 후에는 군인들은 칼을 빼들고 83명을 한 데 몰아 죽였다. 여기에는 임신한 부인도 한 사람 있었다. 그 부인의 배를 찢자 뱃속에서 아기가 나왔다. 아기가 우는 것을 보고는 그 아기마저 찔러 죽였다……(최, 83쪽).

(2) 오지마마치 · 스나마치

오지마마치(大島町)와 스나마치(砂町) 일대는 조선인과 중국인이 많이 살고 있던 지역이다. 여기에서도 학살의 주체는 군대였다.

도자와 니사부로(戸沢仁三郎)의 회상

가장 큰 피해를 본 것은 오지마마치에 밀집해 있던 조선인들로, 벌써 2일에는 이른바 조선인 사냥이 시작되었습니다(좌담회, 40쪽).

후지누마 에이시로(藤沼栄四郎, 1881~1952)의 회상

이때쯤 조선인 학살사건이 왕성해졌는데, 오지마마치의 나한사(ラカン寺) 연못에 가보니 연못 속에는 20~30명 정도의 조선인들이 죽창에 찔렸는지 장이 터져 나온 자도 있고 다리 밑에서 살해당한 자도 있어, 차마 눈뜨고는 볼 수 없는 광경이었다.

또 동지 도야마(遠山) 군이 본 것으로, 오지마마치에는 조선인과 중국인이 많이 있었기에 이들을 모두 경관들이 데리고 가서 짓켄가와(十間川) 강 근처에 쭉 세워놓고는 강 밑으로 그들을 떨어뜨린 후 군대가 총살했던 것이다(藤沼栄四郎, 22쪽).

당시 스나마치에 살고 있던 다나베 데이노스케(田辺貞之助)의 회상

3, 4일이 되자 군대가 출동해 조선인 사냥이 본격화되었는데, 검이 달린 총을 든 병대 15명 정도가 우리 집에 넘어들어 와서는 우리 집을 그들의 주둔지로 썼다. 병대는 어리둥절해있는 나에게 부엌에서 비누로 쓰는 모래를 가져오게 하고는, 그들 총검에 붙어있던 끈적끈적한 피를 벗겨내고 있었다…….

근처의 오나기가와(小名木川) 강에는 조선인 사체가 죽기 직전 발버둥 치며 팔을 뻗쳐 올린 그 모습 그대로 흘러가고 있었다. 그런가 하면 바로 그 똑같은 사체가 또다시 밀물로 떠올라와, 나는 그 처참한 사체를 세 번이나 보았다. 이 근처 중 가장 지독했던 곳은 오지마 6가로, 400~500평 되는 공터에 나체와 같은 약 250구의 사체가 널브러져 있었다. 목이 잘려 기관지와 식도의 경동맥이 시꺼멓게 드러나 있는 것, 뒤로부터 목이 잘려져 새하얀 살이 석류알같이 벌려져 있는 것, 억지로 비틀어 뜯은 자국을 역력히 드러내며 대롱대롱 붙어있는 목과 몸통 …… 눈을 감아버리지 않을 수 없는 무참한 모습으로 가득했다.

그중에도 가장 슬펐던 것은 아직 젊은 나이의 여자가 배를 찢기고 6~7개월 정도로 보이는 태아가 배 내장 속에서 뒹굴고 있는 모습을 보았을 때다. 그 여자의 음부에는 죽창이 푹 찔러져 있었다. 말할 수 없는 잔혹함, 그때만큼 내가 일본인이라는 사실이 수치스럽게 생각된 적이 없었다(『시오』 1971년 9월, 97~98쪽).

우라베 마사오(浦部政雄)의 회상

당시 오지마·스나마치 일대에는 상당한 수의 조선인과 중국인이 거주하고 있었다. 이후(9월 2일 밤 조선인이 혼조, 후카가와 쪽으로부터 무리지어 밀려온다는 소문이 퍼진 이후), 나는 이 중 많은 이들이 학살당하는 것을 내 눈으로 보았다 …… 날이 새어 9월 3일 아침이 되자, 소식이 없던 형을 찾으러 아버지와 나는 오지마의 집을 나섰다 …… 우선 형이 일하던 하마마치(浜町)의 나카하라(中原) 병원을 찾아가야만 했다. 오나기가와 강을 끼고 하마마치를 향해 걷고 있던 중, 바로 귀에다 대고 폭죽을 터뜨리는 듯한 소리가 들려왔다. 별로 신경 쓰지 않고 강변으로 나오자 군대

몇 십 명인가가 대열을 맞추어 퇴거하던 참이었다. 강 속을 한번 들여다보니 열 명 정도씩 묶여진 채 총살되어 강에 밀어 떨어뜨려진 사체가 물위로 떠올라와 있었다. 선혈이 아직도 물에 채 섞이지 않은 상태였다(淸水幾太郞 감수, 관동대지진을 기록하는 모임편, 118~119쪽).

오지마 4가에서의 학살: 미나토 시치로(湊七郞)의 회상

(9월) 3일, 오지마 3가의 옛 친구집 2층에 임시로 머물기로 했다. 가까이에 있는 오지마 제강소(오지마 4가) 방면에서 총 쏘는 소리가 들려온다. 조선인 소동이 아닌가 하고 직감적으로 느꼈다. 어쨌든 나가보았다. 오지마 제강소 주변에 갈대를 심은 습지가 있다. 그 부근에서 헌병이 권총을 쥐고 뭔가를 찾아 쫓고 있는 모양이어서, 나는 그에게 무엇을 찾고 있는지 물어보았다. 그랬더니 식수에 독을 넣은 선인이

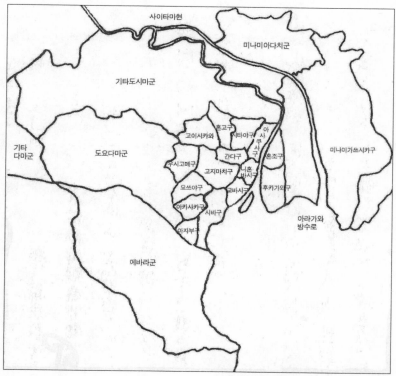

대지진 당시의 도쿄시 및 주변 행정구분도.

이 갈대 속으로 도망쳐 들어갔다는 것이었다.

결국 헌병과 자경단(재향군인단)에게 쫓기어 25~26세 가량 된 이 청년은 머리를 관통당한 채 무참히 살해당하고 말았다(湊七郞, 31쪽).

지바현 히가시카쓰시카군 이치가와마치(市川町)의 야전 중포병(重砲兵) 제 1연대 1등병 구보노 시게지(久保野茂次)의 1923년 9월 3일부터의 일기 내용

오전 1시경 소집이 있어서 …… 38기관총과 실탄을 장전한 총 등을 휴대한 채 말을 타거나 걸어서 모두가 도쿄부 오지마로 갔다 …… 군대가 도착하고 재향군인이 나서는 등 뭔가 범상치 않다. 선인으로 보이면 아무 말 없이 큰길을 가건 어디건 상관없이 다 찔러 죽여 버린다. 그리고 강에 던져 넣고 만다. 우리가 본 것만으로도 20명, 4명, 8명, 모두 그 지방 사람들에게 참살 당해 있었다(관동대지진 50주년 조선인희생자 조사·추도실행위원회, 14~15쪽).

오지마 7가에서의 군대와 자경단에 의한 중국인·조선인 학살 관련 9월 6일자 경시청 외사(外事)과장 히로세 히사타다(広瀬久忠)의 외무성 제출 보고 「오지마마치 지나 ·선인 살해 사건」(외무성, 『오지마 사건 및 그 외 지나인 살상 사건(大島事件その他支 那人殺傷事件)』 수록)

도쿄 지방에 있는 중국인은 약 4500명으로 그 중 2000명은 노동자인데, 9월 3일 도요시마 7가의 선인 방화 혐의와 관련해 지나인 및 조선인 300~400명을 세 차례에 걸쳐 총살 또는 찔러 죽임.

첫 번째는 같은 날 아침, 군대가 청년단으로부터 건네받은 2명의 중국인을 총살했고, 두 번째는 오후 1시경 군대 및 자경단(청년단 및 재향군인단 등)에 의해 약 200명을 총살 또는 찔러 죽였고, 세 번째는 오후 4시경 약 100명을 같은 식으로 살해함(田原 洋, 46~47쪽).

오지마 8가에서의 군대에 의한 학살

9월 3일 오후 3시경, 오지마 8가 부근에서 기병 14연대 병사 3명이 조선인 지도자를 총부리로 구타한 것을 계기로 군중, 경찰관, 조선인 간에 싸움이 벌어져, 약 200명의 조선인 모두가 학살당함(원문 요약. 「관동계엄사령부 상보」 제3권, 松尾章一, 161쪽).

오지마 마루하치바시(丸八橋) 부근에서의 군대에 의한 학살

야전 중포병 6명은, 9월 3일 오후 4시경 순찰 중에 오지마 마루하치바시 다리 근처에서 자경단의 신고로 조선인 6명을 찾아내 사격·살해(원문 요약. 「관동계엄사령부상보」제3권, 松尾章一, 162쪽).

(3) 고마쓰가와마치

고마쓰가와에서의 조선인 학살도 군인이 주역이다.

앞서 인용한 구보노 시게지의 1923년 9월 29일 이후의 일기 내용

오후에 상용(常用) 창고로 일하러 갔다. 모치즈키(望月) 상병과 이와나미(岩波) 소위는 지진 발생 지역의 경비 임무를 위해 나가서는 고마쓰가와에서 저항도 하지 않고 온순히 복종하던 선인 노동자들 200명을 병사들을 시켜 참살했다. 부인의 발을 잡아 뽑아 찢거나 가시철사로 목을 묶어 연못에 던져 넣는 식의 고통스러운 방법으로 그들을 수없이 학살한 데 대해, 너무 비상식적인게 아닌가 하여 남들의 평판도 나쁘다(난외에 "9월 2일 이와나미 소위, 병사를 지휘해 선인 200명을 죽임—특진 소위"라 기재되어 있음. 관동대지진 50주년 조선인희생자 조사·추도실행위원회, 18쪽).

기병 제14연대 본부 서기 아이자와 야스시(会沢泰)의 회상

오마쓰가와에서 있었던 일은 바로 이런 겁니다. 저 반대편에서 조선인이라 생각되는 자들을 모아서 몰아오면 이쪽에서 기관총을 늘어세우고 쐈던 거죠. 다리 위에서 이제 죄다 강 속으로 픽픽 떨어지는 거죠(지바현에 있어서의 관동대지진과 조선인 희생자 추도·조사실행위원회, 239~240쪽).

고마쓰가와에서 재향군인에 의해 행해진 조선인 학살에 대한 나가쿠라 야스히로(長倉康裕)의 증언

조선인에 관한 것으로는, "유언비어의 문제: 후카가와의 기요스미(清澄)정원에 피난하고 있던 이튿날 한 재향군인이 들러 해준 이야기에 따르면, 고마쓰가와 방면으로부터 오고 있던 선인 열 몇 명을 죽이고 왔다면서 겉옷을 들추자 살해 당시 솟구쳤던 피가 묻어 있었는데, 그것을 보니 당시의 무참한 살인 광경이 떠올랐다……"라고 (메모에) 기록해 두었었는데, 그건 이런 얘기입니다. 저는 당시 재향군인 반장을 하고 있었어요. 재향군인이라고는 해도 군대가 아니니까 군복 같은 건 입고 있지 않았어요. 그냥 겉옷만 갖춰 입고 보통 병사들이 쓰는 빨간 면 모자를 쓰고 있었죠. 그랬더니 저쪽에서도 저를 동료인 양 대해주는 거예요. 그의 말에 따르면 그는 도중에 선인 열 몇 명을 살상하고 오는 길이었고, 자랑스럽게 말하면서 겉옷을 들춰 보여주었는데, 정말 엄청난 양의 피가 묻어있었어요(일조협회 도요지마 지부, 33쪽).

고마쓰가와마치 시모히라이(下平井) 아라카와 강둑의 조선인 사체를 둘러싼 야마구치 호센(山口豊専)의 회상

관동대지진이 일어났을 당시, 도쿄부 시모히라이라고 하는 신카와(新川) 강둑을 중심으로 한 지역에는 토목 공사, 제방 공사 등 노역에 종사하고 있던 많은 조선인 노동자들이 판잣집에 살고 있었다 …… 거기에 9월 1일 대지진이 일어났고, 한순간에 도쿄의 인심이 흔들렸다. 선인이 불을 질렀다 …… 선인이 우물에 독약을 풀었다 …… 라는 안내 포고가 거리거리마다 나돌았다. 선인을 보면 주의하라 …… 죽여라 하며 난리를 쳤다. 이런 유언비어가 마구 퍼져나가 다들 조선인을 죽이라고 해대니, 조선인 마을은 사람 그림자도 없이 다 사라져가고 있었다. 그때 나는 히라이 강둑을 걷고 있었는데 문득 발을 멈추지 않을 수 없었다. 아라카와 강둑에는 당시 갈대가 양편에 무성했는데, 그 흐름을 막고 있는 갈대 뿌리 언저리에는 쓰레기가 걸려있었다. 그 중에는 아직 피투성이인 채로 무참히 죽임당한 사체가 섞여져 있었다(山口豊専, 2쪽).

(4) 데라지마 경찰서

데라지마 경찰서 안에서는 경찰관이 조선인을 학살하였다.

데라지마 경찰서 내 조선인 학살 상황: 조인승(曺仁承)의 회상

우리는 소방단원에게 둘러싸여 데라지마 경찰서로 향했다 …… 데라지마 경찰서에 이르자, 문 양쪽에는 순사가 일본도를 뽑아든 채 삼엄하게 경계하고 서있었다. 그들의 흰 제복은 동포의 피로 물들어 있었다 …… 이 날(9월 2일) 본 경찰서로 연행된 조선인 수는 360여 명이었는데, 그 중에는 부상자가 상당했고, 그대로 방치해두면 생명에 지장이 있는 자들도 있었다.

우리는 마당에서 밤을 지새게 되었는데, 전날 밤부터 잠을 못 잤을 뿐만 아니라 어느 정도 긴장이 풀린 탓에 줄곧 잠이 왔다. 나는 막노동할 때 입던 옷을 뒤집어쓰고 그대로 마당에 누웠다. 이내 잠이 들었는데 귀 있는 부분을 누가 차서 그 통증에 퍼뜩 눈을 뜨니, 어느 틈엔가 그 많던 사람들이 하나도 보이지 않았다. 실은 내가 자고 있는 사이에도 지진이 계속되어 여기저기서 창문 유리가 깨지기도 하고 와와 하는 큰소리가 마당 가운데서 들려왔기 때문에, 우리 동포들은 또 죽이러 오는 것이 아닌가 하는 공포에 일제히 도망쳐 나갔던 것이다. 나도 이대로 순순히 죽임을 당하고 마는 것인가 하는 생각에 무아무중 바깥으로 뛰어나가려고 경찰서 벽으로 뛰어 올랐다. 그러자 바깥에 있던 자경단 놈들이 나를 발견하고 함성을 지르며 뛰어 올라 왔다. 나는 그 때 경찰 마당 안으로 떨어져 살았다. 나는 바깥으로 나갈 수도 없고 해서 그 김에 옆의 삼나무에 올라가 달라붙어 있었다. 30분 정도 되어 살며시 삼나무 에서 내려와 마당 가운데 쪽으로 가보았다. 그러자 그 때 내 눈에 들어온 광경은, 순사가 칼을 빼 동포들의 몸을 발로 밟아 누르며 잔인하게 찔러 학살하고 있는 것이 아닌가. 당시 경찰의 명령에 따르지 않고 도망쳤다는 이유만으로 8명이나 되는 사람을 죽이고 또 많은 이들을 부상당하게 했다(조선대학교, 157~158쪽).

(5) 요쓰기바시 다리 근처

여기에서도 군대가 조선인 학살의 주역이었지만 자경단에 의한 학살도 꽤 있었다.

9월 1일 밤 "쓰나미"라는 소리에, 구 요쓰기바시 강둑 근처 평지로 피난했던 도미야 마(富山) 모 씨(가명)의 증언

그 평지에서 잠시 눈을 붙였을 때 조선인 소동으로 난리가 났다. "남자들은 머리끈 을 동여매고 모두 나오라"고 했다. 다치기라도 하면 안 된다는 생각에 나는 나가지 않았다. 이튿날, 강둑으로 나가보니 보초가 서있었다. 그곳에는 살해당한 조선인이 잔뜩 있었다. 20~30명 정도 죽어 있었을까. 죽인 것은 일반인들이었다(관동대지진 당시 학살된 조선인의 유골을 발굴해 추도하는 모임, 46쪽. "쓰나미"라는 유언비어가 구 요쓰기바시 주변에 있었던 날은 9월 1일 밤이라 기억하는 사람들과 2일 밤이라 기억하는 이들이 있어, 언제인지는 확실하지 않다).

시마카와 아키라(島川精)의 증언

이튿날 째(9월 2일)는 요쓰기바시를 넘어 혼다무라(현 가쓰시카구)의 마당가를 빌려서 모두 노숙했었죠. 이틀째 밤이 되자 "쓰나미다!"하는 소리에 다들 선로로 올라가 철도의 침목에 띠로 몸을 묶고 했었는데 쓰나미 같은 건 없었어요. 그래서 묶었던 끈을 풀었다고. 그런데 8~9시쯤 되자, "조선인이 쳐들어왔다"는 소문에 모두들 살기가 등등했지. "대나무 내와!", "창을 가져와!" 하며, 몽둥이를 갖고 있는 놈들은 칼로 끝을 뾰족하게 만들어 모여서 지들끼리 임시 자경단을 만들고는 주위를 정비했던 거지. 그때는 토란이 한참 자랄 때라 그 잎파리가 사람 얼굴로 보이곤 해서 그걸 쿡쿡 찌르기도 했죠. 그러자 저 둑이 있는 쪽에서 '빵빵빵' 하고 총 쏘는 소리 같은 게 들려왔어요.

다음날 아침 방수로 쪽을 걷고 있자니─당시 아라카와 방수로는 공사 중이어서 조선인은 값싼 노동력으로 이용되었고, 일본인 임금에 비해서 반 정도밖에 안 줘도 됐었죠─거기 가보니 지독한 시체 냄새가 나고, 강둑에는 5, 6명이 죽어 있었어요. 상처 자국으로 보면 확실히 칼로 베었거나 대나무로 쑤시거나 해서 죽인 시체였어요. 몸에 일본도로 벤 단면이 있었습니다. 인상이 조선인이었어요…….

이 아라카와 강둑 쪽에 농가가 한 채 있었는데, 한낮이 좀 지나 7, 8명의 조선인이 농가 주위로 도망 왔다가, 자경단과 그 근처 사람들에게 그만 잡혀서 마구잡이로 심하게 맞고 5분도 채 안 되어 맞아 죽어버리는 것을 봤습니다. 당시 거기는 공사를 하고 있던 탓에 옥석이 잔뜩 있어서 둑 위로부터 모두 옥석을 던져서 그들과 가세해 조선인들을 죽였던 거죠(일조협회 도요시마 지부, 41~42쪽).

9월 2일 5시쯤 소방단원에게 연행되어 데라지마 경찰서로 향하던 도중 조인승이 목격한 구 요쓰기바시에서의 조선인 학살 상황

다음날(9월 2일) 5시쯤, 또 소방 4명이 와서는 데라지마 경찰서로 가기 위해 요쓰기바시 다리를 건너게 되었어요. 거기에 3명이 끌려와 보통사람들에게 몰매 맞아 죽어 있는 모습을 나는 곁눈질로 보면서 다리를 건넜던 거요. 그 때 나도 다리에 토비(불 끄는 금속 기구)로 맞았었지. 근데 그 다리 근처는 시체로 가득했었소. 둑 위에도 숯 더미처럼 여기 저기 시체가 쌓여 있었어요(관동대지진 당시 학살된 조선인의 유골을 발굴해 추도하는 모임, 49쪽).

아오키(靑木) 모 씨(가명)의 증언

확실히 3일 낮이었어요. 아라카와 요쓰기바시 아랫쪽에 조선인을 몇 명씩이나 묶어서 데리고 와서는 자경단 사람들이 죽였단 말이죠. 얼마나 잔인한 방법으로 살인을 했던지. 일본도로 베고 죽창으로 찌르고, 철봉으로 찍고 해서 죽였단 말입니다. 여자, 그중에는 배가 많이 불렀던 임산부도 있었지만, 그냥 찔러 죽였어요. 내가 봤을 땐 서른 명 정도 죽이고 있었죠. 아라카와역 남쪽 강둑에서였어요(앞의 책, 51쪽).

군대가 행한 조선인 학살에 대한 오카와(大川)모 씨(가명)의 증언

22~23명의 조선인을 기관총으로 죽였던 게 요쓰기바시 하류 강둑 밑이었지. 강 서쪽에서 데리고 온 조선인들을 파출소에서 둑 밑으로 데리고 내려와서는 동시에 뒤에서 덮쳤어. 한두 자루 기관총으로 눈 깜짝할 사이에 죄다 죽인거지. 그리고 나서 심했어. 요쓰기바시에서 그들을 죽이는 걸 모두 보고 있었단 말이야. 그 중에는 여자도 두세 명 있었지. 심했어. 말도 안 되고. 그네들을 홀랑 벗겨서는 말이야. 장난을 하고 있었어. 조선인을 데려온 건 저 반대쪽(가쓰시카 쪽) 사람들이었어. 데라지마로 데리고 가기 전에 요쓰기바시 둑 밑에서 죽였어. 병대는 지진 나고 2~3일 지나서 왔었는데, 걸어서 왔으니 기병대는 아니었어(앞의 책, 58~59쪽).

군대에 의한 조선인 학살에 대한 다나카(田中) 모 씨(가명)의 증언

일개소대 정도, 그러니까 20~30명 정도였지. 두 줄로 서서는 보병이 등에다 대고, 그러니까 뒤에서 총으로 쏘는 거야. 2열 횡대였으니까 24명이지. 그런 학살이 2~3일 계속됐었어(앞의 책, 59쪽).

군대에 의한 조선인 학살 관련 아사오카 주조(浅岡重蔵)의 증언

요쓰기바시 아래 스미다구 쪽 가와라(河原)에서는 열 명 정도씩 조선인을 묶어세우고는 군대가 기관총으로 쏴서 죽였던 거예요. 아직 죽지 않은 사람들을 광산차가 지나가는 철로 위에 늘어놓고 석유를 뿌려서 태웠어요 …… 병대가 트럭으로 수많은 죽은 조선인들을 가지고 왔어요. 그렇지, 가와라에서 죽인 것도 있었어요. 아무 특별한 것 없는 보통 조선 사람들이었어요. 손을 묶인 채 죽어 있던 것도 일본인이 아니라 조선인이었다고 생각해요. 반대편을 보게 하고는 등에다 대고 쐈지요. 군대가 기관총으로 쏴죽이고, 또 안 죽은 사람들을 나중에 권총으로 쏴죽이고 있었어요. 스이도텟칸바시(수도 철관 다리) 북쪽에서 구 요쓰기바시 옆으로 큰 구멍을 내서 거기다 묻었어요. 시체는 몇 백구였는지……(앞의 책, 60~61쪽).

맺음말

이상 미나미카쓰시카군의 조선인 학살 관계 증언을 들어보았다. 이에 따르면, 이 지역의 조선인 학살 수는 사법성 조사가 말한 28명이라는 적은 수가 아님에 틀림없다는 사실이 드러난다. 재일본 관동지방 이재 조선동포 위문반의 최종 조사보고가 보여주듯이, 적어도 수백 명은 학살되었다고 보는 것이 타당하다.

게다가 가메이도, 오지마, 고마쓰가와, 데라지마경찰서, 요쓰기바시 등에서 학살의 중심이 되었던 것은 우선 군대였는데, 그 다음으로 경찰관, 자경단, 재향군인에 의해 행해진 조선인 학살에 있어서도 이러한 군대 출동이 부채질을 했다는 점을 볼 수 있다.

사법성 발표의 문제점은 조선인 학살 수를 감추려했던 사실만이 아니다. 이 조사는 민간인에 의한 조선인 학살을 보이고자 했을 뿐, 군대와 경찰에 의한 조선인 학살은 제외하고 있다. 그러나 당시 이 지역 주민들에게 이는 이미 주지의 사실이었다. 변호사 야마자키 게사야는 "어째서 그것을 은닉해 감출 수 있다고 생각하는가. 서서 보고, 앉아서 보고, 탕탕, 빵빵, 미나미카쓰시카에서 기관총을 본 이는 천, 이천 명의 소수가 아니다. 아니,

그 지방에서 이를 모르는 사람이 없을 정도다"라며 당시 이 사실에 대해 기록하고 있다(야마자키 게사야, 232쪽).

그러나 언론 통제로 인해 군대에 의한 조선인 학살은 일체 신문에 보도 되는 일이 없었으므로, 주변 지역민들 외에는 이 사건에 대해 잘 모른다. 사법성 조사에서 미나미카쓰시카군의 조선인 학살 수가 극히 적게 되어 있 는 가장 큰 원인은 바로 이 군대에 의한 조선인 학살사건을 은폐한 결과다.

2) 사이타마현에서 학살된 조선인 수

재일본 관동지방 이재 조선동포 위문반의 최종 조사보고 및 중간 조사보고, 각종 신문 보도, 사법성 조사, 관동대지진 50주년 조선인희생자 조사·추도 실행위원회의 조사 등에 의한 사이타마 현에서의 조선인 학살 수를 표로 만든 것이 다음의 [표 6-6]이다.

위문반 중간보고, 각종 신문 보도, 관동대지진 50주년 조선인희생자 조사·추도실행위원회의 조사에 따르면, 사이타마현에서의 조선인 학살 수는 200명에서 250명이라는 셈이다. 위문반의 최종 조사보고에 따르면 488명인데, 11월 25일 새로 일괄하여 보고한 293명을 빼면 195명으로, 위 세 가지 조사와 큰 차이는 없다. 추가로 일괄 보고한 수는 합계만 보고되어, 각각의 학살 지명 및 학살자 수는 표시되어 있지 않다. 따라서 추가 합계 수의 근거를 오늘날 해명하는 것은 불가능하다. 현재 확인 가능한 범위에 서 말하자면, 사이타마현에서의 조선인 학살 수는 200에서 250명이라고 추정할 수 있지 않을까.

사법성 조사에 의한 학살 수는 약 66명이다. 관동대지진 50주년 조선

[표 6-6] 사이타마현에 있어서의 조선인 학살수에 대한 각종 조사

	학살 사건 당시의 조사				학살 사건 50주년 당시의 조사		
	a. 지진 조선동포 위문반 최종 보고	b. 지진 조선동포 위문반 중간 보고	c. 각 신문보도	d. 사법성 조사	e. 확인이 가능한 최소의 수	f. 증언은 있으나 확인에는 미치지 못한 수	g. 합계
가와구치		33	30~70				
오미야	1	2					
오미야기관차 차고 뒷편			1				
가타야나기무라			1	1	1		1
구마가야	60	61	43	약 15	57	11-22	68~79
혼조	63	80	86	약 38	88	13~14	101~102
진보하라	25	24 또는 35	35	약 11	42		42
요리이	13	14		1	1		1
메누마	14						
와세다무라	17	17					
나가노현과의 경계 지역	2						
후카야(深谷)					1		1
고다마					1	1	2
오케가와(桶川)					1		1
도다(戸田)					1	4~9	5~9
아게오(上尾)						1	1
메누마		14					
사이타마현 내	293						
합계	488	245 또는 254	197~237	약 66	193	30~47	223~240

출전: a. [표 6-1]과 상동.
b. 최승만, 97쪽. 이 글에서는 "아카바네 아라카와"가 사이타마현에 들어있으나, 이는 도쿄에 ┈
한다고 보이므로 본 표에는 넣지 않음.
c. e~g. 관동대지진 50주년 조선인희생자 조사 · 추도사업 실행위원회, 50쪽.
d. 사법성 「지진 후 형사 사범 및 관련 사항 조사서」 중 "제4장 선인살상 사범"(강덕상 · 금병동
428~432쪽).

인희생자 조사 · 추도실행위원회가 조사한 결과, 확인 가능했던 최소한의 수만도 193명은 된다. 사법성 조사는 의도적으로 조선인 학살 수를 줄여서 발표한 것이라 생각하지 않을 수 없다. 그래도 사법성 조사치고는 사이타마현의 학살자 수가 상당수 기록되어 있는 이유는 사이타마현의 학살은 전부 민간인에 의한 학살로, 군대가 관여하지 않았기 때문이라 할 수 있다.

10월 20일 조선인 학살사건 관련 기사 해금 후에도, 군대에 의한 조선인 학살은 신문에 보도되지 않은 채, 민간인에 의해 대학살이 행해진 군마현의 후지오카 사건 및 사이타마현의 혼조 사건, 진보하라 사건, 구마가야 사건만이 대대적으로 보도되어, 학살의 책임은 자경단에게만 있는 듯한 인상을 심어주려고 하였다. 여기에 일본 국가의 언론 통제에 있어서의 교묘한 지혜가 드러나 있다. 사법성 조사는 이러한 언론 통제 방식과 보조를 맞춘 그러한 것이었다.

3) 가나가와현에서 학살된 조선인 수

재일본 관동지방 이재 조선동포 위문반에 의한 최종 조사보고에 따르면, 가나가와현 내 조선인 학살 수는 3999명이다([표 6-1] 참조). 그 중간 조사보고에 의하면 1129여 명 또는 1499여 명이다([표 6-2] 참조). 문제는 전자의 학살 수이다. [표 2-2]에 따르면 가나가와현 내 조선인 수가 1922년 추계로 1969명, 1923년에는 3645명이다. 따라서 조선인 학살 수는 가나가와현 재주 조선인의 인구를 넘어버리고 만다.

가지무라 히데키는 위문반에 의한 최종 조사보고 중 가나가와현의 숫자를 a. 사체가 발견된 수, b. 사체 발견이 불가능한 수, c. 11월 25일에 다시 각 부 · 현으로부터 보고된 수로 나누어 다음과 같이 판단했다.

b, c는 구체성이 부족하고, 상호 중복, 또 부분적으로는 a와 중복이 있을 수 있다. 특히 b는 당시 상황으로부터 추측해 보건데 소식 불명이 된 자가 되므로, 피난할 수 있었던 이들까지 포함하고 있다고 보여진다. 그렇다고 해도, 요코하마 중심부 이외에, 다른 자료로부터 알 수 있는 쓰루미, 도쓰카, 도카이도 철도선 부근에서의 사례로서 a에 포함되지 않은 것이 있다는 사실로부터 생각해 볼 때, b, c를 전부 오보로 보아서는 안 된다. 그래서 결론적으로 a에 c를 더해 가나가와현의 조선인 학살자 수를 2000여 명으로 추정하였다(梶村秀樹, 661~662쪽).

한편, 사법성 조사에서는 가나가와현에서의 학살 수는 겨우 두 명이다. 가나가와현에서는 전후에도 학살자 수의 재조사가 행해져왔다. 그러나 겨우 2명이라는 것은 역사적 현실로부터 거리가 있어도 너무 있는 숫자다. 요코하마에서 대량 학살이 행해졌다는 사실은 믿어 의심치 않는다. 우선 그 증거로서 전후에 나오게 된 증언 둘을 소개한다.

다바타 기요시(田畑潔)의 증언

요코하마의 나카무라초 주위는 저급 숙박업이 밀집해 있는 지역이었다. 이러한 시설에는 조선인 노동자들이 많이 살고 있었는데, 적어도 수백 명은 있었다고 생각된다. 이 근처의 친구 집을 방문하러 가는 길에 지진을 만난 나는, 말하자면 세상에서 그 유명한 조선인 학살의 실태를 이 두 눈으로 자세히 목격한 셈이 되었다. 2일 아침부터 조선인이 불을 지르고 돌아다니고 있다는 유언비어가 돌자마자 바로 조선인 사냥이 시작되었다.

네기시바시(根岸橋) 옆에는 통칭 '네기시 별장'이라 불리는 요코하마 형무소가 있는데, 지진 통에 그 콘크리트 벽이 무너져 죄수가 일시 석방되었고, 그 죄수들 700~800명의 힘도 가세해 수색대가 만들어졌다. 그들은 마을을 샅샅이 수색하고 다니며 밤을 새고 사냥을 계속했던 것이다. 발견된 조선인은, 경찰이 나이, 이름, 주소를 확인하고 보호할 틈도 없이 마을 수색대에게 잡혀버리고 만다. 얼떨떨한 채로 있으면 경찰관 자신이 죽임을 당할지 모를 살기등등한 분위기였다. 그래서 조선인을 빙 둘러싸면 뭐하나 평계를 들어볼 것도 없이 아무 문답 없이 손에 손에 들고 있는 죽창, 삽으로 조선인의 몸을 괴롭힌다. 그것도 단숨에 싹 해치우는 게 아니라, 모두가 각각 흠칫거리며 하기 때문에 은근히 더 잔혹하다. 머리를 치는 자, 눈에 죽창을 찔러 세우는 자, 귀를 쳐서 떼어내는 자, 등을 두드려 패는 자, 발등을 베어 찢는 자…… 조선인의 신음소리와 소리 지르며 욕을 하는 일본인의 성난 소리가 섞여, 이 세상의 것이라고는 생각할 수 없을 정도로 처참한 장면이 전개되었다.

이렇게 고통을 줄대로 준 후에 죽인 조선인의 사체를 구라키바시(倉木橋)의 둑가에 죽 늘어놓고는 늘어서 있는 벚나무의 강 쪽으로 뻗은 작은 가지에 매단다. 게다가 이는 한둘이 아니었다. 미요시바시(三好橋)부터 나카무라바시(中村橋)에 걸쳐 대천(戴天)기념에 식수했던 200그루 이상의 나무에 전부 피투성이의 사체를 단다. 그래도 아직 숨이 붙어있는 이들에게는 매단 채로 다시 한 번 린치를 가해…… 사람이 할 짓이라고는 생각할 수 없는 지옥의 형장이었다. 완전히 죽은 인간은 매달린 줄을 잘라 강 속에 떨어뜨린다. 강 속은 몇 백구나 되는 사체로 가득하고, 어제까지 푸르렀던 물은 새빨간 탁류가 되어버렸다(『시오』1971년 9월, 98~100쪽).

미타 겐지로(美田賢二郎)의 증언

어쨌든 천하에 내놓고 떳떳하게 하는 살인이었죠. 우리 집은 요코하마에 있었는데, 요코하마에서도 가장 조선인 소동이 심했던 나카무라초에 살고 있었어요. 그 살인 방법은 지금 생각해도 참 소름이 끼칩니다만, 전봇대에 가시달린 철사로 동여매고는 때리고, 차고, 토비로 머리에 구멍을 내고, 죽창으로 찌르고, 어쨌든 닥치는 대로 해댔죠. 몇 명이나 죽였는지 공공연히 사람들이 떠벌려 자랑하고 해서, 저 같은 사람은 면목이 없어 주눅 든 채 걸어가곤 했죠(『시오』1971년 9월, 100쪽).

이상의 증언만으로도 요코하마에서 대량학살이 행해졌었다는 사실은 부정할 수 없다. "떳떳이 드러내놓고 하는 살인" 의식은 민중 가운데 널리 퍼져 있었던 것 같다. 도쿄 아사히신문사 기자인 니시카와 하루미(西川春海)는 "아저씨, 조선인 좀 어때요. 저는 오늘까지 여섯 해치웠습니다만",

"그놈 대단해", "아무래도 몸이 멈추지 않아서 말이지, 대놓고 하는 떳떳한 살인이니 호기로 그냥 말이지"하는 식의 대화가 요코하마에서 횡행했던 사실을 기록하고 있다(요코하마시청 편찬계, 1927b, 431쪽).

요코하마에서 경찰서로부터 "선인은 살해해도 상관없음"이라는 안내문을 발표했다고 하는 소문이 있었다. 고토부키(壽) 경찰서의 서장도 "순사 등이 조선인 방화 등의 소문을 듣고 "조선인을 죽여도 괜찮다"는 식으로 말한 것이 원인이 된 것이 아닌가"하며, 그러한 사실의 존재 가능성을 부정하지 않았다(위의 책. 1927a, 35쪽).

요코하마 지방재판소의 검사 부인인 오노 후사코(小野房子)도 9월 2일 요코하마의 청년단원이 "선인 300명 정도가 불을 지르러 혼모쿠에 왔다고 하니, 물어서 답하지 않는 놈들은 선인이라고 보고 죽여도 좋다는 통지가 있었다. 모두 주의하라"고 외치는 소리가 들렸다고 적고 있다(長岡熊雄, 176쪽).

우치다 료헤이도 요코하마 경찰서가 조선인에게 심문해보고 "수상한 점이 있으면 죽여도 좋다"라는 취지를 전했다고 기록하고 있다(강덕상·금병동, 243쪽). 경찰의 이러한 태도가 광범위한 수의 민중들 사이에서 "떳떳한 살인"이라는 의식을 갖게 했고, 또 그들을 대량 학살로 몰아 부쳤던 것이라 할 수 있다. 사법성이 가나가와현에서의 조선인 학살을 겨우 둘이라고 했던 원인이 무엇이겠는가.

또 가나가와현의 경우, 군대가 조선인 학살에 어떠한 역할을 했는지 전혀 규명되어 있지 않다. 요코하마시 고토부키 소학교의 아동 하라타 후쿠타로(原田福太郎)는 그의 작문 "지진 당시"에서, "육군과 해군이 왔습니다. 그리고 선인을 정벌 했습니다"라고 쓰고 있고, 또 같은 학교 아동인 홋타 노부요시(堀田信義)도 그의 작문 "대지진 화재를 맞아 기록함"에서 "병대가 와서 선인을 정벌해서, 선인은 싹 없어졌다"고 적고 있다(금병동, 1989, 98쪽, 146쪽). 군대의 "정벌" 실태가 규명되지 않으면 안 된다.

4. 맺음말

학살된 조선인 수가 수천에 달한다는 사실은 의심할 수 없지만, 이를 엄밀히 확정짓는 것은 이제 오늘날 불가능하다. 그러나 사법성 조사의 학살 수와 같이 적은 수가 아니라는 것 또한 확실하다. 사법성 조사는 이상에서 검토한 바와 같이, 의도적으로 조선인 학살자 수를 적게 만들려고 노력한 결과, 한편으로는 조선인 폭동을 만들어냈다. 그러나 문제는 그뿐 아니라 군대와 경찰에 의한 조선인 학살 수를 감추고, 조선인 학살이 민간인에 의해서만 행해진 듯이 보이게 하였다. 그렇다고 해서 재일본 관동지방 이재 조선동포위문반이 조사한 학살 수를 그대로 긍정할 수도 없다는 점에 대해서는 이상 검토한 바와 같다. 그러나 사법성 조사에 비해 위문반의 조사 숫자가 훨씬 더 현실에 가깝다는 것은 단언할 수 있다.

조선인 피학살자 수를 확정짓기 어렵게 만든 것은, 일본 국가가 조선인 사체수를 알 수 없도록 여러 가지 공작을 하고 위문반 조사를 방해하였기 때문이다. 여기에도 조선인 학살 그 자체에 또 하나 추가된 일본 국가의 책임이 있다. 조선인 학살사건의 실태를 밝히기 위한 일체의 사료 조사 및 그 공개, 사죄, 그리고 추도 등은 일본 국가로서 해야 할 최소한의 과제일 것이다.

저자 후기

변변치 못한 책이지만 저술을 마치기까지는 기나긴 여로였다. 그 시작은
한 30년쯤 전으로 거슬러 올라간다. 1972년 4월 역사교육자협의회 대학부
회에 소속된 학생들과 함께 나가노현 미나미사쿠군 사쿠초(長野県 南佐
久郡 佐久町)로 구 오히나타무라(大日向村)의 만주 이민에 대해 조사차
갔을 때의 일이다. 그 마을 출신이던 히라이 다카노리(平井高則) 씨가 "관
동대지진 때 조선인이 산에 들어와서 불을 지른다는 정보를 듣고는 (오히
나타의) 주민들 대부분이 일본도 같은 것을 들고 그들을 잡으러 나섰어요
…… 사쿠 마을은 여기저기서 그런 식으로 사냥을 했었다고 생각해요"라
고 이야기해 주었다.

    나는 도쿄에서 꽤 많이 떨어져 있는 이 산촌에서도 그런 일이 있었던가
싶어 놀랐다. 그래서 관동대지진 당시의 조선인 학살사건이 전국 각 지방
에 어떠한 영향을 주었는가를 추적해 조사하기 시작했고, 우선 「관동대지
진 당시의 조선인 폭동 유언을 둘러싼 지방 신문과 민중: 중간보고를 대신하
여」(재일조선인운동사연구회, 『재일조선인사연구(在日朝鮮人史研究)』
5호, 1979년 12월)를 발표했고, 이어서 『관동대지진 당시의 조선인 폭동

유언비어를 둘러싼 지방 신문과 민중(関東大震災期朝鮮人暴動流言をめ
ぐる地方新聞と民衆)』('조선문제' 학습연구시리즈 제18호, '조선문제'간
담회, 1982년)을 집필했다.

1.

내 연구도 혹 그 정도로 끝났을지 모른다. 그러나 거기서 끝낼 수 없었던
제2의 계기가 생겼다. 1982년 초여름의 일로 기억한다. 젊은이들이 찾아와
서는, 관동대지진 당시 도쿄도 스미다구의 구 요쓰키바시 부근에 있는 아라
카와 방수로에서 학살당한 후 가가와 강둑에 묻힌 조선인의 유골을 발굴해
추도하는 모임을 만들고자 하니, 그 모임의 대표가 되어주십사 하고 내게
요청했다. 당시 나는 한국 유학 중에 투옥되었던 재일 한국인 정치범을 구
제하기 위한 구원회의 대표 겸 사무국장 일을 담당하고 있었다. 소규모의
구원회라고는 해도, 1인 2역의 역할은 퍽이나 바빴고, 그래서 나름대로 협
력은 하겠지만 청년들이 만들 모임의 대표로 취임하는 것은 어렵겠노라고
거절했었다.

　　그런데 그 후 얼마 지나지 않아 7월 28일에 '관동대지진 당시 학살된
조선인의 유골을 발굴해 위령하는 모임' 준비회(이후 '관동대지진 당시 학
살된 조선인의 유골을 발굴해 추도하는 모임'으로 개칭)의 창립 집회에 출
석해보니, 젊은이들은 "아무도 대표직을 맡아주시지 않으시니, 선생님께
서 꼭 해주시면 좋겠다. 그렇지 않으면 오늘의 집회는 파산되어버리고만
다"며 강청해왔다. 모처럼의 뜻을 좌절시킬 수 없었기에, 어쩔 수 없이 타협
안으로 정식 대표가 정해질 때까지의 가(仮)대표가 되어주기로 하고 그해
말까지 가대표로서 일하게 되었다.

가대표라고는 해도 책임상 내가 이 사건에 대해 본격적으로 연구, 조사하지 않으면 안 될 의무가 생겼다. 그 결과, 구 요쓰기바시 주변의 도쿄부 미나미카쓰시카군을 조사 대상 지역으로 하여 사건을 논했던 「관동대지진과 조선인 학살: 민중 운동과 연구 방법론의 전진을 위하여」(『삼천리(三千里)』 제36호, 1983년 11월)와, 이를 고쳐 쓴 「관동대지진과 조선인 학살: 사건을 둘러싼 민중 의식에 대하여」(旗田巍 편, 『조선의 근대사와 일본(朝鮮の近代史と日本)』, 다이와쇼보(大和書房, 1987년)를 결실로 맺게 되었다.

1990년경부터 내 관심은 조선인 학살사건 그 자체보다도, 그후 일본 국가가 취한 학살 책임을 은폐하려는 정책과 그에 대한 민중의 반응으로 향해졌다. 본고에 담겨 있는 문제의식은 이때에 생겨났다. 이 시기는 강제연행되었던 한국인과 '종군위안부'가 되기를 강요당했던 한국인 여성의 전후 보상 소송이 전개되고 있던 시기였다. 이 소송에 관여하면서, 관동대지진 당시 있었던 조선인 학살사건을 생각해보니, 학살 그 자체도 나쁘지만 이후 그 책임을 속인 일은 더더욱 나쁘다는 생각을 하게 되었다. 이 책의 골격을 이루게 된 그 당시의 주요 저술을 들면 다음과 같다.

「관동대지진 당시의 조선인 학살사건 재판 및 학살 책임의 행방」(『재일조선인사연구』 제20호, 1990년 10월)
「관동대지진 당시의 조선인 학살 책임의 행방」(『역사평론』 1993년 9월)
「관동대지진 조선인 학살사건과 일본인 민중의 피해자 의식의 행방」(『재일조선인사연구』 제25호, 1995년 10월)
「관동대지진 당시 조선인 학살사건의 국가 책임과 그 은폐 과정」(『통일평론(統一評論)』 1999년 3~4월)
「관동대지진 당시의 조선인 학살: 그 국가 책임과 민중 책임」('후쿠다무라 사건의

진상(福田村事件の真相)' 편집위원회, 『후쿠다무라 사건의 진상』 제3집, 지바 후쿠
다무라 사건 진상조사회, 2003년)

2.

학살된 조선인의 묘비·추도비를 언제부터 찾아다니기 시작했는지는 기억
이 나질 않는다. 내가 가지고 있는 가장 오래된 기록이 1984년 구마가야의
오하라 영원에 있는 공양탑에 들렀던 일인 것으로 보아, 적어도 그 이전에
시작했다는 셈이 된다. 1장에서 기록하고 있지 않은 묘비·추도비를 찾아다
니다 생긴 체험들을 여기에 좀 적어두고 싶다.

언제인지 기억은 없지만, 이 묘비·추도비를 찾아다니기 시작한지 얼
마 안 되어서였던 것 같다. 사이타마시 소메야의 조센지(常泉寺) 사원 묘지
에 있는 강대홍의 묘 앞에 섰을 때 갑자기 깨닫게 된 사실이 있었다. 강에게
도 조선에 육친이 있었을 것이다. 그는 고향 육친을 생각하며 어떠한 기분
으로 죽어갔던 것일까. 또 고향에 계신 육친은 돌아오지 않는 그를 어떤
마음으로 기다리고 있었을까. 강은 어디로부터 이 소메야로 오게 되었는지
조차 알려지지 않은 채 소메야 주민에게 죽임을 당하고 말았다. 그래도 그
의 소지품에 이름이 적혀 있었던지, 이름만은 묘비에 새겨져 있다. 그러나
소메야 사람들은 그의 고향이 어디인지 알지 못한다. 따라서 그의 죽음이
고향의 육친에게 전해졌을 리가 만무하다.

이 때 학살된 조선인 대부분은 이름조차 알려져 있지 않다. 필시 몇
만 명이나 되는 조선의 육친들은 일본에 건너간 부모 형제가 귀국하기를
헛되게 기다리다가, 그들이 죽게 된 장소조차 알 수 없는 그 슬픔과 원한을
안고서 긴긴 세월을 보냈을 것이다. 부끄럽게도 나는 강의 묘 앞에 섰을
때에서야 처음으로 이 당연한 사실을 깨닫게 되었다. 내게 있어서 이 묘비

와 추도비를 찾아다니는 일은, 죽은 자와 그 유족이 가져야 했던 아픔을 내 자신에게 새겨 넣어가는 일종의 통로가 되었다.

그런데 1998년 11월 3일, 아직 남아있던 유족의 마음을 직접 접하고 느낄 수 있는 일이 생겼다. 이날 나는 조선인 강제 연행의 청취록을 집성하고 있던 '『백만인의 신세타령』 제작위원회'가 주최한 도쿄도와 지바현에서의 조선인 학살사건 관련 비문 찾아가기라는 버스 견학 일행을 위해 해설을 해주는 역할을 맡고 있었다. 돌아오는 길 버스 안에서였다. "혹시 제 아버지가 돌아가신 장소를 알게 되시면 가르쳐주세요"라며 아버님 박덕수(朴德守) 씨 존함을 적은 그의 명함을 내게 건넨 인물이 있었다. 박대희(朴載熙) 씨였다.

그의 아버지는 지진 당시 군마현에서 토목건축업에 종사하고 있었는데, 회사 돈을 가지고 도망쳤던 한 부하직원을 잡으려고 도쿄로 향해가던 중에 그만 소식이 두절되고 말았다. 도쿄로 향하던 도중 어디에선가 살해당한 것이 아닐까하고 생각했지만, 결국 나는 그 이상의 정보는 찾아낼 수 없었다. 적어도 이 책을 드리고 싶다고 생각하고 있었던 참인데 박대희 씨는 그해(2003년 당시) 3월 10일에 돌아가시고 말았다. 향년 80세였다.

박씨는 '관동대지진 당시 학살된 조선인의 유골을 발굴해 위령하는 모임' 준비회에도 거액의 후원금을 제공해주셨다. 1982년 9월, 동 준비회가 아라카와의 가가와 강둑에서 조선인 사체 시굴 작업을 하고 있었을 때도 그는 시굴 현장까지 오셔서 "이런 사업을 남북이 공동으로 할 수 있다면 좋을텐데"하면서 비통한 얼굴로 말씀하셨었다. 유해조차도 발견할 수 없는 그의 아버지에 대한 생각을 늘 깊이 간직하고 있었을 것이다.

일본 국가는 학살 피해자의 유해를 찾으려 하기는커녕, 이를 극구 감추며 조선인에게 내어주지 않도록 조치했었다. 이와 같은 방침에 대한 오사카의 한 조선인의 슬픔과 원망에 대해서는 6장에서 이미 소개했다. 이 오사카 재주 조선인이나 박대희 씨와 같은 생각을 품고 있던 조선인은 얼마나 많았을까. 그러나 이 자체도, 그러니까 그들과 같은 이들의 슬픔과 분노마저도 일본 국가의 노골적인 탄압에 의해 암흑에 묻혀버렸다. 그 묻혀진 조선인 유족들의 마음을 역사의 표면 위로 떠올려 드러내는 작업이 박대희 씨에 대해 내가 할 수 있는 최소한의 추도인 것이다.

3.

이 사건에 대한 나의 연구조사는, 한 인간으로서 앞서 소개한 경과를 거쳐 오게 된 것이었지, 연구자로서의 업적을 쌓을 목적으로 한 권의 책으로 정리하겠다는 생각은 해 본 적도 없다. 그런데 이렇게 한 권의 책으로 묶어볼 생각이 든 데에는 두 가지 동기가 있었다.

하나는 나도 이제 73세가 되어 남은 인생이 얼마 없다는 생각에서였다. 이리저리 부딪히면서 계속해 온 이 연구조사의 결과를 구름처럼 이슬처럼 흩어져버리게 해서는 안 된다고 생각했다. 조사하고 연구한 결과를 정리해서 이제부터 이에 대한 연구를 진전시킬 젊은 세대를 위한 발판을 제공하지 않으면 안 된다고 생각했던 이유에서였다.

또 하나의 동기는, 이 책 서문에도 쓰여 있듯이 일본 국가가 조선인 학살 책임을 은폐하려는 정책을 취해서 '수치 덧칠하기' 상태로 오늘날에 이르렀다는 사실을 명확히 함으로써 이러한 상황을 극복할 것을 제안하고 싶었기 때문이다.

이제까지의 연구는 주로 일본 국가가 조선인 폭동이라는 유언비어를 퍼뜨리고, 군대, 경찰 등 국가 기관을 동원해 직접 조선인을 학살하고 일본 민중을 학살에 가담시켰다는 사실을 연구해왔다. 그러나 국가의 책임은 위에서 말한 조선인 학살 책임에만 지나지 않는다. 그러한 국가의 책임을 은폐한 사후의 책임 또한 중대하다. 전자를 제1의 국가 책임이라고 한다면, 후자는 제2의 국가 책임이라고 해도 좋다.

1990년대 이후 이 사건을 둘러싼 사이타마현, 지바현, 도쿄부 미나미 카쓰시카군의 지역사 연구가 각 지방 시민단체 및 재야의 연구자들의 노력에 의해 진전되어왔다. 그러나 제2의 국가 책임에 대한 체계적인 분석은 오늘날까지도 아직 행해지지 않았다. 내가 이 책에서 가장 집중했던 부분은 '수치 덧칠하기' 80년을 초래해 온 제2의 국가 책임이었다.

본문에서 제2의 국가 책임으로 거론한 요점은 다음의 네 가지다.

첫째, 조선인 폭동을 만들어내고는 "소수 불령선인이 있었으므로 조선인 학살이 있었다 치더라도 어쩔 수 없다"는 식의 허위 변명을 늘어놓으며 유언비어 유포에 대한 국가 책임을 은폐해 온 점이다.

둘째, 조선인을 학살한 일부 자경단원을 형식적인 재판에 부치는 것으로써 법치 국가로서의 국가 책임을 다한 듯이 걸치레하며 얼버무린 점이다.

셋째, 군대와 경찰의 조선인 학살은 은폐했다.

넷째, 조선인들이 행하던 조선인 학살 수 조사를 방해하고, 학살당한 조선인의 유해를 숨겨 이를 조선인에게 인도하지 않았다. 학살된 조선인 거의 대부분은 그 이름과 고향이 불분명하므로, 각각의 유족들에게 인도해줄 수가 없었다. 그러나 조선에 공동묘지를 만들어 거기에 유골을 송환시켜 매장하는 조치는 가능했었다. 일본 국가는 조선인 학살의 전모와, 그에 대한 자신의 학살 책임을 은폐하기 위해서 그와 같은 조치는 취하지 않았다.

4.

내가 여기서 국가 책임을 은폐하려는 정책에 중점을 두고 분석했다고 해서, 민중의 책임은 아무래도 좋다는 식으로 말하고 있는 것은 아니다. 1장에서 일본인이 세운 묘비와 추도비에 학살 주체를 명시한 것은 단 하나도 없다는 사실을 지적하였고, 또 4장에서 민중 의식과 자경단을 논했던 것은 이런 민중의 책임을 숙고하고자 했기 때문이었다.

자기가 죄를 지었다는 것을 고백하는 일은 쉬운 일이 아니다. 죄의식이 깊으면 깊을수록 쉽게 입에 담을 수가 없게 된다. 그러나 민중이 자신의 죄를 고백하지 않으면, 민중을 조선인 학살로 몰아간 한층 더 무거운 국가의 죄와 책임은 명백하게 밝힐 수 없게 된다. 즉, 민중이 국가에 의해 조선인 학살로 내몰려졌다는 사실에 비추어 본 자신의 사상적 결함을 반성함과 동시에, 국가의 책임을 밝히고 고발하는 일이 일본 민중으로서 감당해야 할 중요한 책임인 것이다. 민중의 책임이란 이 두 가지 면을 가지고 있는 것이다. 이 둘 중 그 어느 것도 던져버릴 수 없다.

관동자경동맹은 국가의 책임만 추궁하여 자신의 가해자로서의 책임을 내던져버리고 말았다. 그렇다고 해서 개인으로서의 사상적, 윤리적 반성이나 묘비 · 추도비의 건립만으로 일단락 짓고, 국가 책임을 추궁하지 않는다고 하면 일본인으로서의 책임을 다 했다고 말할 수는 없을 것이다.

여러 가지 문제점이 수반되었다고는 하더라도, 묘비와 추도비를 세워 학살당한 조선인을 추도해 온 것은 민중뿐이었고, 국가는 이 같은 의지는 전혀 갖고 있지 않았다. 그러한 점에서 민중 외에는 앞으로 희망을 걸 것이 없다는 사실을 말해주고 있다. 나는 일본의 민중이 유종의 미를 거두기 위해, 국가의 제1과 제2의 책임을 명백히 하고 이에 대해 추궁해 물을 것을 제기하고 싶었다.

2002년 9월 17일의 조·일 평양선언에서 조선민주주의인민공화국 측은 일본의 식민지 지배 책임에 대한 보상 요구를 포기하고 일본이 주장하는 경제 협력 방식을 받아들였다. 일본 측이 그 식민지 지배에 대한 책임을 인정하고 사죄는 했지만, 일본이 한·일조약에서와 마찬가지로 경제협력의 방식으로 문제를 해결하고자 고집했던 이유는 그 식민지 지배에 대한 책임을 가능한 한 애매하게 접어두고 싶었기 때문일 것이다. 타국 정부와 외교면에 한정해서 말하자면, 일본은 샌프란시스코 강화 조약과 한·일조약을 통해 전쟁 책임이나 식민지 지배에 대한 책임을 애매하게 얼버무려 왔었다. 그러한 일본이 식민지 지배 책임을 제대로 인정할 수 있는 최후의 기회가 이로써 사라져버리고 만 것이다. 그 결과 이제는 북한에 대해 일본인 납치 문제만 거론하고 있다. 이대로 있다가는 일본인은 윤리적 퇴폐의 늪에 빠져버릴 위험성이 있다.

원래 일본인 납치 피해자 가족의 고통이란 어찌한다 해도 없앨 수 없다. 그러나 관동대지진 당시의 조선인 학살사건에서 생명을 잃었던 피해자와 그 유족들, 또는 전시하 강제 연행되어 사망한 조선인과 그 육친들은, 그들이 어떤 사업장에서 어떤 식으로 사망했는지조차도 지금까지 알지 못하고 가슴 아파하고 있다. 그러한 유족들의 마음을 살필 수 있는 인간적인 면을 일본인이 가질 수 있기를 바란다. 인간의 비극, 고통에 대한 공감, 그것을 국가가 앗아가게 해서는 안 된다.

관동대지진에 있어 수많은 일본 민중이 일본 국가와 함께 조선인을 학살한 것은, 일본 민중 그들이 상황을 파악할 수 있는 눈을 국가에게 빼앗겨버리고만 나머지, 일본 국가의 식민지 지배에 대한 조선인의 저항이 가진 인간적 의미를 전혀 헤아릴 수 없는 상태에 빠져, 공연히 이들을 두려워하며 공포에 떨고 있었기 때문이었다. 이러한 부채의 역사를 딛고 일어서서, 국가에 의해 막혀져 있는 그 경계를 넘어 타자와 공감할 수 있게 되는 것, 이것이 현재 일본 민중에게 추구되고 있는 것이다. 의심스런 애매한 '애국심 교육'은 이제 그만 사절하고 싶다.

조·일 평양선언 이후 일본의 정신 상태는 관동대지진 당시의 조선인 학살사건의 의미를 깊이 숙고할 필요성을 한층더 강하게 느끼도록 하는 계기가 되었다.

5.

이 책에서 검토한 점 이외에도 아직 분석해야 할 문제는 많이 있다. 다행히 혹시 앞으로 내 명이 조금 더 남아있다면, 이번에 못 다한 남은 과제를 감당해가고 싶다. 이 책에서는 신문 보도에 대해서는 별로 언급하지 못했지만, 조선인 학살사건에 관한 각종 신문의 동향과 그 사건에 대한 재판의 경향에 관한 보다 자세한 분석은, 2004년 1월 료쿠인쇼보에서 간행된 야마다 편 『조선인 학살관련 신문 보도 자료』전 4권 및 별권에 수록되어 있는 두 편의 해설 논문에서 논하고 있으므로 참조해주기 바란다.

소시샤(創史社)의 오하라 사토루(小原悟) 씨에게는 여러 가지로 신세를 졌다. 오하라 씨는 이제까지도 한국인·중국인의 전후 보상 소송에 있어서 출판의 측면에서 협력해주셨다. 그러한 숭고한 뜻을 가진 출판사를 통해 졸고를 간행할 수 있었다는 점, 깊이 감사드리고 싶다.

참고문헌

(한글 자료는 가나다 순, 일본어 자료는 오십음도 순에 의함.)

독립기념관 한국독립운동사연구소, 『한국독립운동사연구』 제12집, 1998.
최승만, 「일본 관동지진시 우리 동포의 수난」, 『극웅필경 최승만 문집』, 김진영, 1970.
相川常松, 「新区町会の変遷と考察」, 『東京市町時報』 第1巻 第2号, 1936.
秋田雨雀, 『五十年生活年譜』, ナゥカ社, 1936.
李七斗 編著, 『関東大震災横浜記録』, 在日大韓民国居留民団 神奈川県本部, 1993.
猪上輝雄, 『関東大震災(一九二三年)藤岡での朝鮮人虐殺事件』 私家版, 1995.
越中谷利一, 「関東大震災の思い出」, 関東大震災五十周年朝鮮人犠牲者調査追
        悼行事実行委員会 編, 『歴史の真 実関東大震災と朝鮮人虐殺』, 現代史
        出版会, 1975.
大図健吾, 「関東大震災時, 虐殺朝鮮人慰霊事業についての覚え書き: 村尾履吉と
        李誠七のこと」, 神奈川県歴史教育者協議会横浜高校部会, 『高校社会科
        の創造』 第一集, 1977.
大阪地方職業紹介事務局, 『筑豊炭山労働事情』 1926.
大島英三郎 編, 『難破大助大逆事件: 虎ノ門で現天皇を狙撃』 増補版, 黒色戦線社,
        1979.
大曲駒村, 『東京灰燼記: 関東大震火災』(中公文庫) 中央公論社, 1981.
梶村秀樹, 「在日朝鮮人の生活史」, 神奈川県県民部県史編集室 編, 『神奈川県史
        各論編 1 政治行政』, 神奈川県, 1983.
亀戸事件建碑記念会, 『亀戸事件の記録』, 日本国民救援会, 1973.
河合和男, 『朝鮮における産米増殖計画』, 未来社, 1986.
川口市, 『川口市史 近代資料編』1, 川口市, 1983.
川崎市役所 編刊, 『川崎市史』, 1868.
喜田貞吉, 「震災日誌」, 『喜田貞吉著作集』 14, 平凡社, 1982.
関東大震災時に虐殺された朝鮮人の遺骨を発掘し追悼する会 編, 『風よ鳳仙花の歌

をはこべ: 関東大震災・朝鮮人虐殺から七〇年』, 教育史料出版会, 1992.

関東大震災五十周年朝鮮人犠牲者調査追悼実行委員会 編刊, 『かくされていた
　　　歴史: 関東大震災と埼玉の朝鮮人虐殺事件』, 1974.

　　　　　編, 『歴史の真実 関東大震災と朝鮮人虐殺』, 現代史出版会, 1975.

関東大震災六十周年朝鮮人犠牲者調査追悼実行委員会 編刊, 『かくされていた
　　　歴史: 関東大震災と埼玉の朝鮮人虐殺事件』増補保存版, 1987.

関東大震災七〇周年記念行事実行委員会 編, 『この歴史永遠に忘れず: 関東大震
　　　災七〇周年記念集会の記録』, 日本経済評論社, 1994.

姜徳相, 『関東大震災』(中公新書 414), 中央公論社, 1975.

姜徳相・琴秉洞 編・解説, 『現代史資料6 関東大震災と朝鮮人』, みすず書房, 1963.

北沢文武, 『大正の朝鮮人虐殺事件』, 鳩の森書房, 1980.

金賛汀, 『朝鮮人女工の歌: 一九三〇年・岸和田紡績争議』(岩波新書), 岩波書店,
　　　1982.

楠原利治, 「日本帝国主義統治期の朝鮮米搬出について」, 『朝鮮史研究会論文集』
　　　第一集, 1965.

琴秉洞 編・解説, 『関東大震災朝鮮人虐殺問題関係史料 I 朝鮮人虐殺関連児童
　　　証言史料』, 緑蔭書房, 1989.

　　　　編・解説, 『関東大震災朝鮮人虐殺問題関係史料 II 朝鮮人虐殺関連官庁
　　　史料』, 緑蔭書房, 1991.

　　　　編・解説, 『関東大震災朝鮮人虐殺問題関係史料 III 朝鮮人虐殺に関する
　　　知識人の反応』1, 緑蔭書房, 1996a.

　　　　編・解説, 『関東大震災朝鮮人虐殺問題関係史料 III 朝鮮人虐殺に関する
　　　知識人の反応』2, 緑蔭書房, 1996b.

　　　　編・解説, 『関東大震災朝鮮人虐殺問題関係史料 IV 朝鮮人虐殺に関する
　　　植民地朝鮮の反応』, 緑蔭書房, 1996c.

警視庁史編さん委員会 編, 『警視庁史 大正篇』, 警視庁, 1960.

古庄ゆきこ 編, 『川島つゆ遺稿第二集 1 大震災直面記』, 私家版, 1974.

再審準備会 編, 『朴烈・金子文子裁判記録』, 黒色戦線社, 1977.

坂井俊樹, 「虐殺された朝鮮人の追悼と社会事業の展開: 横浜での李誠七, 村尾履
　　　吉を中心として」, 『歴史評論』521(特集 関東大震災と朝鮮人虐殺事件),
　　　1993年 9月号, 49~59.

座談会, 「純労働組合・南葛労働会および亀戸事件」, 『労働運動史研究』第36号,
　　　1963年 5月.

清水幾太郎 監修, 関東大震災を記録する会 篇, 『手記 関東大震災』, 新評論, 1975.

関光禅, 「地元の人々と共に供養をしたかった」, 千葉県人権啓発センター, 『別冊 スティグマ』第15号, 2003年 3月.

宗田千絵, 「神奈川県における協和事業と在日朝鮮人生活史」, 『海峡』第15号, 1990.

田原洋, 『関東大震災と王希天事件: もう一つの虐殺秘史』, 三一書房, 1982.

田村紀之, 「植民地期'内地'在住朝鮮人人口」, 東京都立大学経済学部 同大学経済学会, 『経済と経済学』, 第52号, 1983年 2月.

千葉県における関東大震災と朝鮮人犠牲者追悼・調査実行委員会 編, 『いわれなく殺された人々: 関東大震災と朝鮮人』, 青木書店, 1983.

_____, 『千葉県における関東大震災と朝鮮人犠牲者追悼・調査実行委員会の活動経過報告』, 同委員会, 1999a.

_____, 『いしぶみ』, 同委員会, 第28号, 1999b.

朝鮮大学校 編刊, 『関東大震災における朝鮮人虐殺の真相と実態』, 朝鮮大学校, 1963.

東京市役所 編刊, 『東京震災録』前輯, 1926.

_____ 編刊, 『東京震災録』別輯, 1927.

戸沢仁三郎, 「純労働組合と大震災」, 『労働運動史研究』, 第三十七号, 1963年 7月.

戸沢仁三郎・藤島宇内, 「対談 関東大震災における朝鮮人虐殺の責任: 自警団を中心に, 日本人の立場から」, 日本朝鮮研究所, 『朝鮮研究月報』22, 1963年 10月, 31~47.

内務省警保局, 『震災後における出版物取締概況』, 横浜地方裁判所, 1935.

長岡熊雄 編, 『横浜地方裁判所震災略記』, 横浜地方裁判所, 1935.

新座市教育委員会市史編さん室, 『新座市史』第三巻 近代・現代資料編, 新座市, 1985.

西成田豊, 『在日朝鮮人の'世界'と'帝国'国家』, 東京大学出版会, 1997.

日朝協会豊島支部 編刊, 『民族の棘: 関東大震災と朝鮮人虐殺の記録』, 1973.

ニム・ウェールズ(松平いを子 訳), 『アリランの歌: ある朝鮮人革命家の生涯』(岩波文庫), 岩波書店, 1987.

ねずまさし, 「横浜の虐殺慰霊碑」, 『三千里』第21号, 1980年 2月.

野田久太, 「内地における朝鮮人の分布と生活状態」, 『太陽』第30巻 第一号, 1924年 1月.

朴慶植, 『在日朝鮮人関係史料集成』第一巻, 三一書房, 1975a.

_____, 『在日朝鮮人関係史料集成』第二巻, 三一書房, 1975b.

'百萬人の身世打鈴'編集委員会 編,『百萬人の身世打鈴: 朝鮮人強制連行・強制労働の'恨'—』, 東方出版, 1999.

藤沼栄四郎, 「亀戸事件の犠牲者」, 『労働運動史研究』第37号, 1963年 7月.

裵昭, 『写真報告 関東大震災朝鮮人虐殺』, 影書房, 1988.

細川嘉六, 『細川嘉六著作集』第二巻, 植民史, 理論社, 1972.

本庄市史編集室 編, 『本庄市史』通史編III, 本庄市, 1995.

松尾章一 監修, 高崎公司・坂本昇 編, 『関東大震災政府陸海軍関係史料』II, 日本経済評論社, 1997.

マンフレッド リングホーファ(Manfred Ringhofer), 「相愛会: 朝鮮人同化団体の歩み」, 在日朝鮮人運動史研究会, 『在日朝鮮人史研究』第9号, 1981年 12月.

湊七郎, 「その日の江東地区」, 『労働運動史研究』第37号, 1963年 7月.

森田秀夫, 『数字が語る在日韓国・朝鮮人の歴史』, 明石書店, 1996.

山岸秀, 『関東大震災と朝鮮人虐殺: 80年後の徹底検証』, 早稲田出版社, 2002.

山口豊専, 「見た朝鮮人の虐殺を」, 千葉県における関東大震災と朝鮮人犠牲者追悼・調査実行委員会, 『いしぶみ』第9号, 1980年 11月 28日.

山崎今朝弥, 『地震, 憲兵, 火事, 巡査』(岩波文庫), 岩波書店, 1982.

山田昭次, 「関東大震災期朝鮮人暴動流言をまぐる地方新聞と民衆: 中間報告として」, 在日朝鮮人運動史研究会, 『在日朝鮮人史研究』第五号, 1979年 12月.

_____, 『関東大震災期朝鮮人暴動流言をめぐる地方新聞と民衆』, 「朝鮮問題」学習・研究シリーズ 第18号, 「朝鮮問題」懇話会, 1982年.

_____, 「関東大震災と朝鮮人虐殺: 民衆運動と研究の方法論前進のために」, 『季刊三千里』第36号(特集 関東大震災の時代), 1983年 11月.

_____, 「関東大震災と朝鮮人虐殺: 事件をめぐる民衆意識について」, 旗田巍 編, 『朝鮮の近代史と日本』, 大和書房, 1987年, 173~195.

_____, 「関東大震災時の朝鮮人虐殺事件裁判と虐殺責任のゆくえ」, 『在日朝鮮人史研究』第二十号, 1990年, 10月, 76~97.

_____, 「関東大震災時の朝鮮人虐殺事件裁判と虐殺責任のゆくえ」, 『歴史評論』521(特集 関東大震災と朝鮮人虐殺事件), 1993年 9月, 15~28.

_____, 「関東大震災朝鮮人虐殺と日本人民衆の被害者意識のゆくえ」, 『在日朝鮮人史研究』第二十五号, 1995年 10月, 30~38.

_____, 『金子文子: 自己・天皇制国家・朝鮮人』, 影書房, 1996.

_____, 「関東大震災時 朝鮮人虐殺事件の国家責任とその隠蔽過程(上)」, 『統一評論』403, 1999年 3月, 92~99.

_____, 「関東大震災時 朝鮮人虐殺事件の国家責任とその隠蔽過程(下)」, 『統
　　　　一評論』404, 1999年 4月, 104~111.

_____, 「関東大震災時の朝鮮人虐殺: その国家責任と民衆責任」, 「福田村事件
　　　　の真相」編集委員会 篇, 『福田村事件の真相』第三集, 千葉福田村事件真
　　　　相調査会, 2003年, 4~62.

_____ 編, 『朝鮮人虐殺関連新聞報道資料』, 緑蔭書房, 2004.

柳宗悦, 「朝鮮の友に贈る書」, 『民芸四十年』(岩波文庫), 岩波書店, 1984.

横井春野, 「自警団の活躍'並にその功罪'」, 『太陽』第29巻 第12号, 1923年 10月.

横浜市役所編纂係, 『横浜震災誌』第4冊, 横浜市, 1927a.

_____, 『横浜震災誌』第5冊, 横浜市, 1927b.

吉河光貞, 『関東大震災の治安回顧』, 法務省特別審査局, 1949.

吉野作造, 「朝鮮人虐殺事件」, 『圧迫と虐殺』, 1924(東京大学 明治新聞雑誌文庫
　　　　所蔵 吉野文庫).

_____, 『吉野作造選集9 朝鮮論 付 中国論』, 岩波書店, 1995.

_____, 『吉野作造選集14 日記(大正4~14)』, 岩波書店, 1996.

李眞姫, 「人権を考える窓口としての在日コリアンの歴史と空間」, 季刊『Sai』48号,
　　　　2003, 12-16.

찾아보기